U0905349

企业资本流动安全性及效率性研究

唐现杰　著

科学出版社
北　京

内 容 简 介

企业的发展离不开资本，而针对资本的研究也离不开它的安全性与效率性，本书分析及评价了企业资本流动安全性的相关问题，创造性地提出了企业资本流动安全性的灰预测模糊识别模型，综合构建了企业资本流动效率性的评价体系，采用熵值法建立了企业资本流动效率性模型；从宏观层面和微观层面两个不同的角度提出了提高企业资本流动安全性及效率性的具体对策。

本书适合从事经济、管理类教学工作的高校及职业教育的教师，高校经济类、管理类专业的本科生、硕士生和博士生，从事经济、管理类研究的科学研究人员，以及国家相关主管部门的工作人员、企业经营者及所有者使用。

图书在版编目（CIP）数据

企业资本流动安全性及效率性研究/唐现杰著. —北京：科学出版社，2014

ISBN 978-7-03-040077-2

Ⅰ. ①企… Ⅱ. ①唐… Ⅲ. ①企业－资本流动－研究 Ⅳ. ①F275.1

中国版本图书馆 CIP 数据核字（2014）第 045498 号

责任编辑：魏如萍 / 责任校对：刘文娟
责任印制：阎　磊 / 封面设计：无极书装

科学出版社 出版

北京东黄城根北街 16 号
邮政编码：100717
http://www.sciencep.com

新科印刷有限公司 印刷

科学出版社发行　各地新华书店经销

*

2014 年 3 月第　一　版　开本：720×1000　B5
2014 年 3 月第一次印刷　印张：15 1/4
字数：307 000

定价：62.00 元

（如有印装质量问题，我社负责调换）

前 言

资本作为企业生存及发展的原动力，在流动过程中的安全性与效率性越来越受到学术界及实务界的关注。目前，有关企业资本流动安全性或者效率性的研究实不多见，偶有研究，也多见于以国家或区域为主体的宏观层面，或者仅围绕资本流动安全性的单方面的研究，很难见到将安全性和效率性相衔接进行的研究，更甚少关注企业这一微观主体资本流动的安全性与效率性问题。即便某些研究提及了企业资本流动问题，也大多是从定性的角度给予基本的、描述性的分析，未能从定量的角度，特别是从数量模型的高度来分析这一问题。上述种种，均使得有关企业资本流动安全性及效率性的研究变得十分必要。

正是基于上述原因，本书立足于企业主体的角度，为了实现企业可持续发展的长远目标，在资本流动有安全保障的前提条件下，解决其发展过程中的效率问题，探求企业资本流动安全性及效率性的内在联系、影响因素、综合评价及保障措施。最为关键的是，构建企业资本流动安全性及效率性的双重模型，使得定量分析和实际应用成为可能。

全书共有 6 章，分为 19 节。本书深入剖析了企业资本流动安全性及效率性的内在联系，并从定量的角度对二者的关联度和依赖度进行了有效的测评及分析；对于企业资本流动安全性进行了分析及评价，利用灰预测模型对企业资本流动的安全性进行衡量，并进行了全面的实证分析；探究了影响企业资本流动效率性的关键问题，利用熵值法确定权重构建企业资本流动效率性的评价体系；综合性地提出了提高企业资本流动安全性及效率性的具体对策，从宏观层面和微观层面两个不同的角度，给予各方面较为完整有效的行为指导；以上市公司为例，对企业资本流动的安全性及效率性进行了实证检验，充分验证了上述模型的科学性和正确性。

本书所研究的内容是针对企业这一市场主体，围绕其资本流动而产生的安全问题及效率问题而展开的，既具有理论研究的深度，又具有研究内容的广度，还具有研究方法的难度。因此，具有较高的学术价值和应用价值。

本书可以作为从事经济、管理类教学工作的高校及职业教育的教师的教学参考书，也可作为高校经济、管理类专业的本科生、硕士生和博士生，从事经济、管理类研究的科学研究人员的学习和科研参考书；还可以作为国家相关主管部门的工作人员、企业经营者及所有者的专业培训教材和阅读资料。

唐现杰

2013 年 12 月于哈尔滨

目录

第 1 章

绪　论

1.1　企业资本流动安全性与效率性的研究价值

2008 年 9 月 15 日，以美国雷曼兄弟公司的破产为标志的新一轮的金融危机从美国开始，逐步蔓延到欧洲和亚洲，极大地冲击了全球主要的金融市场。这次前所未有的打击，导致了欧美资本市场的大萧条、金融机构大规模地倒闭破产，各国的失业率接近历史峰值，就连华尔街的精英们也成为这个失业大军中的成员。在众多的金融机构受到金融危机冲击的同时，实体经济也难逃厄运，全球金融环境的恶化直接导致消费者的消费能力大幅度下降，对外贸易疲软，从而波及成千上万的企业，这些被波及的企业只能依靠裁员来减少开支、维持生产。2010 年法国、澳大利亚和新西兰的破产企业同比升高 15%，比利时同比升高 20%，葡萄牙同比升高 30%，英国同比升高 40%，爱尔兰和丹麦更是翻倍，西班牙最为严重，同比升幅竟然达到 300%。

改革开放以来，中国经济对外依存度逐渐上升，此次金融危机的到来使得中国的出口企业，尤其是沿海地区的制造业企业遭受了前所未有的重创。无论沿海地区还是内陆省份，无论是中小企业还是大型企业，无论是制造业还是采掘业，无一例外地都没有办法幸免，造成了重大的经济损失。国家统计局公布的 2008 年与 2007 年经济增长率的比较值显示，2008 年比 2007 年同比下降 2.7%，这表明经济的增速在逐步放缓。为了应对金融危机的影响，各国先后出台了一系列刺激经济的相关政策，使得全球经济从 2009 年第 2 季度开始逐渐回暖。我国 2009 年全年经济增长率达到 9%，较 2008 年有所回升。由于不同国家受到的影响程度不同，各国经济复苏态势不一，欧美等国家的经济复苏速度较慢，而中国、印度等新兴经济体的回升速度较快。不过从全球角度来看，经济较危机前还是有较大差距，部分国家的经济发展前景并不乐观。

在金融危机中，我国的各行各业也受到了不同程度的影响，许多运营水平很高的企业在此次危机中陷入了困境。于是，如何安排企业的资本营运以应对突如其来的流动性风险，便成为企业经营管理者关注的头等大事。究其原因，很多学者认为，这场经济灾难的祸根在于美国滥用衍生金融工具，只重视高收益，无视高风险，从而导致企业资金流动出现问题。但是，从本质上看，倘若企业资本流动效率良好，财务安全性高，这种风险是否可以减轻，甚至是避免呢？本书认为，企业面对激烈的竞争环境，如何在应对风险的冲击时立于不败之地，如何才能保证生存和求得发展，关键在于企业资本流动是否具有安全性和效率性。

安全的、高效率的资本流动能够优化企业资产结构、降低内部不良资产的比重，从而保障存量资产的质量以及企业发展对资金的需要。企业通过合理确定各种财务比率，可以大幅度地提高资产管理水平和处理财务危机的能力。通过对企业资本流动安全性和效率性的评价分析，挖掘出隐藏在企业财务运行体系中的漏洞、错误、重大风险和隐患，尽早发现财务运行中存在的问题，通过预警机制发出财务状况恶化的警示，提前采取措施，将财务危机的损失降到最低，进而保障企业实现生产经营的安全性。

在经济低谷时期，企业更加需要将资本流动的安全性和效率性有效地进行匹配，二者匹配程度越高，越能够帮助企业顺利渡过低谷。由于企业在经济低谷时期同样需要足够的流动资金以满足日常经营和偿债的需要，所以资本的流动性越强则安全性越高，越能够抵御可能出现的各种风险对企业的冲击。但是不能过分强调资本的流动性，因为过高的资本流动性意味着企业存在资金闲置的情况，影响企业的获利能力，使得资本流动的效率性下降。所以在经济低谷时期保持企业资本流动的安全性和效率性的平衡是十分必要的。

如果将一个企业比作一个人体，那么资本就是人体的血液。血液的流动维持了人体正常的生理功能运转，资本对于企业来说也是如此。而保障资本流动的安全性与效率性是企业生存的根基，以及发展的命脉。通过对以往文献的梳理发现，目前对资本流动安全性和效率性的研究基本上都集中于国家主体的宏观层面，而缺少针对企业主体微观层面的研究。现有的研究也仅围绕安全性的某一个方面进行研究，并没有将资本流动的安全性与效率性相结合进行研究。除此之外，缺乏定量分析也是现有文献研究的问题之一，定性的研究只能对资本流动的问题进行基本的、描述性的分析，但定量的研究可以提供全面的、科学的总结。因此，利用定量分析方法对微观层次的资本流动安全性和效率性问题进行研究就显得格外重要。

在这样的背景下，本书以国有企业为研究对象，将长期可持续发展作为其战略目标，解决由于资本流动安全性和效率性的约束带来的问题，总结影响因素，并在此基础上提出一系列的解决对策以及保障措施。本书构建了企业资本流动安全性和效率性的双重模型，从定量的角度使得模型的实际应用成为了可能。

1.2 企业资本流动安全性与效率性相关概念

1.2.1 资本概念的界定

1. 资本的概念

资本有着十分丰富的内涵，人们对资本的认识和理解也随着经济社会的发展而不断完善和深入，资本的内涵也在不断发展和丰富。基于不同的研究目的和研究主体，归属于不同的经济学流派的经济学者对资本范畴的理解也不尽相同。由于资本范畴的不断扩展以及不同的理解，所以到目前为止对资本的定义还没有一个最终的结论。

“经济学如能在资本的理论方面取得一致意见，那么其他所有问题就迎刃而解了”，这句话表明经济学界对于资本的争论一直没有停止过。19世纪苏格兰经济学家麦克鲁德曾认为资本的主要目的就是增值，只要可以获取利润的、价值可以用货币计量并可用于买卖交换之物的经济量都可以被视为资本。庞巴维克认为资本是可以用来获取财富的一种手段。萨缪尔森认为资本是一种生产出来的生产要素，一种本身就是经济产出的耐用投入品，它与传统意义上所说的生产要素不同。马克思主义经济学认为，资本是可以带来剩余价值的价值，反映了一定的社会关系，资本家通过占用雇佣劳动以及剥削雇佣工人获得剩余价值，当生产资料和货币成为资本家剥削的手段时就成为了资本。

马克思对资本循环周转问题进行了阐述，他将产业资本循环运动划分为三个阶段，职能资本形态在不同阶段的表现也并不一致，用公式表述如下：G—W…P—W′—G′。在资本循环的第一阶段，货币用于购买生产要素商品，从货币资本形态转化为生产资本形态；第二阶段的主要工作是生产，在这个阶段生产资本又进一步转化，以商品资本的形态出现；第三阶段是商品资本转化为新的货币资本，但这时的商品资本包括了剩余价值。在资本主义社会初期，生产规模和市场范围都比较有限，资本主义企业的生产模式也比较单一，以自产自销的形式为主。产业资本迅速扩大，使得W′—G′的第三阶段开始显现，资本随着商人投资经营开始出现。资本循环运动可用G—W—G′表示。资本循环运动是由两个流通阶段构成的，先用货币购买商品，再将商品出售换取货币。可见资本主义社会经济专业化分工必然会产生资本，产业资本循环运动中将资本分离出来，并在流通领域中独立发挥作用。资本的利润主要来源于社会总生产资本的让渡，是在满足社会生产和生活需要、提高劳动效率和经营管理水平下获得的。

从西方经济学的角度，资本更多地被理解为一种生产要素。《经济学百科全书》对资本的解释如下：就工商而言，资本的表现形态主要有房屋、机器设备及库存商品等，除此以外，人力和某些非实物资产也应当属于资本，通过研究和开发活动所产生的知识、通过教育培训而取得的熟练技术、通过增加工人保健费而提高的生产能力都应当在资本包含的范畴之内。在会计学中，资本的含义是指资本金，指投资者投入企业的资金，包括货币资金、实物及无形资产等其他形态的资金，即指企业的净资产(总资产减去负债后的余额)，它代表着企业真正的偿债能力。

资本是一个独立的系统，它具有增值性和运动性，此外它还具有以下特点。

(1)流动性强。资本的流通过程不能中断，资本一旦停止流通和运动，就将失去资本的本性。在资本构成中，总资本额中70%以上属于流动资本，因此，流动资本的多少基本上可以反映资本的状况，流通速度也主要表现为流动资本的周转率。与其他职能资本相比，资本的流动性强，只有快速地流动，加速周转，才能增加资本的使用效率。

(2)集中性。资本周转可以使产业资本集中周转，但它并不受某一个生产企业或某一个产业部门资本周转的限制，所以资本可以用于同时经营多个同类商品或多种不同种类商品。因此，若干个产业资本的周转可以同时表现资本周转，资本周转的总和可以表现为全社会产业资本周转的总和。

(3)中介性。资本的主体是贸易，贸易是商品交换的发达形式。贸易的本质功能是交换，既包括生产者与生产者之间的商品交换，也包括由贸易媒介形成的商品交换。贸易与交换在社会再生产中的地位一样，是社会经济运行的中介，所以说资本也具备中介性。它是实现社会生产两大部类之间和两大部类内部经济联系的桥梁和纽带，是实现工业和农业、城市和乡村、全国各地区、公有制和其他所有制之间经济联系的桥梁和纽带。

为了满足研究目的，本书将资本看做是能为其所有者带来价值增值的价值，而不考虑资金和资本所反映的社会关系，投入企业的每一种资源和每一种生产要素只要可供企业长期支配或使用，都可视为企业的资本，包括资金、人才、技术、物资、信息等。

2. 资本积累的理论

马克思提出资本家把剩余价值的一部分转化为资本，使资本的总额增大，便形成了资本积累。因此，资本积累的源泉就是剩余价值，资本积累也作为前提条件，在资本主义扩大再生产的过程中发挥着重要作用。

资本积累有着客观必然性，主要表现在两个方面：一是剩余价值规律的存在。资本家通过提高对工人的剥削程度，并增加资本量以扩大生产的规模和剥削的范围而占有更多的剩余价值。由于剩余价值是资本积累的内在动力，所以追求剩余价值就驱使资本家不断地进行资本积累。二是资本主义竞争和生产无政府状态的规律在外部对资本积累产生了压力。在竞争的环境中，资本家为了取得竞争中的有利地位，只能不断地通过资本积累，扩大资本规模。因此，资本主义竞争的普遍性与激烈性，使得资本积累具有客观必然性。

通过对资本积累的深入研究，发现资本家利用无偿占有的剩余价值，不断扩大资本的规模和提高对雇佣劳动的剥削，以获得剩余价值的增值，从而实现扩大再生产是资本积累的实质。

资本积累的规模主要由四个方面的因素所决定，剩余价值量的高低也由这四个因素决定，其主要包括剩余价值率、社会劳动生产率、所用资本与所费资本差额以及预付资本增量。剩余价值率越高，说明同量可变资本获得的剩余价值就越多，资本积累的规模就越大；社会劳动生产率越高，说明单位商品的价值越低，带来的劳动力的价值就越低，从而剩余价值率越高，资本积累的规模就越大；所用资本是指在生产过程中全部发挥作用的资本，所费资本是指逐年转移到新产品中去的那部分资本价值，所用资本与所费资本的差额大小取决于劳动资料使用的年限和数量的多少，差额越大，为资本家提供的无偿服务就越多，资本积累也就越多；在不变资本和可变资本的比例以及剩余价值率既定的情况下，资本家预付资本增量越大，剥削的工人数量增加越快，从而获得的剩余价值越多，资本积累也会增加。

1.2.2 资本流动概念的界定

1. 资本流动的内涵

关于资本流动的内涵，在目前的理论研究中主要有以下四种观点。

(1)经营管理方法论。该观点认为资本流动是资本所有者及其授权代表对其拥有的或管理的生产要素以价值的形态进行优化配置，从而达到追求最大利润和实现资本增值目标的一种经营管理方式。它强调资本流动也是企业经营管理的一种方法。

(2)活化资本论。该观点认为资本主体把所拥有的一切有形与无形的存量资本变为增值的活化资本，以市场为依托，以价值管理为特征，以经营管理为基础，将资金、劳动力、土地、商誉等多种资源和生产要素进行运筹、谋划和配置，借助流动、裂变、组合等资本流动的方式进行有效的运营，合理地配置资本，加速资本周转，降低资本耗费，增加资本积累，以最大限度地实现价值增值。

(3)宏观、微观两重论。该观点认为通过资本流动不仅能够实现对商业企业的价值最大化，而且能够通过资本的市场辐射功能，推动实现宏观社会资源最优配置和价值最大化，即通过降低整个社会的交易成本，节约劳动耗费，提高交易效率，从而实现规模经济，减少耽搁和停顿，加速资本周转，从而发挥其对产业资本的支撑作用，实现流通领域乃至整个经济共同的持续发展。

(4)市场行为论。该观点认为资本流动是各个商业企业在市场上为了获得更大的抗风险能力、更高的盈利能力和更强的竞争力或其他目标所采取的资产重组、兼并收购、联营合营等活动。

由于不同理论对资本流动有不同的界定，所以本书参照国际资本流动和区域资本流动的概念以更好地对资本流动的概念进行界定。国际资本流动，是指投资者为了获得比国内更高的资本收益，将一定的生产要素跨越国界进行投资，国际资本流动通过资本在国际间的投资转移而表现出来；区域资本流动是指资本在一个国家内部的一个地区到另一个地区的转移。

在 20 世纪 60 年代以前的国际资本流动理论中，假定生产要素在一个国家内部的不同区域之间可以自由流动，而在不同国家之间一系列的障碍因素使得资本的流动受到了限制。与李嘉图从资本在不同国家之间转移困难而抽象出来的要素非流动性相比，现实中发达国家工业化时期剩余劳动力的大量输出和区际生产要素流动的人为封锁都说明了生产要素无论在区域间还是在国际间的流动都是非完全的。所以说国际资本流动与区域资本流动存在一定的相似性，其内部也存在许多关联。资本流动理论在国际与区域中都适用，只是二者的表现形式存在着差异。

透过国际资本流动的历史可以发现，资本流动经历了由发达国家向不发达国家、发达国家之间、不发达国家向发达国家流动的三个阶段。我国资本流动的历史显示，改革开放以后，由于资本趋利性的存在，资本主要是从不发达地区向发达地区流动。如果要研究区域间资本的流向与流量，就需要研究资本的本性，因为没有办法可以强行分割这两个方面。资本要实现其自身的保值、增值，实现盈利最大化的这个理性行为，使得资本会流向预期利润最大化的地区，这属于资本的自然属性。也就是说，各地区的资本利润率的高低差异，使得不同区域间的资本流向和流量大小都会产生差异，各地区的资本供给也会受到影响。只要资本流动收益的差额足以在抵偿全部费用后还有较大的剩余，就会发生资本的空间转移。

资本在整个社会经济中的地位和作用，决定了资本流动不仅仅是为了提高微观商业企业的绩效，更重要的是要考虑资本的社会功能。利用和发挥资本流动的优势，在运动功能、吸引功能、激励功能和增值功能的作用下，盘活内部资本，集中外部资本，采用合资、收购(acquisition)、联合和重组等方式，将优势企业和管理技术的规模效应和范围效应进一步扩大，促使优势企业的快速扩张和成长，提高企业的运营效率，以加速产业资本周转，优化资源配置，实现社会资本整体结构优化和效益的最大化。

本书所指的企业资本流动是指资本在企业之间和企业内各部门之间的动态的流动，不但包括资金的流动，还包括技术、人才、物资、信息等资本的流动。资本流动强调的是在投融资的大框架下资本进行的流动，并不涉及企业之间进行的商品买卖活动，也就是说，资本流动的实质并不是客户与供应商之间的商品购销关系，而是一种投融资关系。

2. 与资本流动有关的概念

1)国内学者关于资本流动概念的观点

资本流动被西方经济学家称为“企业快速增长的魔方”，在我国经济生活中也是一个经久不衰的话题，但是资本流动概念在我国理论界和实务界的使用却十分混乱，在称谓上存在诸如“资本流动”“资本经营”“资产经营”“资产重组”等多种说法。

郭元晞(1997)认为：利用对资本的直接消费和资本各种形态的变化对资本的使用价值进行有效利用，从而实现资本盈利的最大化，这一系列活动就是资本流动。其包括产权资本流动、金融资本流动和实业资本流动。

缪合林(1997)将资本营运定义为在以利润最大化和资本增值为目的的经营过程中，以价值管理为特征，调整生产要素配置和产业结构，综合运营企业的有形与无形资本。资本营运的内涵包括内部积累、横向集中和社会化控制三个方面。

李风云等(1997)认为：资本经营主要是指产权资本经营，企业从生产经营向资本经营发展，可以带来迅速扩大规模、分散风险、吸引资金、调整投资方向、搭便车五个方面的收益，如何对作为买卖对象的企业进行正确评价是资本经营的关键。

赵炳贤(1997)将资本流动定义为企业外部交易型战略的运用，资本流动的核心是兼并收购与重组的运营形式。

从以上的观点可看出：无论资本流动的称谓有何不同，追求资本价值最大化是其最终目的，通过生产要素的优化配置和产业结构的动态调整来实现对资本的最有效使用。但是从资本流动的内容上来讲，前两种观点把资本流动的范围界定得比较宽泛，其包括实业资本流动、产权资本流动和金融资本流动；后两种观点则属于狭义的资本流动理论的范畴，强调产权资本流动。由于实业资本流动的范围主要集中在企业内部生产经营上，有关研究已经很多，金融资本流动主要涉及期货期权交易，受技术条件的限制，只有为数不多的企业经常性地开展金融资本流动活动，因此，本书采用狭义的资本流动概念，将资本流动定义为：资本流动是指企业以资本增值最大化为目的，通过外部交易性战略对资本进行直接运作，实现资本的重新组合和优化配置，以提高资本的运行效率和获利能力的活动。其内容主要是产权资本流动，不包括实业资本流动和金融资本流动。

产权资本流动包含两个层次的含义：一是资本所有者及其代理人依据出资者的所有权经营企业的产权资本，以实现资本的保值增值，其活动主要包括转让或收购产权、改变股权结构、吸收新的投资主体、优化资源配置、分散风险；二是企业的经营者依据企业的法人财产权经营企业的法人资产，以实现企业法人财产的保值和增值目标，其活动主要包括通过产权交易市场进行兼并(merger)、收购、剥离和租赁等。

2)其他相关概念

与资本流动有关的概念还有资本经营、资产经营等，这些概念本身与资本流动也有一定的联系，同时也存在区别。了解它们之间的不同，能够更为准确地理解资本流动的含义。

资本流动侧重于企业的外部交易，指的是资本在某一企业与其他企业之间的运动与重新配置，使企业能够迅速地吸纳外部资源，获得进入资本市场的新渠道，强调更宏观层次上的运筹与规划，是一种外部交易型战略。资本经营则偏重于微观上的经营管理，即在现有的企业资源可能性条件下，通过整合内部资源(包括控制成本、提高生产效率、开发新产品、调整组织结构和提高管理能力等)维持并发展企业的竞争优势，是一种内部管理型战略。

资本流动与资产经营的区别除了体现在运营和经营上的不同，还有资本与资产的区别。资本包括自有(权益)资本和借入(负债)资本，指的是资产负债表的右方，强调资产的来源，而资产指的是资产负债表的左方，强调资产的存在形式，二者在数量上是相等的。企业的资产不论表现为何种形态，都是资本的存在形态，企业获得资产，在生产经营中资产形态不断地变化，从价值上来说都是企业资本的运动，目的都是追求资本的保值增值，因此，资本流动这一概念更能体现资产的商品化和价值化管理。

1.2.3 企业资本流动的动因

我国企业资本流动的热潮有着深刻的社会经济背景，伴随着经济的进一步发展，我国经济增长方式开始由粗放型向集约型转变，要求对国民经济结构和产业结构进行相应的调整，同时国有企业改革进一步深化，国有大中型企业纷纷进行战略性改组，这些都构成了我国企业进行资本流动的深层次原因。

企业资本流动的方式很多，最常见的有企业并购、企业分立、资产剥离、资产置换、资产托管、借壳上市、股权转让、债务重组等。针对这些不同的资本流动方式，其具体的动因各有不同。

1. 资产剥离方法的动因分析

资产剥离是由于经营发展需要，企业将拥有控制权的部分资产如无形资产、固定资产、子公司、分公司等进行组合，出售给第三方并获取现金、股票等回报的一种商业行为，主要形式有管理层收购、出售资产给其他公司及员工持股计划等。

我国企业在证券市场和资本市场的起步阶段，进行资产剥离的动因主要有以下四个方面。

(1)为了获得保股、配股、上市资格的需要。在我国，有些公司希望可以取得上市资格，但是连续几年的亏损会使其上市之路变得更加艰难，为了保住其上市资格，往往就会采取资产剥离的方法，将不良资产从企业中剥离出去，降低资产基数，提高净资产收益率，从而实现上市。

(2)为了获得投资收益以期在短期内改善公司的业绩。由于两权分离的出现，公司高级管理层受托责任的履行情况往往通过公司业绩反映。对于处于成熟期的上市公司来说，如果其业绩表现出现波动，公司的管理层就会面临来自利益相关者(stakeholder)各方的重重压力，为了在短期内提高公司的业绩，就会通过采取资产剥离的方式来缓解压力。但是这种行为只会改善公司的短期业绩，对于长期业绩的改善并不一定会产生较大影响。

(3)满足公司的财务筹资的需要。处于成长期的公司往往需要大量的资金来扩大经营规模，为了降低财务风险或者保持合理的资本结构，公司往往不会采取举债的形式筹集资金。与此同时，公司现有资产有时和企业的长期发展战略目标并不吻合，这时就可以通过资产剥离的方式来获取所需资金。这种方式既不会带来额外的财务风险，也可以保持现有的资本结构，并且可以提高公司资产的使用效率，使得公司对各项资源有更好的配置。

(4)为了满足企业长期战略发展目标的需要。越来越多的公司开始关注未来的发展战略，通过制定合理的发展战略以指导经营发展的方向。这就需要公司对所拥有的资产进行分辨，看其是否符合公司未来的发展方向，对于不适宜的资产就需要尽早从公司资产中剥离出去，从而增强公司的核心能力，同时规避经营风险。

2. 企业分立方法的动因分析

企业分立是指一个公司依照公司法有关规定，通过股东会决议分成两个以上的公司。企业进行分立主要有以下三方面原因。

(1)为了使企业的股权结构清晰化，从而提高管理效率。股权结构越清晰，管理的难度就越小，从而使得政策的执行也更直接，对于管理效率的提高有着很重要的作用。

(2)为了满足企业多元化经营扩张的需要。现阶段，越来越多的公司采取多元化经营的方式提高自身的综合竞争力，但是多元化经营会使管理者的精力过于分散，为协调统筹公司的生产经营带来困难。该问题的进一步发展就会导致公司整体价值的下降。采取企业分立的方式将发展成熟的子公司分立出去，各自独立的管理团队可以根据自身的实际情况采取不同的经营策略，提高自身的经营效果，从而提高整体的管理效率。

(3)为了修正购并决策失误，或者作为购并决策中的一部分。公司有时会出现购并决策失败的情况，如果强行将失败的购并与公司正常业务捆绑在一起，会导致公司价值的下降。为了挽回购并失败造成的损失，将其余公司正常业务分离，采取不同的经营方式，最大限度地减少损失。

3. 分拆上市方法的动因分析

分拆上市是指原本由公司总部经营属于母公司的全资子公司变成非全资形式的股份制公司。分拆后的子公司拥有与母公司不同的董事会和经理层，与母公司仅仅存在配股、年终分红或年度会计报表上的联系。子公司进行独立的生产经营，与母公司没有直接关系，所以母公司直接拥有的经营业务和资产规模发生了收缩。

公司选择分拆上市的原因主要有以下四个方面。

(1)有利于实现股东权益最大化。我国改革开放初期带来的股权体制问题，使得在上市公司中出现了“同股不同权”的现象，股东为了获得最大的股东利益，于是采取法人股股东“分拆上市”这条捷径。

(2)解决公司多元化经营的问题。上市公司进行分拆上市不仅能够保证母公司实现多元化、规模化发展的需要，而且能保证子公司实现专业化发展的需求。

(3)有利于享受税收优惠政策。由于我国在许多特殊区域(如特区)实行一定的税收优惠政策，公司可以通过分拆上市的手段，把新公司设立在该区域内，从而享受特殊的税收优惠政策。与此同时，对于公司间的关联交易也可以享受一定的税收减免政策，提高公司收益。

(4)出于企业经营战略的考虑。由于多元化经营的扩大，公司的多种业务之间可能或多或少地存在一些战略上的差异，甚至有可能会产生矛盾与摩擦，所以需要将经营不同业务的公司进行分拆，以免产生的摩擦降低公司的价值。同时，管理激励制度和监督有效性等问题也会使得公司的不同业务之间存在冲突，所以通过公司分拆的形式也可以解决此类问题。

4. 股份回购方法的动因分析

股份回购是指公司按一定的程序购回发行或流通在外的本公司股份的行为。发生股份回购行为的原因主要有以下四个方面。

(1)通过优化调整股权结构以改善公司资本结构。公司的资本结构应该维持在一个相对比较合理的水平，因为比例过高的债务会使得公司所面临的财务风险加大，导致资不抵债甚至破产的可能性较高，所以公司需要有一个合理的资本结构，使得权益资本和债务资本保持合理的比例，以保证公司价值的最大化。不过由于公司发展的内外部环境以及公司本身所处的生命周期的变化，需要公司对资本结构不断地进行变化与调整，最直接的方法就是有效利用财务杠杆的作用，保障资本结构的合理。而股份回购就是发挥财务杠杆作用重要的一种方式，其通过收缩企业现有资本(股本)规模来进行调整。

(2)作为新的股利分配形式回报股东。公司为了回报股东，往往会采取发放股利和股份回购等形式使公司的股东可以获得收益。但是从税收负担的角度来看，向股东发放股利往往需要征收较高的税负，对于现金股利还需要上缴个人所得税。相比发放股利来说，股份回购的税收负担较轻，所以很多公司为了减轻股东的税收负担，采取股份回购的方式来回报股东。

(3)用于反收购以保持公司控制权。资本市场上收购与反收购的戏码每天都在上演，公司为了避免被其他公司收购，有时会通过以高于目前收购者的出价来回购公司的股票，不仅给广大股东发出公司具有较大发展潜力的信号，也间接提高了收购成本，防止股份被进一步收购，与此同时提高了公司的大股东和高级管理层的持股比例，加强了控制权。

(4)保障中小投资者的合法权益。大股东损害广大中小股东权益的新闻屡见不鲜，如何保障中小股东的权益已成为现代公司一直在思索的问题。公司中的大股东有时会通过操纵公司的盈余来追求个人利益最大化，而损害广大中小股东的正当权益。公司通过回购广大中小股东所拥有的股票，既可以维护中小股东的权益，还可以减少公司在经营过程中产生的冲突，降低协调成本。

5. 定向股方法的动因分析

采取定向股方法的原因主要有以下两个方面。

(1)降低信息不对称，提高资产透明度。公司通过创立定向股，加强了信息在公司内部部门、子公司之间的传递，避免了由于信息不对称而产生的问题，提高了资产透明度，使得公司的价值可以通过股价的变化得到更加全面、准确的反映。

(2)激励管理者，保证多元化经营的利益。面对日益严峻的竞争环境，在某个强势领域做大做强已成为现代公司发展的重要途径。创立定向股，虽然母公司多元化经营结构不会发生改变，但在母公司范围内可以允许子公司自主经营，对管理者具有一定的激励作用，并且使得母公司与子公司之间保持了一致，能够充分发挥彼此间的协同效应，可以促进公司价值的提升。

1.2.4 企业资本流动方式

企业资本流动的方式很多，最常见的有企业并购、企业分立、资产剥离、资产置换、资产托管、借壳上市、股权转让等。

1. 企业并购

企业并购即企业的合并和收购，合并指的是两家或两家以上的独立企业、公司合并成一家企业。企业的合并主要有吸收合并和新设合并(consolidation)。吸收合并即兼并，通常是由一家占优势的公司吸收一家或更多的公司，兼并后只有其中的优势企业继续保留其合法地位，被兼并方法人地位消失，即 A+B=A；新设合并是在现有几家公司的基础上组建一家新公司，重组后原有的公司不再继续保留法人地位，即 A+B=C。收购指的是一家公司在证券市场上用现金、债券或股票购买另一家公司的股票或资产，以获得对该公司的控制权，该公司的法人地位并不消失。企业的收购有两种情况，即资产收购(asset acquisition)和股份收购(stock acquisition)。资产收购是指一家公司购买另一家公司的全部或部分资产来收购该公司；股份收购是指一家公司直接或间接地购买另一家公司的全部或部分股份而收购该公司。

企业并购是对社会存量资产的结构调整，通过企业之间的并购行为，可以打破旧体制下资产存量僵化结构，使社会资源在更大范围得以重新配置和组合，使原来闲置的土地、设备、厂房重新投入使用，使原来效率低下的资产转入高效运行状态，使呆滞的资金重新开始高速运转，获取管理和财务上的协同效应，具有投资省、见效快、效益大的优点。一方面抑制了外延性投资的膨胀；另一方面也可以减少政府对劣势企业的财政补贴和其他资助，同时还可以增加企业的经营风险压力，促使其改进经营管理。

2. 企业分立

分立是指一个公司通过将母公司在子公司中所拥有的股份按比例分配给现有母公司的股东，将子公司从母公司的经营中分离出去，形成一个与母公司地位相同的新公司。除了这种纯粹的分立之外，并股和拆股也是分立的两种变形形式。并股是指把一个母公司所占有的子公司的股份分配给母公司的一部分(而非全部)股东，交换他们手中母公司的股份，并股导致两个公司的所有权比例发生变化，母公司的股东在并股以后对子公司无任何控制权。拆股指的是母公司将全部的子公司都分离出来，将子公司的控制权移交给它的股东，拆股之后，母公司也就不复存在。

一个规模比较庞大的公司的经营业务范围比较宽泛，而各种业务又会各有特点，不适合按照统一的管理模式来经营，需要根据不同的业务特征建立相应的分管机构，分管机构过多，管理阶层膨胀，一方面会导致各种类型的官僚主义，人浮于事，效率低下；另一方面会使协调各部门的利益关系增多，管理成本上升，即会带来负协同效应。如果将这一大公司按照业务特点划分成两个或更多的有着不同管理人员的独立实体，则可以减少乃至消除其中的一些由于管理人员而造成的低效率业务，创造出一些简洁而又有效率、分权化的公司组织，使公司可以更快地适应经营环境的变化。另外，如果企业在以往的资本流动中考虑不周，并购不当，还可以通过分立的形式纠正错误的并购。

3. 资产剥离

资产剥离指的是企业将非经营性、闲置的或无利可图的资产以及已经达到预期目的的不再需用的资产从企业资产中分离出来。资产剥离的方式主要有减资和出售。减资是指公司通过减少股本或实收资本的方式来剥离资产，这种资产剥离方式在有限责任公司中是可行的，但在股份有限公司尤其是上市公司中的运用却十分受限。根据我国法律的相关规定，上市公司的股东在以自己的货币资本或其他资本投资上市公司后，不能随便抽回投资，也就是说，上市公司很少能通过减资来剥离资产。资产出售是上市公司剥离资产的一种最普遍的形式，上市公司通过出售剥离的不良资产，一方面可以优化资产结构，提高企业资产的整体质量；另一方面可以补充企业发展所需要的资金，寻找新的盈利机会，尤其是非经营性资产的剥离，划清了企业责任与社会责任的界限，使企业从沉重的负担中解脱出来，专注于生产经营。

4. 资产置换

资产置换指的是企业以自己的资产与其他企业的资产进行互换，使所需资产流入企业，闲置资产退出企业，以提高企业的资产利用效率，这种资产置换的条件是双方均可以从资产的置换中获得需要的资产。对于没有发展前途的不良资产的置换，多发生在上市公司及其母公司或其集团公司之间，母公司从集团公司利益出发，提高上市公司经营效益，通过签订协议将不良资产或劣质资产转移过来，并将母公司的其他优质资产注入上市公司。

企业进行资产置换的目的有四个：①调整资产结构，优化资产配置；②处理不良资产，提高资产质量；③避免业绩分散，强化主营业务；④改变主营业务，调整经营方向。其好处是避免了资金的流入与流出，资产置换双方都节省了资金。

5. 资产托管

资产托管是指在资产所有权不变的条件下，资产所有人以契约形式在一定时期将企业的法人财产权的全部或部分转让给其他企业或自然人经营，其主要内容是通过签订资产委托管理协议，明确委托方与受托方的权利和义务，其包括托管资产规模、托管期限、托管资产的投资收益水平、是否保证最低回报、收益分成方式等。资产托管方式可以在不改变资产产权归属的前提下直接开展资产的流动和重组，并在具备一定条件的情况下实现产权的根本转变，真正实现企业购并的温和过渡，避免了企业破产和资产转让中的某些敏感性问题，操作方便，灵活性强，已成为资本流动的一种有效模式。

6. 借壳上市

借壳上市是指一些非上市公司通过收购一家业绩较差、筹资能力较弱的上市公司，剥离被收购公司资产，注入自己的资产，从而实现间接上市的目的。借壳上市有以下几种类型：一是大型非上市公司入主小型上市公司，主要通过法人股或国家股的股权变换来实现；二是上市公司兼并或合并非上市公司，这种类型对于上市公司来说，是一种兼并，对于被兼并的非上市公司来说仍属于借壳上市的一种方式，这种曲线上市的做法可以使买壳的公司绕过上市时的种种限制，获得上市的诸多好处，同时壳公司的资产又得以改善。

7. 股权转让

股权转让是指上市公司本身资产不动，而其股权发生控股性和非控股性的转让。股权转让后，新的股东入主上市公司，必然会给上市公司带来新的管理风格和经营理念。股权转让的方式主要有协议转让与无偿划拨。股权转让以国家股和法人股为主，因为我国绝大多数的上市公司的前身是国有企业，虽然经过了改制，但其内部的国有股、法人股依然占据绝对地位，上市公司资本流动过程中最为迅速、最为经济的方式就是国有股权的转让与集中。

1.3 本书的研究主题与理论基础

1.3.1 财务风险

1. 风险的界定

在人类历史上，风险是长期存在的客观现象，风险的概念极其深刻而又极为广泛。理论界和实务界从不同角度对“风险”有不一样的理解，对“风险”也有不一样的定义，所以到目前为止风险缺乏被理论界和实务界都认同的权威界定。研究风险的学者往往从自身研究的角度出发，根据不同的研究需要对风险进行界定。通过对文献的梳理，其主要分为以下六种观点。

(1)风险是损害的可能性和不确定性。美国学者海尼斯认为“风险意味着损害的可能性”，判断某种行为是否具有风险，需要通过其能否产生有害后果来对其不确定性进行界定。当某种行为具有不确定性时，就具有了一定的风险。法国学者莱曼同样认为风险是“损害发生的可能性”。

(2)风险与人紧密相关。美国学者费尔认为“风险是每个人与风险因素的结合体”，这一观点将风险与人的利益结合在一起，使风险具有二者联系的特点。

(3)风险是实际结果的变动。威廉斯姆和海因斯认为“风险是在一定条件下，一定时期内可能产生结果的变动”，如果某一行为的实际结果与预期结果之间存在着差异，则说明该行为具有一定的风险。

(4)风险是客观的。佩费尔认为“风险是可测度的客观概率的大小”。这一概念是根据风险的客观存在而提出的，认为风险可以利用数学和统计学的方法进行客观测度。

(5)风险是发生某些不利事件的可能性。在《韦伯斯特大辞典》中，关于风险的定义是“灭失、损失或处于危险境地的可能性”。

(6)风险是各种结果的变动程度。财务管理学认为：“风险是一定条件下和一定时期内，财务活动可能发生的各种结果的变动程度。”

2. 财务风险的定义

财务风险是指集中体现在财务活动上的企业生产经营过程中可能遇到的各种风险，代表了企业财务活动的实际结果与预期结果存在偏离的可能性。狭义的财务风险仅指筹资风险，而广义的财务风险是指由于内外部环境及各种难以预计或无法控制因素的存在，企业的各项财务活动受到影响，从而导致企业的实际收益与预期收益发生偏离而蒙受财务损失的可能性。本书所说的财务风险指的是广义的财务风险。该概念透过企业财务活动的全过程和财务的整体观念来探究财务的本质，从而对财务风险进行界定。财务风险渗透到企业资金的筹措、运用、管理及安全等多个方面，具体表现为筹资风险、投资风险、营运风险和收益分配风险等。

3. 上市公司财务风险形成的原因

上市公司的财务风险是由一系列多角度、多方面的因素造成的，各因素的不平衡形成了上市公司的财务风险，并最终影响到公司目标的实现。造成各因素间不平衡的原因主要有两个方面：一方面是由于某一风险因素发生变化，而其他因素不变，公司原有系统间的平衡关系被打破，如政策环境的改变给公司带来风险。政策环境作为一个非常重要的因素对公司发展起到了很大的作用，但其往往不是由公司本身决定的，而是由政府决定的。一旦政府出于某种目的的考虑而调整现有的政策环境，就会导致公司原有的因素间的平衡关系被打破，如果公司不能很好地适应新的政策环境，就会引发财务风险，甚至会发生破产。另一方面，是指各个因素的动态变化会使得整个公司系统的运行发生不平衡。在公司运行过程中，各因素都会发生变化，为了保障公司的平稳运行，需要不同因素之间维持动态平衡的关系，但是一旦发生各个因素之间动态不匹配和不协调的情况，就会直接影响公司运行的稳定性，从而引发财务风险，导致经营失败。这种动态不平衡可能表现为适应性不足、发展能力不够、能力的匹配度不够等多种形式。

1.3.2 企业财务预警基础

1. 风险管理理论

风险管理是指经济单位在对风险进行识别、衡量和分析的基础上，对风险进行有效的处置，以较低的成本实现较大安全保障的一种科学管理方法。

风险管理的主体既可以是个人，也可以是家庭、企业或政府单位。本书将风险管理主体确定为企业。风险管理的环节分为风险的识别、衡量、分析等，过程涉及计划、组织、指导、管制等，综合各种科学方法，并合理运用这些方法从而达到风险管理的目的。最佳的风险管理技术是风险管理的中心，在进行风险管理时要体现成本效益原则，在条件允许的情况下，选择最低成本最大效益的最佳方法，制定风险管理决策，进行科学的风险管理。

风险管理的目标是最大限度地保障安全。发现风险发生以及变化的规律，对经济生活可能造成的危害有清楚的认识，并合理估计和分析风险，对其运用适当方法进行处置，最大限度地避免或减少损失，保障企业运行的平稳性和连续性。

可以从不同角度对风险进行分类。按风险的性质分类，可分为纯粹风险和投机风险。对于是否应当将投机风险作为风险管理的对象，理论界目前还没有定论。美国的风险管理对象通常认为是纯粹风险，而英国、德国等国则认为风险管理对象还应该包括投机风险。对风险管理不仅要将纯粹风险的不利性减到最小，还应当将投机风险的收益性扩到最大，在这个思路的指导下，就应该把投机风险与纯粹风险一起作为风险管理的对象；如果按企业风险管理的范围进行分类，可分为狭义风险管理和广义风险管理。狭义风险管理主要针对的是企业系统内部风险的管理，广义风险管理主要研究的是企业的外部风险管理。

一般将风险管理划分为四个阶段，即风险识别阶段、风险评估阶段、风险控制阶段和风险调整阶段。这四个阶段并没有明确的界限划分，需要根据实际情况判断具体所处阶段。

风险管理的目标包括损失前的目标与损失后的目标两部分。损失前的风险管理目标是避免或减少损失的发生；损失后的风险管理目标是尽快恢复到损失前的状态。两部分涵盖了风险管理的完整目标。进行风险管理最主要的目标就是通过对风险的有效控制与合理处置，防止和减少损失，保障企业各项经营活动的顺利进行。

2. 系统论

系统论是指在对系统的一般模式、结构和规律进行研究的基础上形成的一系列理论，通过研究各种系统的共同特征，利用数学方法对其功能进行定量的描述，寻求并确立对一切系统都适用的原理、原则和数学模型。系统论是具有逻辑性和数学性的一门新兴科学。

系统论认为世界上任何事物都可以看成是一个系统，系统是普遍存在的，整个世界就是系统的集合。整体性、关联性、动态平衡性、时序性等属于一切系统共同的基本特征，系统的整体观念在系统论中贯穿始终，作为其核心思想发挥着重要作用。系统论认为任何系统不是各个部分的机械组合或简单相加，而是作为一个有机的整体存在，系统的整体功能是各要素在孤立状态下所不具备的，只有组合成有机的一个整体，才能够在系统中显现出来。系统论的基本思想方法，就是分析研究和处理的对象所组成系统的内部结构和整体功能，研究整体、个体、环境三者的相互关系，摸索出三者间变动的规律。系统论的任务不仅在于认识系统的特点和规律，而且在于利用这些特点和规律去控制、管理、改造或创造一个系统，使它的存在与发展合乎人的目的需要。也就是说，调整系统结构使系统达到优化的目标。从不同角度出发，系统有很多种分类。从人类干预的角度，其可划分为自然系统、人工系统；从不同学科的角度，其可分成自然系统、社会系统和思维系统；按系统涵盖的范围，其可分为宏观系统、微观系统；从与环境的关系角度，其可分为开放系统、封闭系统和孤立系统；按状态划分，其可分为平衡系统、非平衡系统、近平衡系统、远平衡系统等。

系统论为现代科学的发展提供了理论和方法，而且也为解决现代社会中各种复杂问题提供了方法论的基础。现代科学发展的趋势、现代社会生活的复杂性以及现代社会化大生产的特点都通过系统论得到了很好的反映，系统论在实际的生产、生活、研究领域都得到了广泛的应用。

3. 控制论

控制论是通过信息的变换和反馈作用，对各类系统的调节和控制规律进行研究，利用控制器使系统能自动按照人们预定的程序运行，最终达到最优目标的理论。它是与多种科学技术相互渗透而形成的一门横断性学科。

控制论认为，任何系统的控制过程都包括以下三个基本环节：第一，确定系统运行目标。第二，根据目标衡量系统运行情况。第三，分析偏离目标的差距并在约定时机以约定方式进行矫正。其可以概括为控制的事前准备、事中反映和事后判断。如果不考虑经济系统、神经系统、社会系统、生命系统各自的质态特点，都可以将它们看做自动控制系统。

控制论的理论、观点是具有方法论意义的科学理论，控制论为现代社会中各门科学问题的研究与解决提供了科学方法，具有十分重要的理论意义和实践意义。

4. 企业危机管理理论

企业危机管理于 20 世纪 80 年代初由西方跨国公司提出，其主题是企业应该如何应对外部危机性打击，并对危机形势下企业应该如何进行变革管理进行探讨。危机管理指的是为了有效地预防和应付各种随着经营环境的动荡而产生的意想不到的突发性事件，采取计划和控制等管理手段减轻突发事件对企业的破坏作用，保证经营安全。西方跨国公司海外危机管理的过程可分为以下两个重要阶段。

(1)危机管理的形成阶段：20 世纪 70 年代末至 80 年代初。在这个阶段跨国公司内部开始通过加强许多安全措施来应对危机事件，与此同时，企业家开始转变经营思想，开始注重安全经营。但是在这个阶段并没有形成一套对付危机事件的切实有效的方法。

(2)危机管理的成熟阶段：20 世纪 80 年代中期至今。在这个阶段美国跨国公司内部开始建立企业危机管理体制，这标志着企业的危机管理开始走向成熟，在企业管理体系中的重要地位也逐步凸显。一套应付危机事件的切实有效的方法已经开始形成，企业应对危机已经由被动的事后应付转变为积极的事前防范。

5. 经济预警理论

经济预警思想最早是由法国经济学家福里利提出的，他于 1988 年在巴黎统计学会上发表的《社会和经济气象研究》中利用气象预报方法来预报经济危机和风险。1917 年哈佛大学的博森斯提出把影响经济波动的指标分为先行指标、同步指标、滞后指标，并以此为基础构建经济预警体系。1950 年美国莫尔发明了警兆信息综合分析法——扩散指数。20 世纪 90 年代佳地提出了系统预警理论，建立了宏观经济预警的指标体系。

经济预警理论包括宏观经济预警理论和微观经济预警理论，属于经济学的范围。对于经济预警，不同学者看法各异，但对于经济预警中逻辑的理解基本统一。经济预警包括明确警情产生的根源(简称警源)、分析警情产生的先兆(简称警兆)、预报警情产生的程度(简称警度)三个阶段。经济预警研究对于企业预警研究的重要意义，在于它正式提出了企业建立预警管理系统的思想、依据和实施步骤。

6. 策略震撼理论

策略震撼理论作为策略性管理理论的延伸，也称为不可预期环境中的管理理论，因为某些问题不管防范如何努力，也可能没有被环境监视者发现，进而变成对原有的震撼。所以一种被称为“战略问题分析”的技术在某些企业中被采用，目的就是为了处理某种快速变迁的挑战，保证对出现的快速变迁采取即刻的反应行动。

策略震撼理论认为如果企业希望将快速变迁挑战的震撼作用极小化，则需特别建立一套具备如下特性的战略管理系统。首先，当一项震撼产生时，必须具备能够立即发挥作用的网络，以便用于紧急沟通。其次，高层管理者应当对于可能持续时间较长的紧急事件管理进行适当的分工和授权。不同群体之间具有不同的分工，一个群体被授权全力控制和维护组织士气，同时另一个群体能保证企业的平稳运作，从而将震撼作用极小化。最后，必须对任务小组和沟通网络预先进行安排，保证设计有效的沟通网络以及任务小组经过良好的训练可以充分发挥其作用。策略震撼理论认为，企业应该在日常运营时期就必须对可能出现的情况有所准备。

1.3.3 企业财务预警基本模型

1. 宏观经济预警理论

经济预警被专家誉为“触摸经济脉络的手指”，其研究内容是通过对过去经济运行状况的分析和当前经济运行状况的监测，科学地对未来的经济状况进行预测和警示。根据研究对象的不同，经济预警包括宏观经济预警和微观经济预警。目前，宏观经济预警研究经过近120年的发展已经形成了比较完整的学科体系。

对于经济预警还没有成熟的统一理论，有些学者认为经济预警应当划到经济突变的范围。不同学者对于经济预警的看法也存在着较大差异，不过经济预警从逻辑上讲应包括明确警情、寻找警源、分析警兆及预报警度四个阶段。明确警情是大前提，是预警研究的基础，而寻找警源、分析警兆属于对警情的原因分析及定量分析，预报警度则是预警目标所在。

伴随着对宏观经济预警的研究，经济预警的研究也有所发展。19世纪末20世纪初，经济预警的思想开始出现。1888年，法国学者福利里在巴黎统计学会上对经济进行气象式研究，他在其论文《社会和经济气象研究》中用黑、灰、淡红和大红几种颜色描述法国1877～1887年的经济运行状态。法国政府在1911年设置经济恐慌委员会也成为经济预警研究的重要事件。而美国学者巴布森于1909年开始编制的经济活动指数以及哈佛大学尤帕森斯教授于1915年编制的“经济晴雨表”被公认为经济预警的起源。《经济统计评论》于1919年开始定期发布美国“哈佛指数”。20世纪30年代，资本主义第一次全面深刻的经济危机发生之后宏观经济预警才正式产生，第二次世界大战后的50年代是宏观经济预警模型获得重大进展的时期。1950年，美国全国经济研究所在之前监测指标体系的基础上建立了新的景气监测系统。这个系统由先行、同步和滞后三类指数构成，测试宏观经济综合状态时采用扩散指数(即一种新的多指标信息综合方法)进行研究。自60年代起该系统又进入一个新的发展阶段，类似的宏观经济预警中心的专门机构开始在发达国家大范围建立，并且引入了预期调查方法，扩宽了监视预警系统信息，如法国于1965年制定的“景气政策信号制度”、德国于1970年编制的警告指数等。目前，由于国际性监测预警的出现及其由工业化国家向发展中国家的扩展，宏观经济预警管理系统研究呈现出国际化趋势。

我国最早的宏观经济预警国家级研究，是由吉林大学系统工程研究所进行的，其研究的初步报告《我国经济循环的测定和预测》于1987年3月通过专家鉴定。中国人民大学和国家统计局等单位在此之后也开始研究我国的宏观经济预警。目前，国家信息中心经济预测部每月发布的中国经济景气动向指数包括九个指标，即工业总产值、企业销售收入、社会消费品零售总额、狭义货币供应量M1、国家银行企业存款、银行工资性现金支出、海关进出口总额、基建投资额和商品零售价格指数。1990 年，在《经济周期和预警系统》一书中，毕大力和刘树成从理论到应用多角度对我国宏观经济周期波动问题进行了全面研究。同年，国家统计局设计完成了可用于经济发展趋势推断并进行预警预报的综合性软件系统，能够对经济变量间协调行为和政策效用分析等进行研究。中国人民大学顾海兵教授等自 1992 年年底开始对粮食生产预警系统进行研究，并丰富了预警理论。1993 年，顾海兵和俞丽亚在《未雨绸缪——宏观经济问题预警研究》一书中，对通货膨胀问题、粮食生产问题、农业经济问题、财政问题、固定资产投资问题五个方面分别进行了预警讨论。国家统计局和国务院发展研究中心于 1993 年 8 月在《经济日报》开办了"景气观察"栏目，宏观经济监测和预警模型开始引起社会大众的关注，并产生了较大反响。1994 年，一套适用于我国宏观经济短期波动的监测预警系统由吴明录和贺剑敏研制出来。1998 年，王慧敏等采用非线性的原理和方法对经济波动进行研究，创造性地提出了 ARCH 预警方法。2000 年，宏观经济非线性预警模型将神经网络理论与模糊系统理论相结合，开始了在经济预警中应用神经网络的热潮。

2004 年，吉林大学数量经济研究中心宏观经济监测预警课题组通过对比分析我国 20 世纪 80 年代末以来发生的几次经济波动及各主要经济变量的动态变化，探寻我国增长率循环的产生原因。石良平(2007)在对中国宏观预警体系分析与评价的基础上，对体系的结构与指标提出了修正的思路与方案。温渤等(2009)以决策支持系统中四库结构理念、智能理念和群决策理念为基础，综合运用宏观经济景气监测理论、计量经济学模型和人工智能技术等方法，分析了面向辅助决策的宏观经济监测预警系统需求，构建了系统解决方案，描述了系统建设过程。贺星星(2011)将神经网络理论、模糊系统理论和时间序列分析相结合，构建了我国宏观经济综合动态智能预警系统，并对模型进行了稳健性检验。

总的来说，宏观预警分析涉及社会经济的宏观方面，对于企业研究的宏观分析，涉及的是企业整体而非个体研究，如各产业的分布、产业政策等。本书研究的是微观企业，因此，不属于宏观预警研究的范畴。

2. 微观经济预警理论

在对宏观经济进行预警的同时，许多学者也对微观经济进行了预警研究。总的来说，微观预警的研究范围和重点大致可以分为两个方面：一是企业管理界重点研究的企业危机管理研究；另一个是财务管理领域重点研究的财务危机预警研究。这二者基本包含当前微观预警研究的绝大部分内容。

1)企业危机管理研究

企业危机管理研究始于 20 世纪 80 年代中期的美国。日本在 80 年代末和 90 年代初开始研究该问题，国外学者的研究主要是围绕应对和摆脱危机的策略问题展开的，并没有对危机产生的原因、发展的过程进行机理性分析和实证研究。

我国从 20 世纪 80 年代末开始进行相关研究。例如，中国科技大学的杨涛等(1997)、中国人民银行湖北省分行的陈松林(1997)，以及武汉理工大学的谢科范(1994)均是从企业的不同管理职能和不同组织形式对预警管理系统进行了研究；武汉理工大学的佘廉(1994)站在企业整体经营角度研究预警问题，他提出的“企业预警预控管理系统”对企业建立预警管理系统的思想与依据进行了全面的阐述，对企业管理危机发生的根源、运动规律及预警原理与方法进行了全面研究。应当指出的是，危机管理研究基本上是一种定性研究，重点是企业危机管理的基本框架和企业危机管理意识的强化，其使用的方法基本上不是独立的预警方法。

2)以财务比率构建财务危机预警研究

微观预警研究中财务危机预警研究要早于危机管理研究。理论界认为财务信息是企业最大量、最重要的信息，企业经营危机的出现基本都会反映在企业的财务状况上，为此，对企业的财务状况进行预警分析就可以达到企业经营危机预警的效果。由于财务数据在企业信息中的绝对优势地位，财务预警的研究成果要比危机管理预警丰富得多，且更有说服力。

在 1966 年以前，绝大多数学者以会计原始资料或财务比率为依据从事财务危机相关研究，直至 1966 年以后，随着统计方法的不断精进，出现了诸如 20 世纪 60 年代二分类检定法、70 年代多元区别分析、80 年代与 90 年代概率回归及逻辑回归，以及后来兴起的时间数列分析与类神经网络等，皆在以不同方法建立精准预警模型。但无论方法如何精进，在这一系列研究中，大部分均以财务报表数字或比率为研究基础。

(1)威廉·H. 比弗的单变量分析法。

美国的比弗是最早运用统计方法研究公司失败问题的，而且他狭义地界定了财务失败为破产，以及债务拖欠不履行、银行超支、不能支付优先股利等概念。他对相同数量、相同资产规模的成功企业和失败企业进行了比较研究，提出了通过个别财务比率走势恶化来预测财务危机的观点。他对公司失败前 5 年的每一年都计算 30 个比率，通过观察与排序，选择 5 个财务比率分别作为一元判定预测的变量对经营成功公司和经营失败公司进行比较，发现财务预测效果最好的是债务保障率指标，资产净收益率指标次之，两个指标在失败前 5 年的预测能力达到 70%以上，在失败前 1 年的预测能力高达 87%。

对预测企业财务失败的比率按综合性和预测能力大小进行排序，结果如下：

$$\text{债务保障率} = \frac{\text{现金流量}}{\text{债务总额}}$$

$$\text{资产净收益率} = \frac{\text{净收益}}{\text{资产总额}}$$

$$\text{资产负债率} = \frac{\text{负债总额}}{\text{资产总额}}$$

$$营运资本资产比率 = \frac{营运资本}{资产总额}$$

$$流动比率 = \frac{流动资产}{流动负债}$$

比弗通过对各财务报表项目的平均值进行计算之后，对流动资产项目之间重要项目的说明如下。

失败企业的现金较少，而应收账款较多，由于现金和应收账款对企业的影响不同，如果将二者加在一起列入速动资产和流动资产，就无法发现失败企业与成功企业之间的不同。现金和应收账款对企业具有相反方向的作用。

由于企业的现金流量、净收益和债务状况表现为企业长期的状况，并且不能改变，所以在对企业进行跟踪考察时，应特别注意上述比率的变化趋势。其中，“现金流量”的数额来自“现金流量表”，这个比率除现金外还充分考虑了资产变现力，为了对企业销售和利润的实现及生产经营状况进行综合分析，这个比率考虑到长期负债与流动负债的转化关系，因而选择了总负债作为基数，但是总负债只考虑了负债规模，而没有对企业的债务结构进行考虑，因此，有可能对一些因短期偿债能力不足而出现危机的企业做出错误的判断。因为“总资产”中不同的资产项目对盈利的作用是不同的，所以这一指标没有结合资产的构成要素进行选择，对预测企业资产的获利能力是否具有良好的增长态势造成了困难。单变量分析法虽然简单，但由于不同财务比率的预测方向与能力经常有相当大的差距，有时会产生对于同一公司使用不同比率预测出不同结果的现象，而逐渐被多变量方法所替代。

(2) 爱德华 · I. 奥特曼的 Z 评分模型。

奥特曼是最早运用多变量区别分析法探讨公司财务危机预测问题的学者。他将若干变量并入一个函数方程：

$$Z = 0.012X_1 + 0.014X_2 + 0.033X_3 + 0.006X_4 + 0.999X_5$$

其中，

$$X_1 = \frac{期末流动资产 - 期末流动负债}{期末总资产}$$

$$X_2 = \frac{期末留存收益}{期末总资产}$$

$$X_3 = \frac{息税前利润}{期末总资产}$$

$$X_4 = \frac{期末股东权益的市场价值}{期末总负债}$$

$$X_5 = \frac{本期销售收入}{总资产}$$

Z 评分模型从企业的资产规模、变现力、获利能力、财务结构、偿债能力、资产利用效率等方面综合反映了企业财务状况，进一步推动了财务预警的发展。奥特曼教授通过对 Z 评分模型的研究分析得到的具体判断标准如表 1-1 所示。

表 1-1　Z 评分模型具体判断标准

比率	预警结果	
$Z \geqslant 3.0$	财务失败的可能性很小	财务不失败组
$2.8 \leqslant Z \leqslant 2.9$	有财务失败可能	
$1.81 \leqslant Z \leqslant 2.7$	财务失败可能性很大	
$Z \leqslant 1.8$	财务失败可能性非常大	财务失败组

奥特曼教授对 1968 年尚在持续经营的 33 家美国企业进行预测，预测结果令人满意，而且分析依据的资料越新，准确率越高。例如，依据临近财务失败的报表资料预测准确率为 96%，依据财务失败前一年的报表资料预测准确率为 72%。但无论怎样，都必须以财务报表的真实性、准确性、完整性为前提。

最近几年来，诸多欧美国家都通过 Z 评分模型对该问题进行了相关的研究，如荷兰、俄罗斯、加拿大等国家。虽然这些国家的研究对 Z 值的判断有不同的标准，但是对于 Z 值的临界值 1.8，各个国家“财务失败组”的平均值都较它略低一些。

(3)周守华和杨济华的 F 分数模型。

在建立 Z 评分模型时，它本身就存在一定的缺陷，它没有全面地考虑现金流入量和现金流出量的变化对 Z 评分模型的影响。但是，通过我国专家周守华和杨济华对这个模型的改良，一个全新的模型——F 分数模型应运而生。这个新模型更适合对财务危机进行预测。

$$F=-0.1774+1.2091\alpha_1+0.1074\alpha_2+1.9271\alpha_3+0.0302\alpha_4+0.4961\alpha_5$$

其中，α_1、α_2 及 α_4 与 Z 评分模型中的 X_1、X_2 及 X_4 相同。

$$\alpha_1=\frac{\text{期末流动资产}-\text{期末流动负债}}{\text{期末总资产}}$$

$$\alpha_2=\frac{\text{期末留存收益}}{\text{期末总资产}}$$

$$\alpha_3=\frac{\text{税后纯收益}+\text{折旧}}{\text{平均总负债}}$$

$$\alpha_4=\frac{\text{期末股东权益的市场价值}}{\text{期末总负债}}$$

$$\alpha_5=\frac{\text{税后净利润}+\text{利息}+\text{折旧}}{\text{平均总资产}}$$

F 分数模型的主要特征如下。

F 分数模型充分考虑了现金流入量和现金流出量的变动因素。现金流量比率是财务管理中衡量企业偿债能力的指标，通过对这个指标的研究，诸多学者发现它是预计公司经营状况的有用变量，因此，F 分数模型化解了 Z 评分模型本身存在的缺陷。

F 分数模型将公司财务状况的改善纳入其中，又充分考虑到相关标准的变化，尤其是先进的现金管理方法的运用已经使得很多财务比率指标的标准发生了翻天覆地的变化，使得当代公司对必要流动比率的维持也有所下降。

F 分数模型使用了更多的公司样本数据。Z 评分模型只是选取了 3 家破产公司和 33 家非破产公司作为样本数据，但是 F 分数模型选取了 1990 年至今的 4 000多家公司的财务数据作为样本，这些数据也都是从 Compustat PC Plus 数据库中获取的。对这 4 000 多家公司进行检验后，得出了如表 1-2 所示的结果。

表 1-2　F 分数模型检验结果

实际结果	检验结果	
破产公司 22 家 (100%)	破产公司 15 家 (68.18%)	非破产公司 7 家 (31.82%)
非破产公司 4 138 家 (100%)	非破产公司 3 082 家 (74.48%)	破产公司 1 056 家 (25.52%)
合计 4 160 家	3 097 家	1 063 家
准确率	3 097/4 160×100%=74.45%	

通过以上结果可以看出，这两个模型中的比率的差别主要在于 α_3 和 α_5 上。α_3 作为现金流入量和现金流出量的变量，是衡量企业偿债能力的重要指标。企业现金流入的组成包括企业计提的折旧费用，如果需要，也可以用折旧费偿债。企业的总资产对现金流入量和现金流出量的贡献主要在于 α_5。对于财务风险的精确预计，它有着不可比拟的巨大作用。

在利用 F 分数模型确定 5 个自变量的过程中，以财务理论为基础理论，确定了这 5 个自变量的临界点为 0.027 4。当 F 分数小于这个临界点时，这个公司将被认为是破产公司；当 F 分数大于这个临界值时，这个公司将被认为是仍可存活的公司。

(4)日本开发银行的多变量预测模型。

$$Z = 2.1\alpha_1 + 1.6\alpha_2 - 1.7\alpha_3 - \alpha_4 - 2.3\alpha_5 + 2.5\alpha_6$$

其中，α_1=营业收入增长率；α_2=总资产收益率；α_3=他人资产分配率；α_4=资产负债率；α_5=流动比率；α_6=粗附加值生产率。

该多变量预测模型的标准是，如果 Z 模型的值越大，企业越安全；如果 Z 模型的值越小，企业面临的风险就越大；如果处于中间位置(0～10)，企业可能处于危险边缘。

(5)中国台湾陈肇荣的多元预测模型。

$$Y=0.35X_1+0.67X_2-0.57X_3+0.29X_4+0.55X_5$$

其中，X_1＝速动比率；X_2＝营运资金/资产总额；X_3＝固定资产/资本净值；X_4＝应收账款周转率；X_5＝现金流入量/现金流出量。

预测原则是，Y值越大越好；反之，企业就可能面临危机；$Y \leqslant 11.5$时，企业在不远的将来会发生财务危机。

3)改良变量的财务危机预警

(1)现金流量。

以理财学的基本理论为基础，建立了以现金流量为主的预警模型。这从理财学的基本理念也能看到，即企业未来经营活动的现金流量的净现值就是其所能带来的企业价值。如果企业没有充足的现金流量，企业就会渐渐失去支付到期债务的能力，企业没有了偿债能力就像生物没有了能量，企业当然也就没有了存活能力。所以，现金流量不仅能够充分地反映企业价值，还能合理地反映企业的存活状况。

在用现金流入量及现金流出量对企业的财务危机发生的概率进行评估时，20世纪70年代，国外学者布卢姆对企业进行了形象的比喻，他认为企业就像一个财务资源的蓄水池，如果水池注入的水量(现金量)减少，流出来的水量(现金量)增加，流进去的水量与流出来的水量变异性就会加大，这就说明企业很容易发生财务危机。布卢姆利用三种财务指标(获利性、变异性、流动性)建立了研究模型，建立该模型选取的样本数据是从1954年到1968年间的100多家公司，而且他又将这些数据按照行业、销售收入净额、员工规模进行了搭配。通过这个模型的实证检验，他发现在财务危机爆发的前5年，财务危机的预测比率都在七成之上。

(2)市场收益率。

在用市场收益率对企业进行危机预测时，在20世纪80年代，阿哈罗尼、琼斯和斯威利用市场收益率方差建立了一个用于预测的模型。通过该模型的检验结果发现，与没有发生财务危机的公司相比，发生财务危机而破产的公司的股票市场收益率方差存在明显的不同，而这种不同主要是在企业发生财务危机而破产之前的4年间。

比弗作为利用股票的市场收益率预测企业财务危机的先行者，根据有效市场假说，他发现如果资本市场是有效的，股票收益率是能很好地预测企业财务危机的指标，但它在预测时存在一定的缺陷，即时滞效应。也是在20世纪80年代，学者阿尔曼和布伦纳发现发生财务危机而破产企业的股票在资本市场上表现惨淡，这个时间是在其破产前的一个会计期间内。但是学者克拉克和温斯坦研究发现，发生财务危机而破产的公司在前3个会计期间内，市场收益率就已经为负值了。他们认为因财务危机而破产的公司在发布了破产公告后，同时也就向资本市场发布了这样的信息：本公司的股票将要经历资本损失。经研究，这个损失平均将达到26%，历时2个月。

(3)保留意见。

在20世纪90年代，霍普伍德首先选取在20世纪70年代到80年代间的115家美国公司(60家破产的和55家没有破产的)作为样本数据进行了研究，提出了与保留意见相关的观点。随后，他又创建了一个基于单变量和多变量对数线性财务危机预警模型，该模型的创建是建立在1982～1985年的64家公司(32家破产的和32家没有破产的)数据基础上的，而且使用了不同类型的保留意见和财务比率。通过该模型的研究结果发现，在单变量模型中，各形态的保留意见对财务危机的作用都差不多，都有助于对其进行预测。而在多变量模型中，该保留意见如果对持续经营持怀疑态度，才能有助于对财务中出现的危机进行一定的预测。

此外，专家们还用其他指标进行了预测，如常用的产业相对比率。选择的这些指标在不同程度上弥补了利用单一财务指标进行预测的缺陷，对财务危机预警的研究有着不可磨灭的贡献。

4)改良研究方法的财务危机预警模型

以上对财务危机的预测主要利用的是财务学中的指标及模型，而当代国际的潮流是将不同的学科进行融合，利用各学科(统计学、生物学、数学等)的工具建立模型。其主要包括以下模型：基于多元辨别分析模型、基于神经元网络建立的模型、Probit模型、Logit模型、Cox模型、Cusum方程等，因为融合了不同学科的独有特点，这些模型对财务危机的预测也更加全面。以下分析费希尔(Fisher)判别、Logit模型和类神经网络这三种代表性的模型。

在判别分析中最常用的方法是Fisher判别函数，但该模型在分析中会受到多方面因素的影响，如多元正态分布、协方差相同且平均向量、协方差、先验概率、错分成本已知的样本这些前提假设中存在的因素都会限制其发挥作用。

(1)Fisher判别。从Fisher判别的属性来看，它属于多元判别分析，是利用判别函数来发挥作用的。而判别函数的求取是根据判别效率最大的原则来进行的。除了Fisher判别以外，其他的判别方法也很多，如距离判别、Bayers判别等。

Fisher判别函数：$W(\boldsymbol{X})=\boldsymbol{X}'(\boldsymbol{V}_1+\boldsymbol{V}_2)^{-1}(\boldsymbol{X}_1-\boldsymbol{X}_2)$

Fisher判别规则：$W(\boldsymbol{X})\geqslant m$，$\boldsymbol{X}\in$财务危机企业

$W(\boldsymbol{X})<m$，$\boldsymbol{X}\notin$财务危机企业

其中，$m=[W(\boldsymbol{X}_1)+W(\boldsymbol{X}_2)]/2$；$\boldsymbol{X}_1$、$\boldsymbol{X}_2$为两组的均值向量；$\boldsymbol{V}$为两组的协方差矩阵。

虽然在判别分析中应用最多的一种方法是Fisher判别函数，但它的局限性仍然存在，主要是针对前提假设，Fisher判别函数只有当多元正态分布、协方差相同且平均向量、协方差、先验概率、错分成本已知时，利用该函数计算的期望

错分成本才有可能达到最小。

(2)Logit 模型。Logit 模型是离散选择法模型之一，属于多重变量分析范畴，由 J. 伯克森于 1944 年提出，为 Logistic 回归模式的一种，为非线性分类的统计方法，其不仅可以在样本内进行预测，还可以对样本外的数据进行预测，适用于处理二分类的问题。其应函数呈现两种曲线形态——倒 S 形或是 S 形。像(1)、非(0)这类因变量为定性指标的问题一般需要这种形态。在进行预测时，以 0.5 为黄金分割点，大于 0.5 表示财务危机公司，反之为财务健康公司。如果模型是以多变量判别分析为基础而建立的，只能根据公司的财务失败危机是否发生而进行分类，而无法权衡危机发生的概率。1977 年，马丁最先使用该模型创建了企业财务危机预警机制。在 1969～1974 年，采用的 25 个样本均是采用财务比率分别预测两年后银行可能倒闭的概率。研究结果发现，有 6 个财务比率具有明显的预测能力，它们分别是商业放款/总放款、净利/总资产、费用/营业收入、坏账/营业净利、总资产/风险性资产、放款/总资产。

(3)类神经网络。模拟人类大脑思考的方式创建出来的类神经网络模型是一种人工智能系统，它有以下优点：能够大规模同时进行、分布式处理和存储、自行进行组织、自己适应还可以自己学习。另外，它具有在理论上能够非常接近特别复杂的非线性关系的能力、高度抗变换性和容错能力，因而能够适用于非正态分布的假设，并且进行分布处理，同时无变量共线性的总量，对于一些不是很精确或是有些模糊的问题，以及需要同时考虑许多因素和条件的问题特别适合。类神经网络有三个层次，即输入层、隐含层和输出层，输入神经元、隐含神经元和输出神经元是其对应的三种神经元。神经元是一个单输出多输入的信息处理单元，而且，它对信息处理不是线性的。根据神经元的功能和特性，可将神经元抽象地概括为一个简单的数学模型。神经元能够在不同的时间对传入的信息进行综合性分析，然后根据传递函数产生输出信息，输出信息又按照网络拓扑结构传递到下一个神经元。

奥多姆和沙达尔被誉为将类神经网络模型应用在破产预测模式中的最具代表性的学者，其 1990 年的研究以奥特曼所构建的 5 个财务比率为研究变量，使用类神经网络与判别分析做验证比较，研究发现，训练样本的正确率高达 100%，而保留样本失败与正常的正确率分别为 81.75%与 78.18%，显示类神经网络具有较佳的预测能力。另外，戈思和坦在 1999 年以 6 个财务指标为研究变量做了类似的研究，并得出类神经网络模型的预测效果优于 Probit 模型的结论。

5)企业微观预警模型文献分析与评价

从以上的文献概述可以发现，当前关于企业微观预警模型研究的基本思路是：收集大量企业的历史数据，而且不区分行业差别，对历史数据进行横向(企业间)和纵向(企业历史)的指标分析，采用统计分析方法，依据历史数据建立业绩评价式的预警评价模型，再通过比较历史数据与横向企业数据的办法调整设定企业的安全性参照阀值，将计算值与阀值进行比较，从而确定企业的状态，筛选出危机企业与非危机企业。建模过程中的统计分析基本是从所有企业的数据出发，运用统计分类的办法，配对区分“失败”类企业与“非失败”类企业。模型得出的结果实质上是为各企业的部分业绩指标进行综合排名(少则一个——单变量分析，多则数个——Z 评分模型、F 分数模型)。可以说，各个模型都有自己的长处，也都有自己的缺陷，通过对这些模型的分析，并结合宏观预警的理论，本书对当前的微观预警模型归纳出以下几个问题。

(1)“企业危机管理”理论不是严格的预警模型。在众多的企业危机管理文献中，绝大多数都是从企业危机发生、处理的基本框架进行定性分析的，涉及的主要问题是企业危机产生的机理、影响、处理原则、大致的办法、管理框架等。由于数量模型的缺乏，企业危机的界定存在很大的困难性和随意性。因此，从危机管理的角度进行企业预警急需寻求危机预警量化模型。

(2)财务预警模型自身存在的问题。

第一，当前众多的财务危机预警模型不是真正的微观预警模型。如前所述，各类预警模型得出的结果表现为众多企业在部分指标支持下的综合排名，这种排名只能说明企业在众多的企业中处于何种位置，而不能说明企业本身的状态，即评价的结果只能说明企业的生产经营结果在众多的企业中处于什么位置，但它不能说明企业的运行安全状态。造成此问题的根源在于这些方法利用了财务分析业绩评价的基本方法。财务业绩评价是建立在企业历史数据的基础上，通过一定的方法将企业历史数据的指标进行综合，就可以判断企业经营状况的好坏及待改进的地方，由于各企业都存在相应的状态，因此可以将它们放在一起进行排序比较。而当前的预警模型正好将这种历史数据的业绩比较作为企业安全性判定的方法，显然这是行不通的。假如参加排序的 20 家企业都处于危机中，但此方法却使得排名第一的企业感觉自己处于绝对的良好安全运营状态中。研究发现，有不少学者分析了当前预警模型的精度问题，实证发现各模型都有自己的精度范围，有的精度很差。精度的差异实际上取决于模型设计者样本选取量的问题，模型的预测精度也基本上与建模时的精度一致。如果建模时选取的 20 家企业中 16 家为正常企业，4 家为非正常企业，经过排序确定了阀值 Y，当模型检验时，只要综合业绩 Y 不优于建模阀值 Y，则肯定属于危机型企业。实际上企业在总体企业中排名顺序的上下浮动不能直接说明企业处于何种安全状态。这种排名只是企业经营业绩的综合排名，而非状态排名。企业预警模型的建立应该从企业自身内部因素的分析入手，从安全性影响因素(非经营业绩因素)出发，建立安全性因素变动综合模型，并采用一定的判断办法确定这种变动对于企业是有利的还是不利的，从而确定企业运营的安全状态。而企业业绩排名属于宏观排名分类问题，如黑龙江省科技厅每年的“科技型企业业绩排名”、国务院发展研究中心的“企业竞争力排名”、世界 500 强企业排名等不是微观预警分析问题。从这个意义上说，当前还没有真正意义上的微观预警模型。

第二，样本选择的标准比较混乱。在众多的研究中，基本都是采用“危机公司”和“正常公司”的“配对取样”方式，而且绝大多数都是上市公司的财务资料，非上市公司根本不在其内。

第三，判断原则不尽合理。财务预警模型的导出大多是采用“趋势分析”的方式，通过回归分析从危机公司的样本中得出的，然后用此模型再去“映射”其他样本企业。事实上，这种“拣病人诊病”的做法根本不具有说服力。当前，存在许多关于这些模型预警准确性的实证分析。问题的关键是，“本身是病人，诊断后还是病人”的核心是“他本身就是病人”，而“本身是病人，诊断后却不是病人”的核心是“他根本无法诊断他是病人”，即模型本身存在问题，但这不是建模的水平问题，因为趋势回归分析本身就是一种趋势，很明显，总有一些样本不会落到趋势线上，这是由经济系统的非规则变化引起的。更何况还用此企业的趋势去“映射”其他企业的趋势，效果自然不好。

第四，指标数据不符合预警的要求。当前的模型大多采用统计分析的方法从中进行回归分析，然而回归分析有一个最基本的要求，即数据的大样性。为此，这些预警模型在建立的过程中为了扩大数据的获取量，把各个不行行业、不同时段的数据进行归拢、综合处理构建样本矩阵。相关预警模型的精度通常在70%～80%，所用数据距离危机年份的距离越远，准确性越差，为此，预警模型中选取数据不能离预警期太远，这就注定了模型的“少数据”问题。这些就构成了传统概率预测的数据大样性与现时预警模型的数据少样性之间的矛盾。同时，不同行业的“杂合”本身就隐含着众多的不可比因素，自然而然地模型的精度就会存在问题。另外，这些模型选取的样本与样本总体存在很大的差距，样本量越大，越说明趋势分析和相应的判断标准存在问题，Z 评分模型与 F 分数模型预测准确率的差距就很好地说明了这一问题。

第五，当前的预警模型基本都是从外部信息使用人的角度进行预警的，这是当前预警模型最大的特点。然而，这种情况却使得当前的微观预警与宏观预警根本不能放到一起进行分析，问题在于，宏观预警解决的问题就是宏观经济运行中存在的问题，而当前微观预警解决的却不是微观企业内部存在的问题，这些模型所分析的是企业财务状况(或经营状况)的“企业间排序问题”，许多排序还不分行业。从这个意义上讲，当前的“危机管理”的起点要高于“财务危机预警”，因为危机管理是从企业内部出发的，但“危机管理”缺乏有效的定量模型。

至此，可以得出当前预警模型研究中需要重新考虑的几个问题。

第一，分析的角度问题，即预警分析的服务对象问题。本书认为，企业预警分析必须从企业内部管理的角度出发，为企业管理服务。外部预警分析是一种广义的宏观预警分析。“从企业内部管理的角度出发”的新思路就限定了样本选择不是大量存在的上市公司，而是所研究的特定公司的历史和现时数据，即样本的选择表现为“个体研究”而不是当前预警模型所惯用的“总体研究”。预警模型所要解释的核心是企业内部经营管理中存在的问题、面临的风险，而不是全国企业总体的发展水平(即风险排序)。当前预警模型最大的问题就在于此，实际上还没有真正意义上的微观预警模型。可以说，不少学者已经注意到了这个问题，发展研究了一些新的企业预警方法，如将自动化控制理论引入企业分析的神经网络分析法等，但这种方法不仅建模的理论难度大，而且指标设计十分困难，实务上很难操作运用。因此，急需建立一种既注重当前经济学研究中对于概率论、统计学、高等数学的依赖性又注重新理论(如模糊数学、运筹学、计量经济学、类神经网络等)运用的预警模型，将新旧理论进行结合，发展成一种可行的企业安全性预警模型。

第二，建立预警模型所使用的数据问题。当前模型采用的都是企业的历史数据，尤其是财务预警模型采用的都是企业财务报表的数据。这种思路源于宏观预警分析的思路。但是宏观预警的数据在统计学上存在着明显的先行、同步和滞后关系，而微观企业财务数据没有明显的先行、同步和滞后关系，这就使得很难用过去和现在的数据去说明明天会出现的问题，对当前我国快速发展的科技型企业更是如此。本书认为，预警研究必须使用合适的方法从现有的数据中获得预测数据，再利用预测数据建立相应的预测模型。鉴于企业数据的特点，预测方法最好采用邓聚龙教授的“灰预测”方法，本书 3.4 节将对此进行重点分析。

第三，指标的选择及权重的取得问题。通过以上分析，可以看出“危机管理”有较好的出发点，但“财务预警”有较好的预警量化模型，后者的优势主要在于指标取得方面。财务数据在企业信息中占有核心地位，也是比较容易取得的数据，财务指标也相应较易获得，但企业预警的指标必须和企业的危机因素挂钩，不能想当然地设立。另外，当前预警模型建立中都涉及权重问题，对权重的取得方法也很多，究竟应该采用何种方法取得权重没有一个统一的模式，本书认为，最好采用层次分析法(analytic hierarchy process，AHP)结合统计调整的方法进行。

第四，企业危机或企业安全性的判断办法问题。预警模型只能提供一个供参考的数据(如 Z 评分模型、F 分数模型等)，问题是如何评价这个数据的合理性即安全性。现时的预警模型由于都是从企业外部角度进行的排序式分类比较，因而大量地采用了统计分段的办法，如 Z 评分模型的“1.8”标准。如果从企业内部管理的角度建立预警模型就失去了“聚类分段”的基础，当然可以采用历史数据的纵向分段办法，但可比性就差了很多。这种缺乏统计分段的鉴别属于“模糊识别”的问题，因而，可以引入模糊数学模糊识别的办法加以解决。

1.3.4　企业财务预警框架

企业财务预警是企业预警中的一个重要组成部分。企业财务预警理论框架如图 1-1 所示。

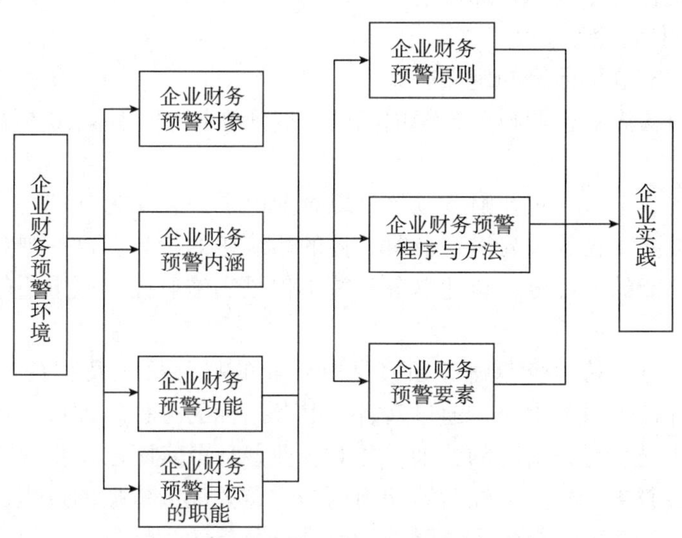

图 1-1　企业财务预警理论框架

1. 企业财务预警环境

企业财务预警环境是企业财务预警活动的基础条件，企业的任何活动都是在一定的环境下进行的，无论是企业的筹资、投资还是股利分配，都离不开一定的环境，由于企业所处环境具有变动性、复杂性和交互性，忽视环境的企业财务预警系统是没有实际意义和参考价值的，所以企业财务预警环境构成了企业财务预警研究的起点。

企业财务预警环境可分为宏观环境、微观环境和任务环境。企业财务预警宏观环境是指影响企业活动的各种政治环境、宏观经济政策、经济环境及社会文化环境等。政治环境是指对企业财务预警有直接影响的政治因素和政策指向；宏观经济政策包括经济政策、财政政策、货币金融政策、税制、国家经济安全和经济自由指数等；经济环境包括经济发展水平、经济周期、通货膨胀、市场规模等；社会文化环境主要包括社会阶层的影响、法律和技术环境等。企业是整个社会经济系统的一个单元，社会经济环境是企业赖以生存和发展的土壤。社会经济环境的任何变化都会对企业的财务活动产生影响。企业财务预警微观环境主要是指企业的内部环境，包括企业内部的各个环节，主要有企业的管理层、企业的组织结构、企业的财务状况、企业的文化、企业的发展能力及企业的整体素质等方面。由于一般环境的影响作用往往比较模糊，故应该定义一个特殊的任务环境。企业财务预警任务环境是指企业竞争对手、顾客资源供应者、管理部门等。企业财务预警一般环境和任务环境构成了企业财务预警的外部环境，比起企业财务预警一般环境而言，企业财务预警任务环境更能直接给企业提供一个更有用的信息，管理人员也能更容易地鉴别外部环境。

2. 企业财务预警内涵

1)企业财务危机预警的定义

目前国内各界对企业财务预警内涵的研究还在探讨阶段，最具有代表性的观点如下。

第一种观点，认为企业财务预警是以企业电子信息化为基础，对企业在生产经营活动中可能存在的风险进行及时管控的系统化的工具。这一观点只表述出企业财务预警功能的一部分，企业财务预警不仅是实施监控，更重要的是它能进行警情的处理。

第二种观点，认为企业财务预警是以企业的财务报表及相关经营资料为基础，以杜邦分析体系为中心，通过对各个财务指标的分析，评价、预测、及时反映企业经营状况和财务情况的波动，并对企业各环节实际已发生或预计会发生的财务风险发出警告信号，为经营管理当局提供监控决策依据的过程。这一观点在风险控制功能的基础上提出了对财务指标进行分析的预警方法。但企业财务预警方法不仅包括财务指标等定量指标，还包括定性分析，所以这种观点也有其局限性。

第三种观点，认为企业财务预警是通过对企业财务信息数据的分析，利用及时、真实可靠的财务数据和相应的数字化的管控模式，将企业所面临的危机情况提前告知给企业的经营管理者和其他利益相关者，并分析企业发生财务危险的原因和企业财务经营管理体系中潜在的问题，以提早做好防控准备的财务分析评价过程。这一观点相对完整地描述了企业财务预警的内涵，但还不够贴切。

鉴于以上分析，企业财务预警应该是以企业财务报表、财务计划、经营计划、相关经营资料和有用的外部资料为依据，依托企业建立的经营管理体系，采用各种分析评价方法，将企业所面临的经营不稳定情况和危险情况提前告知企业经营管理者和其他利益相关者，并分析企业发生经营不稳定和财务危机的内在原因及企业财务运营体系隐藏的内在问题，以督促企业管理当局提早做好防控准备，为管理当局提供决策和控制依据的分析手段和组织系统。

可见，企业财务预警作为企业预警的核心内容，它是为了防止企业财务危机，使企业正常持续地生存下去而采取的一种利用以财务指标为主的预警分析方法，保证企业安全性的一种危机防范措施。在理解企业财务预警内涵时必须区分以下概念。

企业财务控制是指企业为完成预期的生产经营计划或使未来某一时期的财务

成果达到计划目标，对企业的财务收支活动以及相关财务行为进行监管和调控，以指导和规范企业经济活动，达到使企业经济活动合理、合法、有效的目的。

企业财务控制经常将实际的经营成果与财务预算进行比较，以确定资金在收、支、用等方面的差异，分析得出原因，采取措施改正和减少差异。它相当于企业财务预警系统中的预先控制措施和排除警告措施，显然也是研究企业财务预警的一个重要方面。

2)企业财务预警与企业财务风险

学术界对风险的界定是指不利事件或有害事件发生的可能性。企业财务风险是企业风险的主要组成部分，企业财务风险有广义和狭义之分，广义的企业财务风险是指在企业融资、投资、资金回笼和收益分配等财务活动中，由于各种不可预测和不可控制的因素的存在，企业实现的收益与预期收益发生偏差的可能性。狭义的企业财务风险是指由企业负债引起的到期不能还本付息的风险。

企业财务预警与狭义企业财务风险的区别从定义中就可以看出，企业财务预警不仅要防范企业的财务风险，还要防范企业的组织风险、决策风险和质量风险等，所以企业财务预警研究的侧重点是企业的财务风险。它们是研究与被研究的关系。

3)企业财务预警与企业财务预测

企业财务预测是指运用销售百分比法、本量利法、弹性预算法等方法来预测企业的融资需求的方法。可见企业财务预测防范的主要对象是企业的融资风险。企业财务预测的主要对象是企业的各种风险，其包括潜在的和现实的风险，而不是企业的融资需求。企业财务预测只对将来的行为提出预测而不提出解决问题的办法，但企业财务预警不仅有预测企业财务危机的功能而且能提出解决问题的方案和对策。可见企业财务预警与企业财务预测的对象是不同的，而且它们的具体目标也是不一样的。但总的目标都是为了加强企业的管理控制，促使企业更好地发展。

4)企业财务预警与企业财务评价

企业财务评价是指企业选择具有代表性的财务比率或非财务指标与历史或同行业的财务比率或非财务指标进行对比分析，进而得出企业财务业绩等级情况的过程。企业财务评价是看企业的经营业绩如何，而企业财务预警考虑的是企业的安全性、为了维护企业安全性而采取的措施，两者的目的不尽相同。

3. 企业财务预警对象

企业财务预警对象是企业的财务危机，了解企业财务危机主要应从企业财务危机的定义、特点以及演化过程三方面着手。

1)企业财务危机定义

Carmichael (1972)认为当企业履行它本应承担的义务时，出现的障碍限制了企业义务的履行，那么，企业就出现了财务危机。财务危机主要表现为以下四种形式：流动性不足、偿债能力不足、资本不足和缺乏营运资金。

Ross 等(1999)对财务危机的理解表现在以下几个方面：企业已彻底没有偿债能力，即使进行了破产清算也不能偿还其债务；债权人要求或企业已按国家法定程序向法院提起诉讼，申请破产；企业已不能按合同约定偿还本金并支付利息；企业已经资不抵债。

谷祺和刘淑莲(1999)认为财务危机是指企业无力支付到期债务或费用的一种经济现象，包括从资金管理技术性失败到破产以及两者之间的各种情况，由于资金管理技术性失败而引发的支付能力不足，一般是暂时的和比较次要的困难，通常可以采取一定的措施加以补救，如通过债务重组或资产抵押等借新债还旧债。

2)企业财务危机特点

从以上各位学者关于企业财务危机的含义，可以得出企业财务危机有以下六个特点。

第一，企业财务危机具有客观累积性。有的学者认为企业财务危机具有突发性，其实并不然，事物的偶然性中往往蕴藏着必然性，企业财务危机的爆发也不是突然的，财务危机具有自身的特点，人们往往只能看到财务危机过后所带来的不良影响，却没能认识到财务危机的爆发是有一定过程的。财务危机有自身的潜伏期，只有到一定的程度，企业财务危机才会爆发，企业财务危机的客观累积性是一种不以人的意识为转移的客观存在。

第二，企业财务危机具有可预见性。企业财务危机的存在具有不确定性，但并不是说人们对企业财务危机就束手无策，企业财务危机的爆发有一定的规律和一定的迹象，可以通过对企业财务危机规律的研究和财务危机爆发前征兆的观察来预测企业是不是发生了财务危机，因此，企业财务危机的爆发是可以被预见的。

第三，企业财务危机具有多样性。企业财务危机的多样性主要表现在其表现形式和形成原因上。企业财务危机的发生不是受单一因素的限制和影响，而是众多因素综合作用的结果，除此之外，企业财务危机的具体表现形式也有很多种，如资金周转不足、现金流量为负、企业到期不能偿还债务、管理者出现短期行为、推迟设备的大修理时间等都是其表现形式。

第四，企业财务危机具有破坏性。企业财务危机的破坏性是指无论企业财务危机爆发的程度如何，对企业都有着或多或少的影响，若企业处理不当或处理不及时，会阻碍企业的正常生产经营，给企业带来某些程度上的损失，更严重的会导致企业的破产和灭亡，因此，作为企业进行财务危机预警的主要因素之一，企业财务危机的破坏性是必须要考虑的。

第五，企业财务危机具有复杂性。企业财务危机爆发的时间、地点和规模都没有确切的信息，企业如果没有足够的资源解决财务危机，或在财务危机发生时没能及时获取财务预警信息，就可能招致损失和破坏。企业财务危机的复杂性使得解决危机的时间和成本都会增加。

第六，企业财务危机具有双重性。企业财务危机的本质在于它的危险和机会同在，所以财务危机有危险和机遇双重属性，若企业处理得好，就很有可能转危为安，会带来意想不到的收获；若企业处理不当，则会造成损失甚至失败。财务危机的双重性告诉人们在进行危机处理时一定要谨慎、及时，否则将会给企业带来很大的危险。

3)企业财务危机演化过程

企业财务危机的演化是有过程和一定规律性的，客观上它与企业的生命周期相一致。

从图 1-2 中可以看出企业财务危机的演化过程，在矩形 *OGCA* 内，企业的财务危机虽然存在，但危机的强度处于一个较低的水平，所以从企业外部来看企业处于一个比较平静的状态。但当企业的一种财务危机突然爆发时，企业的相对平衡状态就被打破，企业的这种财务危机会像导火线一样引起其他财务危机的频频爆发，导致企业的危机强度增大，企业处在第一个关键的转折点 *F* 点。企业的财务危机一旦爆发，就会一发不可收拾，迅速地升到 *M* 点，*M* 点是企业财务危机爆发最强烈的时候，在此时企业如果采取了强有力的措施也许会扭转乾坤，但如果没有采取应有的对策，企业就有可能破产，最终导致企业生命的结束。企业应该将预防财务危机视为一种投资，如发现有财务危机的征兆，应马上想办法解决或缓解危机，绝不能视而不见。

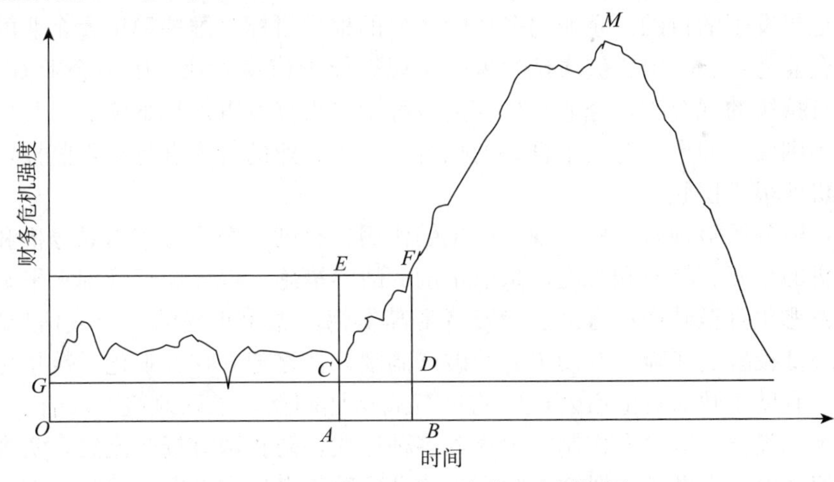

图 1-2 企业财务危机演化生命周期图

4. 企业财务预警功能

企业财务预警主要有以下功能。

(1)信息收集。对一企业是否发生财务危机进行判断，需要采集相关有用信息，而且这些信息需要与企业经营管理相关联，如国家政策、市场环境、企业内部财务信息等。将这些信息进行对比分析，从而确定企业财务危机是否发生并进行预警。

(2)预知危机。当威胁公司财务状况的重大风险暴露时，企业的财务风险预警系统会迅速做出反应，从而使管理者做好预防措施或者采取应对策略，从而降低企业的财务损失，使得企业能够未雨绸缪、防患于未然。

(3)控制危机。当企业出现财务风险时，财务预警系统能够及时发出警报并且及时感知企业财务状况下滑的原因，提醒企业管理人员进行更好的控制，以便对症下药，制定有效的措施，进而防止财务状况更深层的恶化，最终避免发生严重的财务风险。

企业财务预警有助于注册会计师(certified public accountant，CPA)通过财务预警信息来确定审计范围和审计程序，并对企业的未来前景做出预测。

5. 企业财务预警目标的职能

企业生产经营过程中将会面临多种多样的财务风险因素，因此，做好财务风险预警的前提工作是必要的。财务风险预警的根本目标是，在确认与权衡财务风险的基础上，选择合理的风险管理策略，防止和减少即将发生的财务风险损失，以便顺利进行企业财务活动，从而实现企业预期的财务目标收益。企业财务预警的目标由基本目标和根本目标组成。

企业财务风险预警的基本目标是为企业管理当局提供反映企业财务危机状态的警情指标，以便管理当局及早采取相应措施，防患于未然，最终达到预防和制止财务危机发生的目的。企业财务风险预警的根本目标是维持和扩大企业的现金流，使企业持续、稳定、健康地发展，实现企业价值最大化。因为企业要生存，就必须有持续的现金流，企业在生存的过程中发生突发事件是难免的，凡事预则立，不预则废，如果没有一个良好的预警系统对企业的行为进行日常监控，一旦出现危机就很难摆脱。

企业财务风险预警目标实现所产生的作用：有助于企业管理当局分析和掌握财务危机的警源、警兆和警度，采取正确的战略措施，提高经营管理水平，防止企业经营恶化直至破产；有助于投资者提高警惕，做出正确的投资或信贷决策，避免或降低投融资风险；有助于完善破产制度，使之建立在客观化、数量化的基础之上；有助于政府对上市公司结构进行战略性调整，采取改组、联合、兼并、租赁、承包经营、股份合作制、出售等多种形式，防止国有资产流失，实现国有资产保值增值；有助于注册会计师利用这种预警信息确定其审计程序，判断企业的未来前景。

6. 企业财务预警假设

本书提出财务预警三个基本假设，其包括财务预警主体假设、财务预警时间假设和财务预警非货币计量假设。

(1)财务预警主体假设。企业财务预警主体假设是关于财务预警可以存在的空间方面的假设。企业财务预警主体假设有利于财务预警目标的实现，有利于企业的存续及发展，更有利于保证企业安全，从而实现企业价值最大化。因此，企业财务预警主体是企业的内部成员。

(2)财务预警时间假设。企业财务预警的采用信息多是来自于已经发生的信息，所以财务预警必须保证信息的及时性和不落后性，企业财务预警的期间因敏感、机动等特征的作用，应按照企业经营管理的现实情况来进行划分，并可以不按照自然期间(年、月、日)来划分。

(3)财务预警非货币计量假设。由于企业财务预警不仅重视货币信息而且注重非货币信息。计量方法要将货币计量方法和非货币计量方法结合起来，特别是在当今信息和知识时代，非货币计量方面的信息大量涌现，企业管理层要从中筛选出对企业有意义的货币性和非货币性信息，以满足财务预警的需要。

7. 企业财务预警原则

企业财务预警的原则有很多，主要包括客观性原则、及时性原则、高效性原则、具体问题具体分析原则、权变原则和全员性原则等。

(1)客观性原则。客观性原则是指企业财务预警必须针对企业的财务危机得出客观的结论，不应该主观臆断。

(2)及时性原则。及时性原则是指企业财务预警能及时发现企业中存在的危机，并把危机及时反映出来，以便管理者采取果断的措施进行预防和处理。

(3)高效性原则。高效性原则是对企业财务预警整个过程操作的要求，由于企业财务危机在潜伏期时有些迹象不能够及时地被发现，因此，企业财务危机可能会突然发生且不可预见，财务危机一旦发生，企业财务预警就必须在较高的效率下进行。

(4)具体问题具体分析原则。具体问题具体分析原则是指企业财务预警面临的是形形色色、各种各样的财务危机，企业不能按部就班地完全运用已成型的财务预警方法解决和预防本企业的财务危机，而应该在借鉴的基础上制定出适合本企业实际情况的财务预警体系和防范措施。

(5)权变原则。权变原则是指企业财务预警是随着时代的发展变化而变化的，而不是一成不变的，企业在建立财务预警体系时应该注意与企业所处时间与空间的结合，这样才能建立较完备的企业财务预警系统。

(6)全员性原则。全员性原则是指企业财务预警是关系企业生存发展的重要措施，也关系着企业中全体成员的未来和发展前景，所以要求企业全体成员增强主人翁责任感，在整个企业财务预警运行中给予大力的支持和合作，使企业财务预警系统更好地运转。

8. 企业财务预警要素

企业财务预警要素包括警源、警兆和警度。警源是警情产生的根本原因，根据其是否可控对其进行分类，警源分为A类警源(也称外部警源)和B类警源(也称内部警源)。A类警源是可控性较弱的警源，它是指引起企业财务危机的外在原因，如商业循环、经济萧条和不利的企业经营环境等。B类警源是可控性较强的警源，它是指引起企业财务危机的内在原因，如企业财务失控、企业经营管理不善、企业资本结构不合理、企业资金周转不灵等，具体分类见表1-3。如果警源不能及时被扭转，会造成企业财务周转困难、偿还能力减弱，并导致企业财务性失败，甚至导致企业破产。警兆即警情产生的先兆，是企业财务预警的信息系统。一般而言，当警源发生异常变化导致警情爆发之前，会有一些征兆，警兆可以通过各种形式表现出来，有可能随时就会爆发成警情。警度是指警情的严重程度，一般把财务预警警度划分为无警、轻警、中警、重警和巨警五个等级。由于企业所处的行业不同、企业性质不同、规模不同，警度也有所不同，警度的划分是企业财务预警的一个难点。警度设置可以有中间型、极大型和极小型三种形式，如图1-3所示，图中 X_a 和 X_b 是中间型的有警与无警临界点，X_1 是极大(小)型的有警与无警临界点，因此，$[X_a, X_b]$和$[X_1, +\infty]$($[-\infty, X_1]$)分别是中间型和极大(小)型的无警区域，在有警区域找出企业濒临破产的标准值作为巨警的标志。在无警与巨警之间，可以按照一定比例划分为轻警、中警和重警三个区间。

表1-3 企业财务危机警源分类

来源	警源分类
外部警源	利率升降警源、汇率变动警源、通货膨胀警源、经济波动警源 政治因素警源、道德败坏警源、自然灾害警源
内部警源	筹资警源、投资警源、流动资金回收警源、收益分配警源

9. 企业财务预警程序与方法

企业财务预警的程序包括理解警义、寻找警源、分析警度和制定警策等。警义即财务预警的含义，是指财务预警监测和预警的对象。理解警义即明确企业财务预警的含义，寻找警源即寻找财务预警的根源，分析警度即分析警情的程度，制定警策即制定财务预警的防范对策。

企业财务预警方法一般包括调查表法、管理评分法等定性财务预警方法，以及单变量模型、多变量模型等定量财务预警方法。

1.3.5 经济危机

1. 经济危机的含义

经济危机不以人的主观意志为转移，它属于社会经济发展阶段不可避免的组

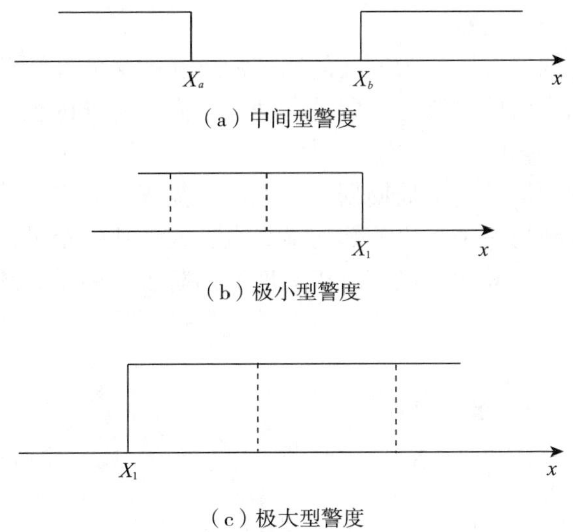

（a）中间型警度

（b）极小型警度

（c）极大型警度

图 1-3 企业财务危机警度分类

成部分。19 世纪，恩格斯和马克思就形象地表达了自己的观点：经济危机就好像是荒唐现象的社会瘟疫，它“就如同一次饥荒、一场常见的具有毁灭性的战争，吞噬了整个人类的全部生活资料，更好像是工业和商业全部被毁灭了”。

社会生产力发展到一定程度的时候，经济危机就必然会产生。虽然在简单商品经济条件下也很可能蕴藏着危机，但是因为商品交换不发达，范围较小，而且作为市场主体之一的生产者之间没有过多的接触，加之人们没有信用意识，导致了供求不一致和商品生产过剩问题。在简单商品经济条件下爆发经济危机的可能性较小，归根结底还是因为生产力水平低下。但是在发达商品经济情况下，经济危机是很容易发生的。因为在这一阶段上，社会生产力迅速发展，赊销行为的增多和众多潜在商业投机机会推动了债务链式的信用关系的形成，但是，如果出现阻碍商品销售的因素，这种债务链式的信用系统就会产生多米诺骨牌式的连锁反应，经济危机也会随之而来。

在 19 世纪，马克思就把经济危机形象地比喻为“社会瘟疫”。在经济危机期间，企业货物囤积，社会失业率急剧攀升，经济陷入“瘟疫”状态，各种比例关系一度失调、供求关系脱节、商业停滞不前、存货日益增长、生产力不断下降、工厂迟迟不能开工、大量企业工厂陆续倒闭、商品被毁、工人下岗，整个国民经济陷入一片混沌，必须进行大幅度调整。由于资本主义基本矛盾的存在，经济危机才会发生而且具有周期性。为了摆脱这种经济现状，一些主要资本主义国家都在采取不同的“反危机”措施。尤其是在第二次世界大战后，部分国家的经济状况开始转暖，经济危机也有了一定改善，这种改善主要是由垄断资本主义的大力发展造成的。但是由于经济危机产生的根源不能解决，所以它仍会爆发，并且能给人类社会带来巨大的经济灾难。

经济危机从范围上可以分为广义的经济危机和狭义的经济危机。广义的经济危机主要包括生态、信用、资源、贸易活动等在内的主要内容。

2. 经济危机的周期

马克思把经济危机的一个周期划分为危机、复苏、高涨、萧条四个阶段。从危机的曲线最高点到另一个与之相邻的最高点，或者从一个最低点到与之相邻的另一个最低点就是一个周期。经济危机周期的四阶段可表示为图 1-4。

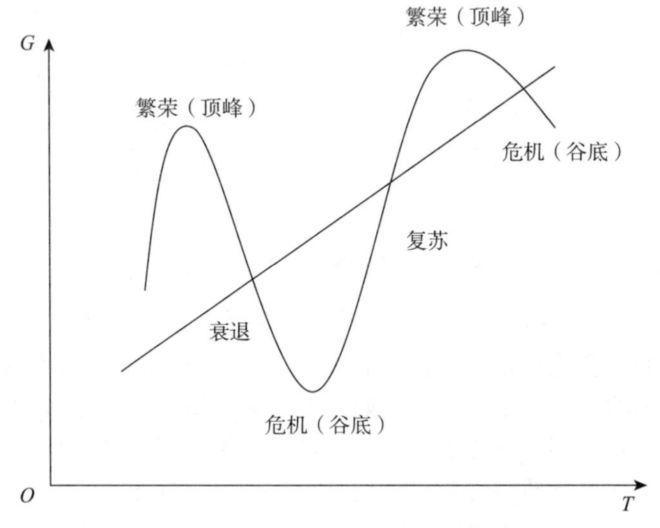

图 1-4　经济危机周期性波动图

图 1-4 的纵轴 OG 代表用国内生产总值(GDP)来表示的经济增长率，横轴 OT 代表时间。从长期来看，经济危机的增长趋势是右上方的直线，其主要的衡量标准是生产要素是否能够充分利用并达到真实的 GDP，并用经济的产出水平来表示，当然这种产出必须是在充分就业的前提下。但是经济总体上的主要趋势是向上的，因此，该条直线的斜率是正的，经济危机周期四个阶段可以通过该直线完全显现出来。

在危机曲线的上升阶段，一国的经济将会好转，当达到曲线的最高点时，经济最为繁荣，真实 GDP 将会大于潜在 GDP，当然盛极必衰是任何事物的发展规律，在这个最高点之后，经济会开始衰退。

在下降阶段，经济处于衰退期，生产能力与消费需求渐渐偏离，阻碍了投资的增长，生产能力下降、失业剧增；又因为消费、产品、价格、利润等原因，致使社会投资大幅度萎缩，使得真实 GDP 比潜在 GDP 低，最终导致社会经济进入危机阶段。

以弗里德曼为代表的货币学派坚持认为，如果通货膨胀率异常之高，这种现象实质为一种货币现象。短期内产量、物价主要是由变化的货币供应量决定的，但是从长期来看，产出量主要取决于劳动、资本、资源和技术状况等非货币性因素，货币的供应量只能够决定物价水平。因此，市场的失灵并不是造成经济危机的主要原因，而货币政策才是主要原因。如果一国的货币政策制定得较为合理，经济危机也会很容易解决。

以卢卡斯为代表的理性预期学派对该问题的认识有着不一样的观点，他们认为社会总是对未来的市场价格进行预测，并采取相应的防范措施。但是由于信息的不对称性，政府制定的政策和采取的措施具有相当程度的滞后性，这些措施的作用是微乎其微的。因而，他们支持自由市场经济，反对政府干预。

公共选择学派的代表布坎南认为，政府的决定总会反映某些特定利益集团的利益，由于政府的权力特别大，因此，特定利益集团为了自己的利益，会利用手中的权力做出利己的决定。即政府对市场的宏观调控也是存在偏差的，有可能导致市场秩序的混乱，继而导致经济危机的发生。

尽管新自由主义内部各个学派对经济危机的发生各有自己的看法，但在经济危机不会在自由市场的情况下存在这一点上他们却是一致的。因为如果市场是健全有效的，经济危机的发生只可能是由政府对市场的不适当干预引起的。自由市场的内部机制能够自行调控经济的运行，即使发生一些经济波动，市场也会依靠其内部机制很快恢复过来，如果政府参与其中反而会起到相反的作用。

3. 经济危机相关理论

2007年美国爆发次贷危机，并且迅速演变为全球性的危机。关于本次危机发生的根源，可谓仁者见仁，智者见智，不同的经济学派得出了多种结论。有些学派认为美国政府金融管理体制存在缺陷是金融危机产生的根本原因。在该体制下，金融创新活动过度泛滥，致使虚拟经济过度膨胀，缺乏监管力度，从而导致危机。还有不少学者以及政治家希望可以通过重新认识马克思的著作来找到解释危机的答案。不少学者力求从不同经济学派的经济理论中寻找最正确的答案。

1)新自由主义的经济危机理论

20世纪20～30年代产生了新自由主义，其又被称为市场原教旨主义、新保守主义，它是由古典自由主义发展起来的，并且注入了比较新的理论。该主义不支持公有制，不支持国家福利，反对国家的干预；推崇市场化，支持私有化；推崇金融自由化和全球贸易，重视个人化福利。在经济领域里，主要有以下几种学派：新自由主义学派、伦敦学派、理性预期学派和公共选择学派等，它们分别由以弗里德曼为代表的货币学派、以哈耶克为代表的奥地利学派、以卢卡斯为代表的理性预期学派以及以布坎南为代表的公共选择学派的精英们组成。

从20世纪70年代末到80年代初，新自由主义牢牢抓住了英国、美国两国领导人的更替机会，开始摆脱了其对相应学术思潮的依赖，动摇了凯恩斯学派主张的国家干预主义的主流学派的地位，大胆地采用了到目前仍占据西方国家主流地位的价值观念和政策实践观。90 年代以来，国际政治经济格局发生了一系列巨大变化，新自由主义经济思潮在西方经济理论中的主流地位被进一步巩固。90 年代初，新自由主义以“华盛顿共识”的出台为标志又开始进行演变，到现在成了资本主义巨头在世界竭力推崇的一整套经济模式和政治纲领。

在新自由主义内部，各学派之间也都持有不同的观点。以哈耶克为代表的奥地利学派认为货币的扩张和收缩引起经济周期。在货币经济中，由于银行系统特有的优势，本身可以创造出流通手段，正因为如此，有可能引起货币的膨胀和收紧，社会总需求会因为这种变化而受到影响，最终很有可能导致经济危机的发生。

凯恩斯更深一步解释道，经济社会的就业方面在资本边际效率、消费倾向、流动性偏好三大心理规律的影响下，一般只存在两种状况，即充分就业和非充分就业。在资本主义社会里，不仅仅有“自愿失业”，还存在另外两种情况——“非自愿失业”和“摩擦失业”。总而言之，凯恩斯认为有效需求不足才是经济危机产生的原因，不可以通过宏观经济政策来解决，进而可以避免经济危机的发生。

2)凯恩斯主义经济危机理论

凯恩斯学派的学者认为，20 世纪 70 年代以来，资本主义国家(主要以美国为首)过度采用新自由主义政策主张，才会导致本次经济危机的爆发。自 70 年代以来，资本主义世界为了解决滞胀危机，新自由主义者的放任自由思想开始被采用，凯恩斯主义的国家干预经济的政策思想逐渐被遗弃，这样一来，对金融、货币领域的国家管制放松，最终酿成大祸，成为自 1929 年大萧条以来最为强烈的全球性经济危机。所以，凯恩斯学派认为，政府采用新自由主义者的政策，对金融市场的监管不到位，才造成本次的经济危机。具体解释如下：政府对金融市场的监管力度不够会直接影响金融衍生品的管理。首先，金融机构的管理体制不够完善，特别是分业经营、分业管理业务。现在很多金融机构都由不同的监管机构进行管理，如商业银行、投资银行、保险公司等机构，但现在金融机构的业务都会有交叉重合的地方，并且各监管机构之间不进行统一协调、配合和沟通，就很容易造成管理上的漏洞进而引发危机。其次，对于一些以机构监管为重点的规定，不会灵活运用，自然也就跟不上金融界的迅速发展，对一些多功能的机构也不能够进行很好的管理。最后，因为经济快速发展，融资的需求正在进一步扩大，金融机构与监管机构随之发生了矛盾，为满足社会需求，金融机构便通过各种方式推出一列新的金融衍生产品，但在监管方面却跟不上，最终导致了金融市场的混乱。

对于当今经济而言，金融行业是一国的经济命脉，金融业的兴衰直接关系到一国的经济平稳发展，一旦出现问题，那将是全局性的动荡甚至危机。又加上新自由主义者鼓吹全球内自由贸易使得全球经济一体化，因此，一旦一国出现危机（尤其像美国这样的大国），就不可避免地要发生全球性经济危机。

3)马克思主义的经济危机理论

恩格斯和马克思曾提到：在商业危机期间，资本主义每次都会有一大部分制造的产品和已经制造成的生产力被摧毁。在危机期间，产生了一种在以往任何时代都好像是不可思议的现象——生产相对过剩。“生产相对过剩”和“生产绝对过剩”之间到底有什么关系呢？生产过剩只受到有支付能力的需要的影响。如果生产过剩是在满足了一个国家的全体成员的最迫切的需要之后发生的，那么在资产阶级社会的历史上，迄今为止普遍的生产过剩根本没有出现过，甚至局部的生产过剩也没有出现过。所以，经济危机的本质是生产的相对过剩。

马克思对于资本主义经济危机产生的根源发表了自己的看法，资本主义生产方式的基本矛盾是指生产资料的私人占有制和生产的社会化之间的矛盾，这也正是资本主义经济危机频频发生的根本原因。

这项基本矛盾有两层含义：首先，是有支付能力的劳动人民的需求相对缩小和资本主义生产能力的巨大增长之间的矛盾，即生产与市场、消费之间的矛盾。马克思说：“群众的贫困和他们有限的消费才是一切真正危机的最本质的原因，然而资本主义生产却无视这种本质而继续发展生产力，他们认为整个社会的绝对消费能力才是生产力发展的界限。”从这一点来看，马克思总结出来的引起生产过剩的“消费不足说”，才是导致经济危机发生的具体原因之一。

其次，是整个社会生产的无政府状态和表现为个别企业内部生产的有组织性之间的矛盾。各个企业各部门之间的联系被资本主义的社会化大生产联结为社会生产的总体，并且要求各社会部门之间按一定比例生产来保障顺利地进行社会生产。但整个社会生产的内在联系受到生产资料的资本家私人占有而割裂开来，社会生产的无政府状态必然会因为个别企业生产的组织性而加剧。资本主义社会生产各部门之间比例的失调随着这种状态的加剧日益严重，以生产过剩为典型特征的经济危机最终爆发。这就是马克思研究得出的引起生产过剩的“比例失调论”，即经济危机发生的具体原因之二。

4)主要经济学派经济危机理论的对比分析

(1)新自由主义与凯恩斯主义关于经济危机根源的分析比较。

凯恩斯主义研究资本主义经济危机的产生，是从分析资本主义市场经济的运行过程开始的，其认为在资本主义市场经济的运行过程中，总会出现各种预想不到的供过于求和供不应求的失衡情况。凯恩斯更深一层地认为，总需求的变化是导致经济波动的短期主导力量，消费、投资作为总需求中的主要力量，由于它们自身的特点，往往会出现两种规律性的表现：边际消费倾向的递减规律、资本边际效率的递减规律。社会平均消费倾向低下、私人投资规模的缩减趋势也因为这两种规律而常常发生，最终引起以资本主义社会的有效需求不足为典型特征的经济危机的发生。

新自由主义并非像凯恩斯主义那样从市场经济运行本身入手，而是从宏观的经济政策对市场经济的影响等外部力量因素入手，对经济危机进行分析，认为市场经济自身并没有什么周期性规律，通常所说的周期性仅仅是由于宏观政策对市场运行的调控造成的。充分发挥市场经济本身固有的自我调节作用才是避免经济危机发生的最好办法，从而避免宏观经济政策对市场经济运行的干扰。

正是两个学派对经济危机本身的评价不同，所以才会有这样的结论，凯恩斯认为市场经济这架机器的运行机制需要政府经济政策的外力来辅助，因为其自身是不完美的，会经常出现失衡状况；而新自由主义则持有相反观点，认为市场经济运行机制本身在运行过程中其完美的机制会使其自动保持平衡，供给永远会满足自己的需求，哪怕有一点小故障，也会进行自我完善。

两者研究视角的不同也同样会造成两个学派对市场运行机制的不同评价，凯恩斯学派和古典学派对经济运行的研究分别是从短期、长期的角度进行的，这也是造成不同结论的原因之一。从长期来看，经济按一定的规律增长或运行着，从短期来看，经济会陷入经常的波动。因此，在资本主义的生产方式下，选取特定的经济问题为考察对象来解释两种经济危机理论，只能解决特定的暂时的问题，根本性问题是没有办法解决的。

(2)马克思主义与凯恩斯主义关于经济危机根源的分析比较。

经研究，西方经济学家认为马克思对于经济危机原因的解析与凯恩斯有着异曲同工之妙，而主要的区别也仅仅在于解决经济危机的方法不同，因而，他们将马克思主义的危机理论与凯恩斯主义的危机理论进行了对比。马克思和凯恩斯对经济危机爆发原因的分析实际上只是一个问题的两个方面而已，马克思认为生产过剩是导致经济危机的根源，而凯恩斯认为有效需求不足是导致经济危机的罪魁祸首。杜岗发现，生产内部出现比例失调才是危机产生的原因。再生产比例失调，表示一部分产品在有过剩产生的同时，而另一部分产品则出现了短缺，然而在现实生活中人们看到的却是商品的普遍过剩。这究竟是由哪些原因造成的？对于这个问题，杜岗有如下见解：国民经济中各部门之间一定拥有一定的联系，必然会牵一发而动全身，某些部门的衰退必定会给其他某些部门造成极大的影响，因而出现一系列的反应，使得那些原本短缺或是不过剩的部门也同样会出现过剩。这就是更透彻、更现实地对马克思经济危机产生根源做出的解释。其实，“经济结构失衡论”引起的经济危机也是现阶段新自由主义和凯恩斯主义争论的焦点。

在《资本论》一书中，马克思更深层次地提到，对于“比例失调”所引发的经济危机，如果说能够找到一个缓冲带，则必然是通过对外贸易进行补救。例如，可以拿着钞票到国外去买在国内买不到的消费品；或者到国外去卖在国内市场滞销的过剩商品。然而，既然对外贸易不是纯粹的对各种要素(依照价值说也是如此)进行补偿，那么，就会使矛盾向更加大的范围扩散，给这些矛盾提供更为宽广的场所进行活动。即伴随全球经济一体化进程的不断加深，很容易会在更广的范围出现更大规模经济危机的爆发，也有可能是从某些国家转移到其他国家爆发。这可以证实对外贸易非但不能使经济危机的爆发变缓，反而起到相反的作用，成为经济危机的放大器、加速器。一个国家的总需求如果总是依附于外部需求，则被它所依赖的国家一旦爆发经济危机就会对其产生深远而巨大的影响，它所依赖的国家“比例失调”就会转变成本国的“比例失调”。另外，在长期的发展中，本国失衡的产业结构就会无法合理改变，原有的经济增长方式也不会得到合理的改善。

我国的经济存在着严重的比例失调现象，这种失调的现象主要体现在经济的正常运作在很大程度上依靠外需的拉动，而且使得我国的产业结构和经济增长方式的转变更加困难。要改善这种经济比例不协调的主要办法是对内需的拉动，加快我国经济增长方式的转换，由出口导向型尽快转换为扩大内需型，同时抓住全球经济危机带来的机会，适时对产业结构进行优化。在当今的经济大环境中，发动国内需求首要是改变收入分配结构，缩短收入分配之间的差距，提升居民的消费倾向力度及购买力水平。

显而易见，要避免众多经济不平衡现象，我国经济工作的重心应该是把缩短收入之间的差距放在首位。若收入差距的问题得到改善，那么启动内需、调整经济结构、转变经济发展方式等问题就会一蹴而就。此外，若想解决这些问题，可以考虑运用凯恩斯“看得见的手”的经济政策。一定要记住，使用这种经济政策有适度原则，避免这些经济政策产生的负面作用影响我国的经济运作。

对比分析马克思主义和凯恩斯主义经济危机理论可知，马克思主义经济危机理论使人们更深层次地认识到资本主义生产方式内部，通过表面现象理解实质问题，最后得出资本主义是导致资本主义经济危机的动因这一结论。凯恩斯主义经济危机理论则仅仅从资本主义生产方式的表面现象研究，靠心理作用来表达经济危机出现的原因。其实，凯恩斯的见解也有其独到之处，有许多创新点。例如，其在分析消费的过程中，“收入分配越不均衡，平均消费倾向越低下”这一思想的表述，就表示他已经就收入分配不均衡问题做了深一步的研究，他发现收入分配不均会给有效需求不足带来重大影响。但是因为阶级观念存在一定的局限，他仅将资本主义经济运行失衡的原因分析到“有效需求不足”这一层面。可以通过上述分析看到，马克思主义作为资本主义制度的批判者与凯恩斯主义作为资本主义制度的拥护者之间有着不同的阶级立场和不同的学术观点。

综合以上分析，我们了解到不同的学派针对经济危机发生的原因从不同的经济角度和不同的出发点分别进行了分析和解读。从本质上讲，隶属于西方资产阶级经济学范畴的两大主义——新自由主义和凯恩斯主义的理论只是从表面形成的现象简述了经济危机发生的原因，没有从现象的实质进一步分析其形成的原因，当然提出的整治措施也不能从实质上解决发生的经济危机。新自由主义学派认为市场是不存在缺陷的，在没有任何约束的前提下，市场完全有能力消化经济运作过程中出现的所有问题。然而，在实际中，没有缺陷的市场是不存在的，新自由主义者忽略了资本主义贪婪的本质特性，以及人的无休止地追求满足自身要求的欲望。永无止境地追求利润最大化会扰乱正常的市场运行，成为经济危机发生的导火线。凯恩斯主义者了解到了市场的不完美性及古典经济学假设存在的不足，但是为了继续资本主义制度，并没有针对经济危机爆发的原因给予相应的解决对策。大规模的财政赤字对经济危机的缓解和推迟能够起到一定作用，仅从总体上令经济暂时得到复苏，但无法改变低收入者的生存情况，也无法令整个社会的生活水平得到提高，无法使有效需求不足的问题得到最终的解决；而马克思却以资本主义的基本矛盾为落脚点，深入地分析了资本主义世界的经济危机，从最根本的源头得到经济危机产生的原因，从而给出了从根本上解决资本主义经济危机的方式。

1.3.6 财务危机

1. 财务危机的含义

与安全性相关的另一概念是财务危机，风险不是导致企业破产的直接原因而是促进因素。同时，财务危机(或称财务失败)只是企业危机一方面的表现，不是企业危机的全部，本书论述的企业安全性是企业经营安全性的概念，与企业危机管理理论有一致性。书中将企业安全性分为四种状态，即危机、半危机、半安全、安全，如果说企业出现了危机，实际上表明企业处于危机区之中，安全性水平很低，处于此状态水平的企业表征为业绩下降、管理混乱、高层人事变动频繁、销售不畅、现金净流量低、偿债能力低、入不敷出等状态。本书为了研究的方便，特将企业的四种状态定义为企业安全性判定的四个区域事件(后文将分析这些都是模糊事件)，分别定义为

$\tilde{A}_1$＝{危机区}，$\tilde{A}_2$＝{半危机区}，$\tilde{A}_3$＝{半安全区}，$\tilde{A}_4$＝{安全区}

1)国外学者提出的财务危机的含义

国外学者主要从两种不同的角度表述了财务危机的含义：一是“资金困难”论。众多学者在研究中，将表现出的财务危机称为面临的资金困难。二是“财务失利”论。有不少学者将财务危机称为财务失败，认为资金管理存在技术上的欠缺导致发生财务危机。

2)国内学者提出的财务危机的含义

我国众多学者开始对财务危机进行研究始于 20 世纪末，主要在参照国外学者研究成果的基础上，对财务危机的概念界定做了更深刻的分析与研究。大多数

学者认为，企业的支付能力降至为零，没有能力偿还到期债务或支付发生的费用，处于资不抵债的状况中，包括资金运用、技术研发失败直至破产清算，其根本原因是没有有效控制财务风险。

2. 财务危机的特征

1)自身所具有的特征

(1)严重性。企业处于不同的发展时期，发生的财务危机对其造成的损害程度及其重要程度不同，企业的管理人员应该严谨地对可能发生的危机进行估计和测算，认识到哪些危机的危害程度不严重、哪些是严重损害企业健康发展的危机，尤其是对不同的危机同时爆发的情形要高度重视。鉴于财务危机带来的影响层面和危害程度不同，企业解决危机的方法和合理搭配资源也有所不同，在解决财务危机的实施过程中按照一定的标准划分为不同损害程度级别，及时采取相应的措施和手段进行处理和消灭。

(2)繁杂性。财务危机在大多数情况下是由多种影响因素导致的，一般情况下根据企业所处的环境能预见危机发生的可能性。一旦发生财务危机，多种情况下是由于各种不利影响因素的负效应经过长期的积累而导致的，存在的影响因素又有内部和外部之分。企业的资源(原材料)不能得到有效利用、生产的产品或商品不能及时实现销售、在投资项目上的严重失误、杂乱无章的财务管理系统等都会对企业的资金流产生一定程度的不利影响，使企业处于不利的环境中。企业财务危机的繁杂性还表现在几种不同程度的危机之间互相联系、互相渗透、互相影响。

(3)变动性。企业一旦处于财务危机中，会伴随着时间的推移不断地扩大影响范围，如果企业处理不当，或者不及时进行防范，有可能使一个微乎其微的危机不断发展扩大直至影响企业后期的存续和发展。发生财务危机后，如果对其管理和防范的措施合理、有充足的资金投入，财务危机状况就会得到修复和有效的阻止，降低再次发生的概率。财务危机的变动性还呈现在危机的延伸与阻止、消失的过程中。

2)外部影响的特征

(1)破坏性。企业一旦发生财务困难，就会影响到企业的日常经营活动，公众对企业树立的良好形象产生怀疑，企业会失去一部分消费者，占有的市场份额有所下降，阻碍企业制定的发展目标的完成，严重的会对企业的长期可持续发展造成一定程度的危害，如员工下岗，企业每股收益额减少，同时也不能保证社会维稳工作顺利地进行。

(2)扩散性。一个财务危机的悄然而至，会导致另一个危机跟随其后。例如，商品危机的产生会使企业的消费者数量下降，影响企业的可信度，无法保证销售额的实现，进而导致发生其他方面的资金危机和人力资源方面的危机等。对已经实现全球化发展的企业而言，企业的一个产品或品牌出现问题会使顾客对企业的其他产品或品牌产生怀疑。企业财务危机还有可能由内部向市场扩散，导致与其具有关联、经济业务活动有往来的供应商、销售商等其他企业发生财务危机。

3. 财务危机的类型

1)亏损型财务危机

亏损型财务危机主要体现在企业发生重大亏损或重大持续亏损两个方面。重大亏损是指企业在一个完整的营业周期内发生亏损或一次发生巨大亏损，直接影响企业盈利能力，使企业的净资产严重下降。如果非上市公司一个会计年度的净资产额度下降超过总资产的三分之一，应该认为公司发生了重大损失；针对上市公司，如果一个会计年度公司发生超过净资产百分之十的损失，应该认为公司发生了重大亏损。重大连续亏损是指企业在连续两个会计年度及以上或者两个营业周期内发生巨额损失。

2)偿还型财务危机

偿还型财务危机主要是指企业在归还债务的过程中受到阻碍，企业没有能力偿还到期债务和利息，即使能到期支付本金和利息，也要经过很大的努力才能做到。通过这两种形式表现出的财务困难及财务危机即为偿还型财务危机。防范偿还型财务危机的发生是保证企业正常经营的基础要求，企业必须在日常的经营业务或活动中保持实现的收入能够抵减发生的支出费用，这样到期才能偿还所欠的债务。

3)破产型财务危机

破产型财务危机是企业损失最为恶劣的财务危机。企业破产的基本含义是企业处于资不抵债的状态，它以破产的形式中断债权债务关系。根据破产的动因进行分析，破产通常包括会计破产与技术破产。会计破产是指企业账面上的资产金额等于负数促使企业破产的发生，也就是所谓的资不抵债。技术破产是指企业因举债金额过大或债务集中到期不能清偿到期债务，此时企业的财务核算体系比较健全，只是财务管理技术失败导致的企业资不抵债。

4. 与财务危机相关的概念

1)财务危机预警

预警的含义简单总结可概括为：人们利用一定的方法和程序对事物所处的逆境状态进行监控和检测，推算逆境状态发生可能性的大小，进而向外界传递一种提示和告诫的信息。按照传递信号所涉及的领域不同，其分为宏观预警和微观预警；按影响时间长短，其分为短期预警和长期预警。通过总结预警的概念，再结合财务管理专业知识，本书所说的财务危机预警是对企业财务危机进行的监控和检测。详细地说，即利用企业的财务报告、生产经营预算及其他相关的财务成果核算资料，对企业一定时点的财务状况、一定期间的财务效果及现金流量变动等开展分析、预算和控制及预测，在企业的日常经营活动中重点关注影响财务成果的各种不良风险因素，估计存在风险因素的可能性大小，向财务报告使用者发送警告的信号，为经营者和相关利益者进行决策分析提供真实可靠的资料，同时企业也应该尽快采取合理的方法进行解决。财务危机预警大体上经过预先分析、提出警示、报警处理、解除警告四个不同的过程。对财务危机进行预先分析，尽量提前预知财务风险，以不同的信号传递给报表使用者，根据存在的问题提出相应的解决措施，来达到对财务风险的控制和防范。

2)财务危机预警机制

企业在日常的财务活动中始终受财务机制的影响，财务机制能够激励企业内部不同主体的积极参与性与价值创造性，使企业内部各财务主体的活动受到限制，企业制定统一的准则来限制各主体的活动，协调不同财务主体的行为与其他管理活动的各个环节，保证企业制定的财务管理目标能够顺利实现。

结合财务危机预警自身的特点，可以总结财务危机预警机制的含义，即为保证财务危机预警体系有序运作，企业应该遵循规范的标准，按照一系列科学方法、规章制度等程序组成一个完整的有机整体。财务危机预警机制应具有如下特征。

(1)总体性。财务危机预警机制受制于不同的影响因素，而且各个因素之间相互联系。这种相互联系的特性使财务危机预警机制具有总体性。每一种影响因素的变动都会引起其他因素的变动乃至总体的变动。

(2)结构性。即构成财务危机预警机制的若干要素不是错乱复杂地集中在一起，而是按一定顺序、方法和规则排列进行。

(3)动态性。财务危机预警机制是一个开放且非静止的系统。在企业的管理系统中财务危机预警机制呈现非锁闭状态，借助于外部市场环境。由于市场环境的变化会引发预警机制系统做出相应的改变和替换该机制，需要对各个影响因素进行重新调配，才能使其发挥的作用达到最大化。

(4)功能性。即财务危机预警机制运行和作用的效果，与结构紧密相连，也就是功能的发挥效用受制于结构，而合理的结构又通过功能表现出来。

1.4 本书的逻辑框架与结构安排

本书的逻辑框架如图 1-5 所示。

本书主要界定企业资本流动、资本流动安全性和资本流动效率性的基本含义，在梳理相关理论的基础上，确立资本流动安全性和效率性的基础理论；剖析企业资本流动安全性和效率性的内在联系，并从定量的角度对二者的关联度和依赖度进行有效的测评及分析；采用比较分析、趋势分析等方法，对不同企业、行业、经济区域、经济组织类型及国内外企业资本流动的安全性和效率性进行比较分析；分析影响国有资本流动安全性的内外部因素，从技术、产品、营销、管理

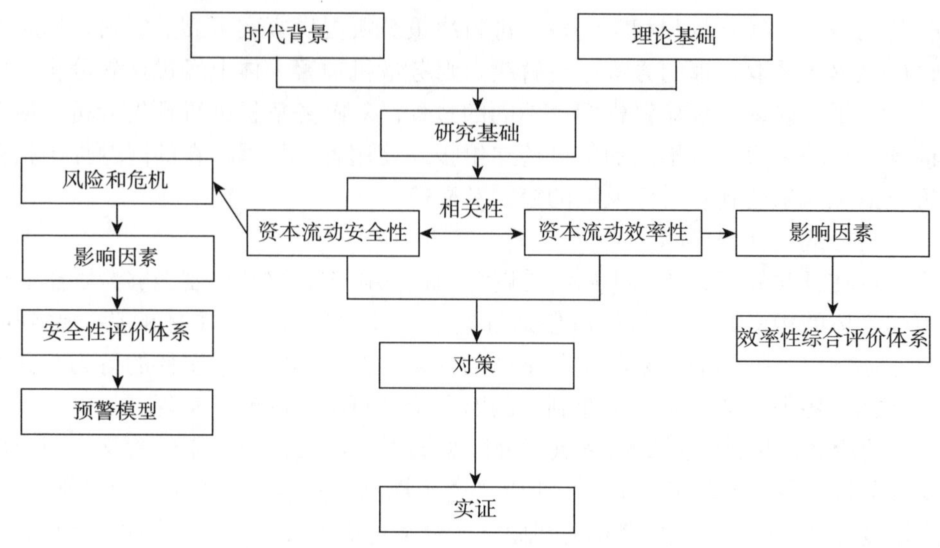

图 1-5　本书的逻辑框架

和财务等角度确定国有资本流动安全性预警评价指标体系，构建国有资本流动安全性的灰预测模糊识别模型，选择样本进行实证检验及分析；分析影响国有资本流动效率性的内外部因素，构建国有资本流动效率性的评价体系，采用熵值法建立资本流动效率性模型，选择样本进行实证检验及分析；选取具有代表性的国有上市公司为样本，对资本流动的安全性和效率性进行综合比较分析，提出微观和宏观层面的提升对策；从企业生命周期、业务流程控制、核心竞争力打造、激励约束机制和强化自主创新能力等方面保障国有资本流动的安全性和效率性；通过强化宏观支持系统、加速环境优化整合、实现资源最优配置等措施确保国有资本流动安全性和效率性的实现。

本书努力实现拓展理论研究与提升实用价值并重。采用定量与定性分析相结合、规范和实证研究相结合、共性与案例分析相结合、静态与动态分析相结合的方法，遵循提出问题、分析问题、解决问题的基本研究思路；在定性分析的基础上，运用文献评价法与比较分析法搜集整理国内外学者的前期成果，对其研究方法、结论进行评析和借鉴；采用运筹学的因素分析法和灵敏度分析法分析障碍性因素的影响程度；采用灰预测理论和层次分析法，构建国有资本流动安全性预警评价模型；采用熵值法建立国有资本流动效率性的评价模型。

研究成果主要体现为丰富和完善资本流动安全性和效率性的理论、技术，以补充财务管理理论框架的应用理论研究；为企业科学评价资本流动安全性和效率性提供方法、技术以及提升安全性和效率性的措施和手段；为国有资本监管部门、各级政府履行职能、实施监管提供依据。

第2章

企业资本流动安全性与效率性的相关性

2.1 企业资本流动安全性和效率性

2.1.1 企业资本流动安全性

1. 企业资本流动安全性界定

1)企业安全性界定

企业资本流动安全性，是以企业的安全性为切入点和主线的一种企业综合评价。企业的生存与发展必然也伴随着企业所面临的各种风险。这些风险因素既是企业发展的主要动力，也是制约企业生存发展的主要因素，同时，还是企业具有相当高的市场淘汰率的主要原因。本书对企业的安全性进行评价，就是为了能够对企业的风险程度及其承受风险的能力进行综合的度量来对企业加以综合评价，通过对影响企业安全性的因素进行有效影响和控制，从而达到降低企业总体风险、提升企业价值的目的。因而，需要对企业的安全性评价的理论基础进行阐述，并对影响企业安全性的因素做系统的分析。

2)安全性评价的主体界定

确定企业评价主体，就是分清谁有评价的权利的问题。明确评价行为的目的，找出进行评价的原因。评价行为由评价主体和评价目的构成统一的整体。契约理论创造者认为企业是由有契约关系的不同要素所有者构成的结合体。持有不同要素的所有者通过共同努力来实现企业价值的最大化，那么持有不同要素的所有者都能提升企业的内在价值。从理论上讲，所有的要素持有者都有进行评价的权利。然而，在当前主要契约形式下，资本所有者把自身构建为作用于他人的权力主体，资本所有者的地位明显高于其他要素所有者，处于核心地位。因此，长时间以来，资本所有者作为企业评价的主体来对企业进行评价，这种模式已成为企业评价的主流。

20世纪60年代，企业理论中出现了利益相关者的概念。利益相关者一词最早出现于1963年斯坦福研究院(Stanford Research Institute，SRI)的内部文稿，是指那些没有其支持企业就无法生存的群体，包括股东、雇员、顾客、供应商、债权人和社会。随着这些群体对企业的贡献增强和他们在企业中地位的不断提升，从90年代开始，利益相关者理论得到了越来越多的关注，并且在全球范围内对公司治理改革和战略管理产生了重要影响，同时也为企业评价带来了新的思路和模式。在李苹莉博士所著的《经营者业绩评价——利益相关者模式》一书中，就把利益相关者纳入企业评价体系之中，利益相关者成为企业评价的主体。以利益相关者作为企业评价的主体，体现了评价主体的综合性和多元化，符合综合评价发展的大趋势。

李苹莉将利益相关者定义为：通过契约与公司形成特定的经济关系，期望从公司经营中获得回报，或者尽管没有契约关系，但是其利益受公司经营影响，并通过特定手段影响公司经营的群体和个人。以利益相关者作为企业评价的主体是以各利益相关者以其经济利益关系和影响力两个因素作为前提条件的。若以科技型企业为例，考察它的企业特征可以发现，员工的智力投入、风险投资人的风险投入以及顾客和供应商对其的营销支持、政府的政策导向等因素对企业的发展都具备了上述两个条件，因此，本书把上述利益相关者都纳入评价主体的范围之中。

2. 企业安全性评价相关理论

首先，安全性评价具有战略性绩效评价的性质，对于侧重于财务性绩效评价的我国综合性财务评价主流是一种有效的补充和修正。

我国现有的综合评价体系是以财务性绩效评价为主的局部综合评价，主要从企业过去的财务成果出发对企业进行评价。这种以过去评价为主的评价方式不可能站在战略的高度上，也不能有效地将评价活动与企业战略规划有效地结合起来为提升企业价值服务。

所谓企业战略性绩效评价体系，实际上就是从企业价值和企业战略的角度对企业进行评价，以便形成正确的决策和行为导向，努力实现企业战略目标和提升企业价值的管理体系。通过上述分析，本书将企业安全性评价界定为对企业风险和企业承受风险能力的综合评价。根据财务管理学对企业价值的评估理论，影响企业价值的一个主要因素即是企业承担风险的能力。这种对企业安全性的评价就是站在企业战略的角度上，提升企业抗风险能力和降低企业风险，注重对企业长远发展潜力和持续发展能力的评价，从而形成正确的决策和行为导向，为提升企业的价值服务。

其次，安全性评价具有内部评价和外部评价相综合的性质，有利于企业综合评价体系的完善。

从 1996 年开始，财政部统计评价司开始对中国内地以外的企业绩效评价方法与指标体系进行对比研究，并重点研究了韩国、中国台湾等国家和地区公营企业的经营效绩评价方法。于 1996 年年底形成初步评价框架，并经过两年多的时间，运用数万家企业的数据资料进行反复测评，最后建立了包括财务效益、资产运营、偿债能力和发展能力四个方面的国有资本金效绩评价体系。2001 年财政部宣布，我国于 2001 年在所有重点国有企业推行新的以投资报酬率为核心的综合评价体系，以加强国企监管，促进国企提高经济效益。

该评价体系是我国到目前为止最为完善的企业综合评价体系，它代表了目前我国企业评价的研究水平，但是这也体现了我国的企业评价存在的问题。首先，该评价体系仍然没有脱离财务性绩效评价的窠臼(对此，在本书其他部分中加以论述)。其次，以该评价体系为代表的综合评价主要是针对企业进行外部的行为导向和监督，而对企业的内部评价则几乎没有被纳入综合评价体系之中，充分说明我国综合评价体系还不够健全。企业的安全性评价则把企业的内部评价和外部评价加以综合，在对企业进行外部监督和行为导向的同时更注重企业自身风险的内部控制和完善。对企业安全性的控制更主要针对从企业内部来增强企业抗风险的能力，体现了企业内部评价的性质。

2.1.2　企业资本流动效率性

1. 资本流动效率性的界定

效率在经济学中的应用比较常见，一般情况下，经济学将效率定义为：一种要素的投入与产出以及成本与效益之间的比例关系。单一企业考虑效率时，主要关注于企业投入的生产要素是否浪费，产出是否得到最大化，是否在效益最大化的条件下满足了成本支出最低，在成本支出最低时实现效益最大化。若考虑经济效率，则是指经济体系的全部要素资源与全部员工的总福利或满足程度的比例关系。

资本流动的交易成本就是企业投入资源的成本，企业的效益是指资本流动后企业价值的增值。对单个企业而言，如果效益大于投入成本，可以说资本流动是有效的。但是对于整个社会来说，资本流动的绩效除了交易绩效还包括社会绩效、整合绩效，注重交易绩效，就会忽视整合绩效，不考虑社会绩效，是当前资本流动操作过程中普遍存在的缺陷。资本流动的社会绩效是资本流动对整个社会资本的优化配置、降低整个社会的交易成本、加速整个社会资本的周转流通以及发挥对产业资本的支撑作用的体现，所以资本流动的社会绩效非常重要。同时交易绩效只是暂时的，指的是资本流动发生时的绩效(交易成本最低)，并不能反映资本流动给企业带来的长远的价值增值效应，因而只有充分考虑资本的社会绩效才能正确地评价资本流动的效率。整合绩效是交易绩效的延伸与扩大，又是社会绩效的微化反映，应该是资本流动效率体现的重心。这样看来，资本流动效率的问题，并不单纯是一个微观企业资本流动的效果问题，也涉及宏观商品的流通效率问题。本书重点以整合绩效来反映资本流动的效率，它讲求的是一种战略绩效，对此，将资本流动效率定义如下：资本流动效率是指资本流动前后的绩效变化情况，如果资本流动后企业的绩效上升则表明有效率，反之为无效率，它体现资本流动的整合绩效。

2. 资本流动效率性评价的意义

科学的效率评价体系对企业资本流动起着导向性的作用，它能使企业各方综合了解资本流动状况及其发展趋势，有利于有效配置有限的资源，提高经营者资本流动管理水平和综合竞争能力。

1)有助于实现对资本流动的过程控制

资本流动效率性评价系统想要发挥自身所具有的功能，主要是通过对内部评价主体、企业职工、审计委员会和中间机构进行总体的分析和评价，通过实施评价达到约束资本流动的目的。资本流动效率性评价主要涉及业绩评价和外部评价。业绩评价是由公司中的管理薪酬和业绩考核小组进行的，主要是利用评价指标对资本流动的营业活动进行考核、分析，也是能够控制资本流动的一种手段。

管理薪酬和业绩考核小组对资本流动进行监管和控制的目的主要是对资本流动状况进行定位跟踪，如果出现资本流动状况不佳的情况，企业会及时采取有效的解决办法，资本流动不佳造成的危害体现在企业当期利润中，对企业起到警示的作用，这样企业会自主地制定业绩评价指标，来不断提高资本流动带给企业的价值，不断提高企业的业绩。外部评价指的是对企业内部职工和企业外部经理人市场进行的评价，这种评价可以激发企业员工和外部市场创造企业价值的动力。

2)有助于对资本流动的结果实施控制

通过资本流动业绩评价系统所形成的评价报告，对资本流动的评价业绩进行分析，可以作为资本流动激励约束的依据。企业通过利用业绩评价指标对资本流动人才的激励可以是鼓励，也可以是惩罚。企业利用资本流动评价系统将取得的业绩与人才的收入、社会地位、信誉等相联系，参照其结果遵循风险平衡原则，资本流动人才将承担与之相对应的由于经营不善造成的风险，惩罚随之而至。当资本流动带来的业绩不良时，资本流动人才将会面临下岗的风险，并且影响其在市场上的声誉，使其社会地位及以后的工作存在不稳定因素，如果资本流动管理者带来的业绩很差造成被解雇的，其将在几年之内不能被认可和再次胜任本工作。这种有约束机制的评价系统，可以避免企业的短期投资行为，促进企业进行长期投资，不再维持保守的状态，通过这种状态的减弱而使资本流动的报酬额越大，获利能力越强，企业盈利能力越好时，代表资本流动的管理者具有一定的指挥能力，可以提高其社会地位及声誉，管理者也会得到满足感。如果资本流动人才市场完善，资本流动人才档案完备，就可以使资本流动指挥者获得更大的个人发展空间。利用科学的业绩评价体系，可以提高资本流动人才工作的积极性，使资本流动的管理者了解到自身的业绩评价结果是和整个企业的业绩相联系的，从而使资本流动人才为了自身利益而为企业努力工作。

3)有助于设计科学的资本流动激励约束系统

资本流动人才带给企业的业绩分为长短期业绩。根据资本流动评价指标体系进行科学的激励控制方法，确定合理的激励约束措施。有效的激励约束措施和合理的激励约束结构构成了资本流动的激励约束体系，见图 2-1。

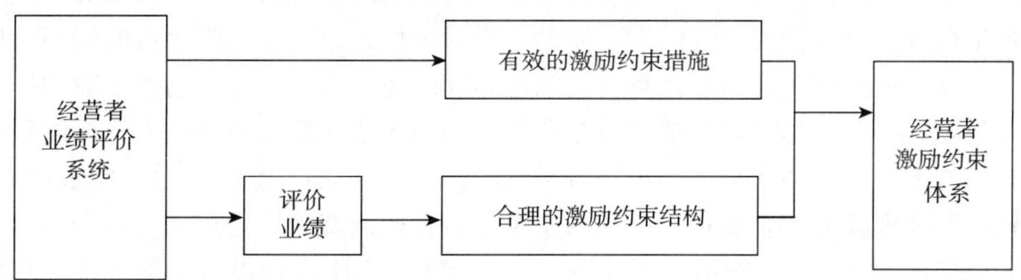

图 2-1　依据经营者业绩评价体系构建经营者激励约束体系的过程

2.2　企业资本流动安全性与效率性的相关性分析

2.2.1　企业资本流动安全性与效率性的关系

研究企业资本流动安全性与效率性的关系，应当从三个方面入手，即资本流动性、安全性和效率性。这三者之间紧密联系，互相融合。本书借助资本流动性作为媒介，以此为切入点，探讨资本流动的安全性与效率性之间的逻辑关系。

1. 资本流动性与安全性的关系

当企业资本的流动性增强时，就会相应提高安全性，而出现流动风险的概率便会下降，收益也会减少，这便是资本流动性与安全性的正相关关系。刘汝军(1998)在研究中提出偿债能力不是流动性的唯一考虑要素，因为流动性与时间长短密切相关，因此必须考虑企业的所有现金需求，使企业一直拥有满足现金需求的能力。张俊瑞和杨鸣(1999)提出流动性不应仅包括企业流动性，还应包括资产的流动性。毛付根(2000)指出财务资源支持企业可持续发展，同时指出这一大前提是资产结构与资本结构的有机协调，然后为使企业从长短期共同度量流动性，对生产经营活动产生的现金流出量与流入量在数量、速度与时间上进行有机协调。张金清和李徐(2008)认为筹资流动性与市场流动性一起构成总流动性，并通过资金流动频繁度表现出来。其中，筹资流动性又称为负债流动性或现金流，用于表达金融机构满足资产流动需要的能力。

流动性需要适中而不能过高或过低，尤其过低时，一方面使得企业在资金紧缺时面临融资成本提高甚至会破产的困境，另一方面使得企业连正常的生产经营活动都无法进行。班克斯(2011)在《流动性风险：企业资产管理和筹资风险》一书中提出，企业因缺少获得现金或现金等价物而面临的风险就是流动性风险。同时他还指出，筹资缺乏经济合理性，以及变卖、抵押资产没有建立在账面价格基础上，以致偿还计划外的债务所造成的损失风险就是流动性风险。究其根源，现金保障是企业维持经营的关键因素，流动性风险恰恰是以现金保障为目的的损失风险。班克斯还探究了许多理论与时间问题，同时还提出了关于流动性风险的框架设计问题。华小宁等(2007)提出，企业在短期内无法实现筹资或变卖资产的目的所造成的无法偿还到期债务的风险就是流动性风险。往往随着企业资产流动性的变化，其变现能力与企业资本流动的安全性就会同向变化。通过财务报表分析风险的结构情况如表 2-1 所示。胡爱娟(2009)指出，由于商业银行在资金来源与使用过程中存在着不规则与不相配的问题而造成的风险便是商业银行的流动性风险。同时流动性与盈利性之间的矛盾也加剧了商业银行流动性风险的发生。陶希晋和勾东宁(2010)将流动性分为货币流动性、银行流动性和市场流动性，在 2005～2009 年的数据分析基础上，综合运用脉冲响应函数和风险估价模型(value-at-risk，VAR)分析中国各个层面的流动性，结果显示市场流动性与银行流动性之间的相互影响愈加强烈，同时显著地影响着中国的货币市场。

表 2-1 通过财务报表分析风险的结构情况

财务活动	创造现金的能力	使用现金的需求	进行财务报表分析
经营活动	产品和服务销售的盈利性	对营运资本的需求	短期流动性风险
投资活动	出售现有的工厂资产或其他资产	增加生产能力的需求	长期流动性风险
融资活动	举债能力	债务本息归还的需求	长期流动性风险

2. 资本流动的安全性、流动性与效率性

盈利性和资本安全性分别与资本流动性呈负相关和正相关关系。流动性以适中为好，无论过高还是不足都不利于企业的盈利，维持适当的资金头寸是流动性管理的一大目标，这样能够维持企业的正常生产经营活动，使企业避免流动性不足带来的财务困境。与此相对照，过高的流动性会造成因大量流动资产闲置而损坏企业盈利能力。凯恩斯(1999)站在宏观经济的角度分析了流动性与收益性之间的关系，认为放弃流动性可以获得利息率这一报酬。威廉姆·莎普和约翰·林内尔等从理财学角度入手，运用资本资产定价模型，得出了风险与收益之间的平衡是流动性管理的实质这一结论，同时提出大风险须伴随着高报酬水平补偿流动性风险。Shin 和 Soenen(1999)通过对美国 1975～1994 年将近 5 900 家上市公司的数据进行分析后，发现企业的盈利性与净营运周期间存在反向变动关系。在此基础上，Deloof(2003)对比利时的公司进行了实证分析，发现企业的流动性越高，营业效益就越差。Schwetzler 和 Reimund(2003)在对连续三年都持有大量现金的德国公司进行调查研究的基础上，发现了这些公司的经营效益较差，这便验证了 Deloof(2003)的研究结论。刘胜军和李汉玲(2002)认为，企业的生存与发展一方面与获利能力紧密相关，另一方面与流动能力也不可分割，企业价值需要持续获利来驱动，而企业持续生产经营则需要适中的流动来加以保障。陆静和李东进(2005)对流动性风险影响资产均衡价格进行研究后，提出在假定流动性资产收益补偿变量的前提下，不仅资产的协方差与期望收益有关，市场资产组合的流动性风险与资产的流动性风险之间也存在相互关系，同时，流动性还在一定程度上预测了期望收益。杨海丛(2007)在考察了 350 家第二产业的上市公司后得出流动性低而收益性高的结论，这一现象在统计上是显著的。韩庆兰和颜敏(2008)应用营运资本周转天数、应收账款天数研究房地产上市公司营运资本结构与公司价值的关系，研究得到营运资本周转天数、应收账款周转天数与公司盈利水平负相关。陈国欣和张梅玉(2009)在营运资本管理与企业绩效的研究方面，采用流动比率、速动比率和流动资产周转率对零售业、家电制造业、建筑和房地产行业进行了分析。孔宁宁等(2009)用 2004～2006 年的数据研究营运资本管理效率与企业盈利能力的关系，发现企业的盈利能力与营运资本管理效率显著负相关。董海婷(2010)通过对 2007 年深沪两市所有制造业上市公司进行研究后发现企业绩效与营运资本管理效率之间存在着不显著的相关关系，营运资本管理效率指标因模型共线被删除而无法得到相关结论。赵丹和张晶晶(2011)以 2004～2010 年苏宁电器的数据为样本，对其营运资本管理与盈利能力的相关性进行了实证分析，结果得出一个企业的目标顺利实现与否与财务管理水平高低有着很大的关系。营运资本管理的过程在实质上来说就是企业的生产经营过程，企业的生存发展离不开资本，企业的运营都是以资本的营运管理为起点和核心，企业所有者的投资资本获利能力通过企业的盈利能力来反映，这表明了企业各项财务及其管理活动的效率。

3. 资本流动安全性的多角度分析

1)资本流动安全性——偿债能力视角

资本流动安全性作为企业良性发展的大前提之一，企业偿债能力分析是财务安全性分析的主要内容之一，当前这种分析主要以静态分析为主，如流动比率、速动比率、现金比率等都是比较常见的静态分析，而资产负债率、产权比率、利息保障倍数等都是比较常用的长期偿债能力分析指标。

杜志国(2004)认为，企业清偿债务时的承受能力或者是保证对债务清偿的程度以及企业在债务全部到期时能够偿还现金的保证程度就是偿债能力，企业财务状况往往在很大程度上由偿债能力的强弱来决定。企业的直接压力并非一定含有债务这一要素，往往即将到期的债务才会造成企业压力。所以，企业若要使处于安全状态的财务状况与持续发展良好结合，必须具有偿还即将到期债务的能力。

蒋理标(2005)认为，现代企业往往以负债经营为基本的经营战略，而在市场经济条件下，企业管理负债经营风险的重中之重就是如何去分析企业的偿债能力。研究企业01表(资产负债表)中各项目的变动情况及结构关系是当前分析偿债能力的主要方式，这一方式可以判断企业的财务健康状况及偿债能力，但同时存在一定的不科学性。蒋理标还认为将动态分析与静态分析相结合、定性分析与定量分析相结合、表外分析与表内分析相结合，可以完善企业偿债能力的分析。

李萍(2005)提出相比传统的评价方法，现金流量表更能客观、可靠地评价企业的短期偿债能力，因此，她利用现金流量表来分析企业的短期偿债能力。同时，她站在一个独特的角度指出企业应该怎么评价自己的偿债能力以及如何正确使用资金，并提出了三个全新的评价指标——现金比率、现金流动负债比、可转换债务资金与经常债务比。

于东智等(2006)提出当企业需要确定负债结构时，如果能够达到在一个年度内要偿还的债务不大于该期间的经营现金净流量，即便企业在年度内陷入筹资困境，也能够拥有一定的偿债能力。这种从动态角度维持企业短期偿债能力的方法，是站在经营现金净流量基础上的，相比流动资产与速动资产这些静态的分析，这种方法更加客观、科学和可靠。

企业在分析贷款偿还能力方面往往寄很大希望于信贷管理人员通过经验判断财务比率，各个机构在过去的信贷评价中积累了各不相同的经验数据。巴德利西亚·福利斯柯富和查得斯·吉伯逊经过研究发现，商业贷款部门竟然有多达59种的常用财务指标，归纳起来大致为三大类别——盈利能力、长期偿债能力与变现能力，间接地体现了协调企业收益与保障资产流动性之间关系的重要性。

孙艳洁(2008)认为，我国上市公司流动资产占用水平大多偏高，而且比较多地运用流动负债进行融资，营运资本政策选择就是在企业资产流动性、盈利能力和企业风险之间进行权衡。

王琳和刘华志(2011)认为，应从动态的角度去分析偿债能力，要定量分析和定性分析相结合，让企业的财务安全与评价指标相一致。企业应将表内分析同表外分析相结合，构建科学的评价体系，充分体现企业本身的价值与风险。

王珞(2012)选取了中国30家上市钢铁企业2008～2011年的相关数据作为样本，以财务指标为基础，分析其长期和短期偿债能力，结果发现，钢铁行业偿债能力逐渐减弱，盈利水平总体下降，存在较高的财务风险。因此，企业经营者必须进行适度负债经营、优化资本结构，走稳步经营、持续健康发展之路。

2)资本流动安全性——财务战略角度

在市场经济中，经济周期波动会影响企业的财务活动，因此，面对这种情况，企业若要经得起经济动荡，必须及时调整财务战略。刘海潮等(2002)率先在国内开展战略风险管理的理论方法研究，从理论基础、方法逻辑、实践操作性角度对已有的研究成果做了述评。

黄国良等(2004)指出企业应该在不同阶段采用不同的财务战略来提升核心能力，如集中财务战略适用于孕育期的核心能力；扩张财务战略适用于成长期的核心能力；而到了成熟期，稳健的财务战略应该是最佳选择；最后在衰退期，企业应该以防守为主，即防御财务战略为首选，因此，使企业处于财务安全状态的财务战略归属于防御性财务战略。

孙黎和朱武祥(2003)通过研究发现，轻资产运营方式长期为光明乳业所遵循。所谓轻资产运营，即利用别家企业的固定资产生产，而自身则不进行重大固定资产投资或只进行少量的专有性固定资产投入，最终通过自身品牌及营销渠道进行销售的一种经营模式。这种运营方式使得企业在世界金融海啸中减少了大量初始投资，减轻了库存过时的压力，节省了流通时间，提高了企业资本流动的安全性。

杜丽虹(2006)通过对壳牌石油的研究，提出了逆周期现金并购战略，即如果企业处于周期性行业中，在行业高峰时进行现金储备、减少投资，通过适当压低负债来保留债务融资空间，而不是寻常的大规模购置资产；相反在行业低谷时动用所有资源储备大量并购投资以抓住资产低估的机会，使得资产成本降低，资产效率提高，进而为下一个高峰期的资本市场回报与巨大的利润打下坚实的基础。杜丽虹(2007)通过对房地产上市公司短期风险头寸的研究发现，房地产公司在股权融资的背景下如果进行过多的土地储备会使资产增长超过效率的提升，这样在一定程度上降低了存量资产周转率，进一步扩大了短期流动负债与一年内经营可产生的现金流之间的差距，进而增大了企业短期风险头寸，降低了对短期金融政策和行业政策的抵抗力，最后使资金链条变得更加脆弱。通过这一研究，她最后认为中国地产企业短债长投的问题是根本不能通过股权融资来解决的，而决定房地产企业长期安全的核心因素是资产与负债的期限结构匹配，健康的资产负债表是房地产企业的生存保障与长期成长的动力，因此，如何平衡并购扩展的激进与财务策略的保守是关键之匙，而短期的财务激进策略根本称不上是战略，因为其没有实际意义。杜丽虹(2011)提出了顺周期财务战略的特征，即利用高负债、低收益的分配政策使企业在行业周期复苏时进行公司扩张，这样相同资产效率下的股东回报率在激进的财务策略帮助下可得到有效提高，与此同时，企业也很可能因为部分低估套利机会的丢失而降低资产回报率。

孔鹏(2009)通过研究发现，由于供不应求出现在经济繁荣时期，造成通胀，此时企业一般快速扩张并伴随着大量资产的耗用，投资资金一般来自长短期融资，这样的投资无度造成消费品的生产远远低于生产资料的生产，以致生产结构失衡。在对长江实业进行调查研究后他指出，我国房地产企业都应该学习长江实业，采取谨慎的投资态度，如其采取“现金为王”的财务保守战略迎接经济繁荣时代，通过降价出售囤货、同时低价买入土地以备后续扩张这样的手段来面对经济低迷期，这种通过长短期投融资配合来减轻金融危机影响的做法很明智。

许艳辉和李学东(2009)把逆周期政策的思想与财务战略结合在一起，这就相当于将其引入财务管理中，从而形成了逆周期财务战略理论，即企业在行业高峰时避免大规模的资产购置；而与之相对，在行业低谷时则利用资产被低估的机会进行大规模的并购投资。

季华等(2010)通过研究认为，公司最重要的财务战略包括资本市场选择、资本结构和举债经营管理、筹资渠道战略分析、公司信用政策、战略性重组、投资战略、成本战略和股利政策等。

王琳和肖序(2012)指出，从财务管理、战略管理、能源管理、工业生态学、社会学等多学科角度、综合应用多种研究方法来构筑企业碳财务战略理论框架。

3)资本流动安全性——公司战略角度

波士顿矩阵，即 BCG 矩阵，是企业在制定公司层面战略中最流行的方法之一。该方法是由美国著名的管理学家、波士顿咨询公司创始人布鲁斯·亨德森于 1970 年首创的。BCG 矩阵为了显示出组织的每一个战略事业单位(strategic business units，SBUs)中哪一个可以提供高额的潜在收益、哪一个是组织资源的漏斗，而将每一个战略事业单位标在一种两维的矩阵图上。布鲁斯——BCG 矩阵的发明者指出公司必须拥有市场份额与增长率各不相同的产品组合才能取得成功，而现金流量的平衡决定组合的构成。

在 BCG 矩阵中，横轴表示相对市场份额地位，纵轴表示产业增长率，是以销售额增长百分比为根据的。BCG 矩阵由此划分出四种业务组合。

第一种是以高增长和低市场份额为特征的问题型业务(question marks)。这一组合中的战略事业单位竞争能力相对较弱，市场份额相对较低，但它们凭借所依托的高速增长行业，为企业提供了长期获利和发展的机会。在这样的基础上对企业给予大量的资金支持，则会使其转变为明星型业务。

第二种是以高增长和高市场份额为特征的明星型业务(stars)。这一组合中的战略事业单位在身处高增长行业的同时还拥有较高的相对市场占有率。因此，凭借既有竞争力又有市场扩展机会的条件，这一区域给企业带来了保持利润长期增长的可能性。

第三种是以低增长和高市场份额为特征的金牛业务(cash cows)。这一组合中的战略事业单位虽然身处低增长率行业，但却拥有较高的相对市场份额。这一方面使战略事业单位保持高利润，另一方面能够产生大量正现金流量。

第四种是以低增长和低市场份额为特征的瘦狗型业务(dogs)。这一组合中的战略事业单位不仅身处低增长行业，而且市场份额也低。造成这种状况的原因如下：一是由于它们所在的行业没有吸引力；二是由于其本身缺乏竞争力，因此对企业的贡献不大，很低甚至亏损的利润使其带来的正现金流量也失去了意义。

同时，安嘉清(2010)从战略选择的适应性和战略目标体系的角度分析了企业战略选择风险，指出不同管理要素对战略的匹配性风险。

商迎秋(2011)对企业战略管理理论演变与战略风险思想进行了探析，认为战略本身作为一种风险规避的手段，随着环境的变化，战略管理的内容也在不断演变，同时战略本身的风险也因环境的变化在不断增加；战略风险产生的根源是战略、企业资源和能力与环境动态匹配失衡，战略风险来源于战略、资源能力及环境各要素之间的不匹配以及战略管理过程的不确定。企业应以战略风险管理策略为指导，以战略风险组织体系和战略风险预警机制为手段，确保企业的安全性。

于晓红(2012)通过对电子行业上市公司的创新战略、资本结构与业绩的关系进行研究，得出电子行业上市公司创新战略与公司资本结构呈显著负相关关系，即电子行业上市公司越注重创新战略，公司越应保持较高的财务宽松区间。注重创新战略的电子行业上市公司，其资本结构与公司业绩负相关，即越注重创新战略，资本结构构成中负债比率就应越低，以利于实施创新战略。

2.2.2　企业资本流动安全性与效率性关联度的量化分析

企业资本流动安全性与效率性之间存在很大的关联性，但理论界对二者的相关性的研究成果甚是罕见，对它们的分析也是彼此独立，互不联系的。因此，本书试图从基础理论角度来研究二者的关联性。

企业资本流动安全性与效率性关联性的实证分析，主要是通过计算安全性与效率性的主要衡量指标是否具有相关性来论证。为了论证这种相关性，本书将运用数理统计的相关系数法。相关系数计算公式：

$$\gamma = \frac{\sum xy - n\overline{x}\overline{y}}{\left[\left(\sum x^2 - n(\overline{x})^2\right)\left(\sum y^2 - n(\overline{y})^2\right)\right]}$$

1. 变量选择

企业效率性包括企业效率性的各个方面，即管理人员素质、效率性制度、管理人员稳定性和企业的组织结构等。本书在考虑了各种因素后，最终选择用企业效率性整体状况评价指标来代替各个方面的综合效果。

效率性设计合理性是实施有效性的前提和基础，只有设计合理，才能实施有效；设计不合理，其实施有效性就会大打折扣，所以，实施只是在现有设计水平上的实施。设计合理和实施有效只是说明效率性在一定时期是有效的，因此，还要考虑其适应性，即效率性要能够对环境的变化做出改进，这样才能保证效率性的持续有效。在完成上述三个步骤的评价后，为了综合三方面评价的结果，对企业效率性的整体状况做出评价，提出以下效率性质量评价结果的量化模型：

$$ICE=DR\times AE\times AD$$

其中，ICE 表示效率性整体状况的评价；DR 表示设计的合理性；AE 表示实施的有效性；AD 表示适应性。

企业是否具有安全性主要是指企业的财务指标是否出现了预警情况，主要选取以下财务指标来表示：净资产收益率、资产负债率、速动比率、每股净资产增值率、资产周转率，这些指标都是在企业安全性过程中起重要作用的指标，所以作为自变量来处理。

2. 研究对象的确定

本书采用的上市公司样本，是随机选取的 2010 年 40 家医药和电子行业上市公司，如表 2-2 所示。

表 2-2　2010 年 40 家医药和电子行业上市公司

公司代码	公司名称	公司代码	公司名称
000403	三九生化	000010	深华新
000423	东阿阿胶	000016	深康佳 A
000513	丽珠集团	000050	深天马 A
000522	白云山	000058	深赛格
000538	云南白药	000062	深圳华强
000545	吉林制药	000068	赛格三星
000566	海南海药	000100	TCL 集团
000593	宝光药业	000150	光电股份
000919	金陵药业	000413	宝石 A
000989	九芝堂	000636	风华高科
000999	三九医药	000676	思正高科
600062	双鹤药业	000697	咸阳偏转
600080	金花股份	000725	京东方 A
600085	同仁堂	000733	振华科技
600129	太极集团	000823	超声电子
600222	竹林众生	000836	天大天财
600253	天方药业	000909	数源科技
600253	恒瑞医药	000925	浙大海纳
600422	昆明制药	000988	华工科技
600664	哈药集团	600077	国能集团

3. 研究所采用的方法

本书的相关性分析均采用 SPSS 统计软件。为了更容易理解，有必要对 SPSS 软件中进行回归检验得到的参数给予统计意义上的解释和经济意义上的解释。在以下的回归分析结果表中，一般将会输出确定系数、相关系数、自变量的拟合系数等。确定系数的含义是回归方程在多大程度上解释了因变量的变化，即方程对自变量和因变量的观察值的拟合程度。确定系数的取值范围在[0，1]，R 越接近 1，表明方程的变量对因变量的解释能力越强。相关系数 R 的值在[0，1]，是自变量与因变量之间的线性相关程度的度量。R 越接近 1，表明线性关系越密切。

4. 数据来源

本书的研究共需要两类数据，即效率性数据和安全性数据。效率性数据来源于专家评分法评出的结果，安全性数据来源于股天下网、证券之星网和金融界网，对所选的数据运用 SPSS 11.5 统计软件进行标准化处理。

5. 研究过程及结果

将自变量指标分别定义为 X_1、X_2、X_3、X_4、X_5、X_6、X_7，因变量指标定义为 Y，具体见表 2-3。

表 2-3　变量设计表

指标	变量	指标代码
自变量指标	X_1	净资产收益率
	X_2	资产负债率
	X_3	速动比率
	X_4	每股净资产增值率
	X_5	总资产周转率
	X_6	销售额增长率
	X_7	产品积压率
因变量指标	Y	效率性整体状况评价

为了使相关性分析更具科学合理性，避免进行回归分析时可能会出现的严重的共线性问题，剔除了显示结果中两个显著不强的自变量，即销售额增长率和产品积压率，以剩下的变量进入模型。运用 SPSS 11.5 运行后的结果如表 2-4 所示。

表 2-4　相关系数矩阵

变量	Y	X_1	X_2	X_3	X_4	X_5
Y	1	0.53	0.84	0.61	0.47	0.78
X_1		1	0.21	0.36	0.17	0. 72
X_2			1	0.82	0.26	0.52
X_3				1	0.37	0.41
X_4					1	0.59
X_5						1

统计学中相关系数的阐述如下：

(1)若 $0<r<1$，表明变量之间存在正相关关系，即两个变量的相随变动方向相同；

(2)若 $-1\leqslant r<0$，表明变量之间存在负相关关系，即两个变量的相随变动方向相反；

(3) $r\geqslant 0.8$ 时，视为高度相关；

(4) $0.5\leqslant r<0.8$ 时，视为中度相关；

(5) $0.3\leqslant r<0.5$ 时，视为低度相关；

(6) $r<0.3$ 时，说明变量之间的相关程度极弱，可视为不相关。

从运行结果中可以看出，企业效率性效果与净资产收益率的相关系数是0.53，属于正相关中的中度相关；效率性效果与资产负债率的相关系数为0.84，属于高度相关；效率性效果与速动比率的相关系数为0.61，属于中度相关；效率性效果与每股净资产增值率的相关系数为0.47，属于低度相关；效率性效果与总资产周转率的相关系数为0.78，属于中度相关。总体来看，企业效率性效果与这些比率均存在正相关关系，利用SPSS 11.5计算二者之间的拟合优度，得到的结果显示二者的拟合优度为0.786，说明效率性与安全性具有相关性。

2.2.3 企业资本流动安全性对效率性的作用机理

通过以上分析可以看到，企业资本流动安全性与效率性存在着必然的逻辑联系。同时，企业资本流动安全性也会对效率性产生一定程度的影响和作用。这一作用的基本机理表现为以下几个方面。

1. 企业资本的流动性水平与资本流动效率

保证企业资本流动安全性是企业的重要任务之一，尤其在经济危机时期变得更加重要，而资本流动效率的平衡和管理是企业协调好盈利和资本流动安全的重要手段。企业资本的流动性水平是考量一个企业资本流动是否安全的重要指标，流动性过高或者过低都不利于企业财务安全，流动性过高会使企业因资金闲置而无法达到企业利润最大化的目标；流动性过低容易割裂企业的资金链，有碍正常的经营活动，结果造成在资金紧缺时大幅提高融资成本，甚至导致企业破产。

衡量企业资本流动性水平的指标分为静态指标和动态指标。静态财务指标包括流动比率等，而诸如净营运资本和现金周转期等都是动态指标。流动资产和流动负债的比率在一定程度上决定了企业的流动性，流动资产是否能够弥补债务缺口可以用来衡量长、短期偿债能力；而营运资本(流动负债与流动资产的差额)的数额大小也可以反映出企业是否处于财务安全状态。流动资产由流动负债(短期融资)和长期负债加权益构成，公司的流动资产中通过长期负债加权益来解决的数额是由营运资本的大小来反映的，同时管理者对成本和风险的态度及对流动负债的保障程度也都由其来反映。企业经营活动的核心与理财的精髓都是企业的现金流转。偿债压力经常会威胁到企业的资本流动安全性，企业的债务有长短期之分，不同的债务偿还需要搭配不同的资产。

货币资金和应收账款是流动资产中最能够体现流动性的资产，而企业的财务状况往往通过现金的充足率来体现与评价，考虑到企业财务安全这一基础，将企业的第一目标定为生产。

企业是以盈利为目的的，所以在注重安全的同时还要创造价值，评价处于不同生命周期的企业的财务状况应该有不同的侧重点。例如，评价处于投入期的企业，安全是第一位的；评价处于成熟期的企业，价值创造就成为首要考虑的因素。企业在各个时期的现金流量状况与企业财务状况的好坏之间有着密切的关系，企业未来的财务状况是由企业的现金流量决定的。

2. 企业资产流动性与盈利性的协调

如何正确地处理资产的流动性与盈利性是企业在安排资金结构时面临的一个重大难题。通常来说，资产的流动性与其获利能力及资产风险呈反向关系，但是，按照风险与收益对等的原则，风险小，收益也就较差。因此，企业在处于投入期时为防止夭折会更注重安全性，当处于成熟期时为了盈利，企业会更注重盈利性。

流动资产主要包括现金、应收账款、存货及交易性金融资产等，其中现金虽然流动性最强，是企业直接支付能力与应变能力的代表，但同时现金的收益性却是最弱的，因此说现金是一项极为特殊的资产。

企业管理人员将其所掌握的现金投放在何处并且如何进行增值是企业收益能力的决定性因素。现金无论是取得还是持有，都有一定的成本，如其持有成本即偿还相应的股利或利息，机会成本即失去了取得收益的其他投资机会，因此，闲置不用的现金不仅不能带来收益，还会造成损失。而正是现金的这种流动性—收益性的逆向矛盾规律，造就了企业现金管理的重要理论依据。

不同的资金来源才能满足不同性质的资产，短期借款、短期融资券可以满足短期资产需求，而股权资本、长期债务用于满足长期资产需要。长期资金的成本相对于短期资金的成本较高，因此，企业若要降低资金成本，就可以通过持续筹措短期资金来满足长期资产占用的需要，不过与此同时，财务风险也会随之增加。

通过长期资金满足短期资产的需要，这种风险小的策略成本是比较高的。企业在选择采取何种财务政策时要以自身的状况为依据。站在各形态资金的数量角度，如果企业规模大，同时流动资产占用又多，那么其资产变现能力一般较强，其财务状况也较为稳定；而如果企业的固定及其他长期资产和资金占用较多，变现能力一般较弱，财务状况稳定性也较差。

企业在资本流动安全性过高的情况下会持有大量的现金，这样势必会影响企业的盈利能力。通常来说，固定资产的盈利能力要比流动资产的盈利能力弱。这是因为：第一，制造业企业的固定资产(厂房、设备等)可视为再生产过程中的盈利性资产。第二，企业在生产经营过程中不可缺少的除有价证券外的流动资产，诸如现金、应收账款与存货等，这些虽然为企业正常的生产活动提供了必要的条件，但其本身并不具有直接的盈利性。第三，按照盈利与风险均衡原则，一项资产的风险与其预期报酬之间成反向关系。一方面，流动资产的变现性要高于固定资产，因此，其亏损的概率较固定资产来说就小，进而其报酬率相对固定资产来说也较低。在流动负债保持不变的情况下，一个公司的净资本流动会随着其流动资产占全部资产的比例而相应呈同向变化，其支付到期债务的能力也随着呈同向变化，而风险会随着呈反向变化。另一方面，当销售水平不变时，其冻结或近于闲置在流动资产上的资金会随着流动资产所占的比例变大而增多，而其利润肯定会低于将这些资金投资于固定资产上的利润，所以，其盈利能力也随着变低。但是如果流动资产在全部资产中的比例变小，企业的盈利能力和风险就会变大。

企业调整资产结构是为了在资产收益与经营风险之间形成均衡，而企业净资本流动就是将协调机制加于资产结构上的一个结果。需要注意的是，保持企业盈利性和安全性之间的平衡必须要考虑衡量动态资本流动效率这一重要环节。

本书在衡量企业资本流动安全性时是以流动资产和流动负债之间的比率关系为基础进行的，流动安全性过高或过低都会给企业带来不利的影响，资本流动效率决定了什么样的资本流动安全性是合理的。本书所研究的资本流动安全性，主要指的是企业投资活动中产生的风险。企业的投资活动可细分为两种，即对内投资活动与对外投资活动，投资风险会因投资对象的不同而不同。流动资产、固定资产、无形资产等方面的投资即企业对内的投资。如果在投资过程中没有科学的投资决策，由此所形成的资产结构就会不合理，这就容易造成因其投资项目无法实现预期收益而带来财务风险，以致威胁到企业的财务安全。应收账款风险和存货风险构成了流动资产的投资风险。企业在回收货款时由于时间及金额的不确定所导致的风险就是应收账款风险。因此，适当地安排资产的营运效率，对形成企业的盈利与安全之间的统一至关重要。企业因其存货无法迅速变现而带来的风险即是存货风险，具体来说，就是由于存货过多或者无法销售导致的资金占用使得存货周转率偏低。但这并不意味着存货周转率越高越好，当存货周转率过高时，反而可能是因为存货过少造成的，而如果存货过少，就有可能给企业带来缺货损失，因为存货过少时，企业的生产需要和客户需求都无法得到满足。

2.2.4 企业资本流动效率性对安全性依赖度的测定

1. 资本流动效率性的局限

资本流动的效率性处于企业中枢神经系统的重要位置，因为其可以看做是企业自我调节和自行制约的内在机制。效率性是否健全有效，一方面关系到是否能保证企业财务收支有效合法、会计信息真实准确以及财产物资安全完整；另一方面还关系到是否能保证企业经营活动的高效性和效果性，同时，还关系到国家法律法规和企业经营决策是否能顺利地贯彻执行。

任何事物都具有两面性，因此，效率性也不是完美的，其存在着不可避免的、本身所固有的局限性。通常来讲，效率性的局限性主要表现为以下几个方面。

(1)企业内部人员控制状况频现。即便企业具有良好的效率性，但如果其内部行使控制职能的管理人员徇私舞弊、滥用职权、玩忽职守，那么最终结果也是效率性的控制效能失灵。效率性要按照其管理人员的意图运行，因为其是企业管理的一个组成部分，因此，管理人员尤其是企业负责人的决策更是在其中起决定作用。

(2)企业缺少岗位牵制制度。企业的效率性在其内部不相容职务人员相互串通作弊的情形下会失去为此而备的防弊、纠弊作用。不相容职务分离是效率性的一条重要原则，所以在现实中，如果失去了不同职务相互制约的基本前提，不相容职务上的相关人员相互串通勾结，那么效率性就很难发挥作用甚至会失去作用。

(3)人员素质不达标。效率性是由人建立并行使的，如果企业内部行使控制职能的人员对效率性的程序或措施经常误解、误判，则说明其在技能、心理和行为方式上达不到实施效率性的基本要求，那么再好的效率性也难以充分发挥作用。因此，如果企业内部行使控制职能的人员素质不适应或达不到岗位要求，势必会给效率性功能的正常发挥带来负面影响。

(4)成本效益原则影响其效能。成本效益问题也会在一定程度上影响一些企业实施效率性的效能。控制措施必然随着控制环节的增多而愈加复杂，相应的控制成本也会随之升高，进而降低企业生产经营活动的效率。所以，企业在设计和实施效率性时，控制成本与控制效果之比是必然考虑的因素。控制环节或控制措施在实施某项业务的控制成本大于控制效果而产生损失时，就失去了设置的意义，因为此时可能无法控制某些错弊的发生。

(5)适用于经常性的重复业务。效率性一旦设置就具有相对稳定性，而且往往都是针对经常的、重复发生的业务设置的，所以一旦出现未预料到的或不经常发生的经济业务时，原有控制就可能不适用，而临时控制又可能无法及时提供，从而降低效率性的作用。

效率性只能为管理人员达到其目的提供合理的保障，在预防和查明错误及舞弊现象方面不可能提供绝对保证。因此，效率性的实质不在于消除一切风险，而在于限制管理上已经意识到的风险的发生。

2. 企业资本流动效率性对安全性依赖度的分析

效率性有其自身不能逾越的局限性，本书恰恰是考虑到上述局限性，认为预警系统能够弥补效率性的不足，进而展开后续研究，因此，预警模型的建立不受效率性局限的制约。预警系统在以下方面能够弥补效率性的局限性：第一，预警系统可以预知潜在的企业危机。经过对大量信息的分析，获得企业危机的先兆信息，当出现可能危害企业经营状况的关键因素时，企业预警系统能预先发出警告，提醒经营者早作准备或采取对策以减少其给企业带来的损失。第二，可以控制已经发生的危机。当企业出现经营危机时，一方面预警系统密切跟踪危机的进展；另一方面迅速寻找导致状况恶化的原因，使经营者有的放矢，对症下药，制定有效的措施，阻止经营状况的进一步恶化。第三，提供有效对策。当企业出现危机时，能够提供有效的、便于操作的处理危机的基本对策和方法，起到辅助决策的作用。第四，避免类似危机再次发生。企业预警系统通过详细地记录危机发生的原因、处理经过、解决的措施以及处理的反馈与改进意见，对企业现有经营中存在的缺陷提出改进建议，不断增强企业的免疫能力，同时不断完善企业预警系统。

预警问题属于预测学研究范畴，其研究的任务是有没有问题，出现的问题有多大，如何发现问题并估量问题的严重程度；效率性则属于控制论研究的范畴，其研究的任务是对于发现的问题怎样处理，如何消除潜在的问题或是控制其发展蔓延。从控制的角度看，控制的前提是先进行预警，而预警的目的正是为了控制。如果预警之后不实施相应的控制，预警则毫无意义；同理，若想控制而不先进行预警，则是不可能的。因此，效率性只有和预警系统结合起来，才能有效地促进企业的健康发展。

综上所述，本书认为效率性与安全性在理论和实践操作中都存在很大的关联性，二者是相辅相成，不可分割的。

第 3 章

企业资本流动安全性分析

3.1 挑战企业资本流动安全性的风险和危机

3.1.1 风险是行为决策和客观环境变量的函数

1. 风险的概念

要研究企业安全性问题，必须首先准确界定安全性的内涵。在理论上，安全性通常与“风险”和“危机”结合在一起。目前企业“危机管理”理论和“财务危机预警”理论均是从企业风险的角度，分析企业风险的水平以及造成企业出现危机或破产的可能性。

企业“安全性”概念是建立在“风险”概念基础之上的。至于“风险”的概念，是在 19 世纪由古典经济学家最早提出来的，他们认为风险是伴随着经营者进行经营活动而产生的不良产物，经营者的收入已经包含了由于承担风险而得到的报酬，这是人们首次从企业经营活动的角度来分析风险，为后人对风险进行系统分析开了先河。

对“风险”本身内在意义上的探讨是从 20 世纪初开始的。根据风险理论研究者的分析，可以对风险的定义作如下表述：风险就是人们因对未来行为的决策及客观条件变化的不确定性而可能引起的后果与预定目标发生多种“负偏离”的综合。这种偏离通常由两类参数描述：一是偏离的方向正负与大小；二是各种偏离的可能程度。一般来说，投资人对意外损失的关切比对意外收益要强烈得多。因此，在研究“风险”时侧重减少损失，主要从不利的方面来考虑风险，经常把风险看成是不利事件发生的可能性。有时为了进一步综合全面地分析测定人们面临的风险程度，需要对上述两类指标作技术上的综合处理，形成相关的风险指标。抽象地说，风险可以看成是人们的行为决策和客观条件变动这两类变量的函数。用数学公式表示为

$$风险=F(D,S)$$

其中，F 表示风险函数；D 表示人们决策的集合；S 表示客观状态的集合。

虽然该风险函数只是对风险的理论说明，但是通过上述公式不难看出，风险空间是由决策空间和状态空间相结合构成的。状态空间是客观的必然，人们是无法自由选择的，但是，决策空间进行可由人们自主选择。这就说明：决策正确与否直接影响到所面临的风险程度。管理者通过积极的活动可以对风险进行有效的控制。

2. 风险的特征

借鉴风险理论研究者多年的研究成果，归纳出来的风险特征主要有如下六个方面。

(1)客观性。客观性表明风险是客观存在的，不以人的意志为转移。因此，要求人们必须承认和正视风险的存在，采取正确的态度对待风险。

(2)不确定性。不确定性是风险最具本质的特征。风险的存在就是以客观条件变化的永恒性为基础的，正是这种客观条件的变化而带来的不确定性，才产生了风险。

(3)潜在性。潜在性是风险存在的基本形式，是指风险无处不在，随时随地都可能发生。但是，潜在的风险要在一定的环境和条件之下才能转化为现实的风险。

(4)可测性。虽然说风险的本质是不确定性，但是这种不确定性并非是对客观事物的变化情况全然无知和任其自然。对风险的分析过程也就是对风险的测量过程，对风险的测量即是对风险发生的频率和影响程度所做的主观判断。这种判断随着对风险研究的深入而进一步精确，对于风险的防范和控制具有重要的意义。

(5)结果双重性。风险结果的双重性是指风险存在双重的结果。人们承受风险的结果可能成功，也可能失败。一旦成功，风险承担者将会得到更多的收益作为承担风险的补偿。风险与收益正相关的关系是指导投资者决策行为的基础，也是企业之所以存在的原因。

(6)相关性。风险的相关性是指风险与决策行为之间的关系。通过上文对风险函数的分析可以得出结论：决策的选择对所面临的风险程度具有直接影响作用；通过积极的活动可以达到对风险进行有效控制的目的。这就说明，面对同一风险事件，不同的决策行为，其所承受的实际风险也是不同的。科学的决策可以降低企业所面临的风险程度。

随着人们对风险认识的深入，“风险管理”逐渐受到了人们的重视。1952 年，美国的革拉尔在其调查报告《费用控制的新时期——风险管理》中首次提出“风险管理”，至 20 世纪 80 年代，风险管理越来越风行。

3.1.2　市场经济发展进程中企业应对的风险

在市场经济日渐繁荣的大环境下，企业必须通过建立适当的风险机制，对所遇到的风险进行科学的管理，承担内外部各方带来的风险。企业对于如何积极应对风险这一问题已经变得越来越紧迫。

经济领域中所说的风险，是指由于某类事件的发生可能导致利益发生损失的不确定性。在我国过去所经历的计划经济之中，企业没有完全脱离国家而成为独立的商品生产者和经营者，计划经济中的主体还是国家，国家通过机制的设置对企业的投资、产出、销售都实行定额，这种类似于“父爱主义”的管理模式，使得企业基本不会面临风险，而国家作为风险的承担者，为企业抵御着各种经营风险。实际上计划经济体制下的企业也会出现多种形式、不同程度的经济损失，但这些损失并没有让企业自行承担，反而成为了国家负担的一部分，也就是企业的风险在国家的作用下被掩盖了。由于“父爱主义”的存在，企业生活在国家的大保护伞之下，所以也就没有必要考虑风险的问题，风险管理也就更不用说了。

在市场经济条件下，企业经营可能遇到的风险存在于每一个角落，在任何时间都可能出现。风险就好比一颗炸弹，不知道什么时候就会爆发。而它一旦爆发，不仅会给企业带来直接的经济损失，甚至有可能对正常生产过程的连续性和稳定性都会造成危害，从而危及企业的生存。风险的偶然性及不确定性使得它的破坏作用进一步加大。

在当今的经济生活中，风险似乎越来越小，但是也似乎越来越大。这是因为人们对风险有了更进一步、更深层次的认识，用于抗御风险的工具也在不断完善，这就使得风险在一定程度上发生的可能性越来越小，可能造成的损失范围和程度也越来越小；但是由于科学技术的迅猛发展带来的生产的迅速变革，产品的生命周期越来越短，企业所面临的竞争也越来越多，这就导致了风险因素越来越多，损失的可能性越来越大。风险的这一矛盾变化也使得企业对于风险是既爱又怕。市场经济中风险带来的损失往往是巨大的、是破坏性的，面临风险所带来的威胁，人们渴求有一种有效、全面、经济的工具可以对所面临的风险进行规避，或者可以对风险进行合理的处置。因此，企业要想在经营过程中获得成功，就需要对风险进行及时、合理、科学的识别、衡量与分析，并在此基础上寻找有效控制风险的方法，利用经济、合理的措施和手段对风险进行处置，以此保障企业的经营安全。这就需要企业建立有效的风险机制，能够在风险造成损失之前，消除风险根源，减小发生概率，或者能够在风险造成损失之后，缩小影响范围，减轻损失程度。这是企业经营成功与否的一个重要因素。对风险进行有效管理，已经成为当今企业发展的第一要务。

1. 企业面临风险的主要内容

在市场经济条件下，企业所面临的风险主要来自于环境、经营决策、技术、生产、市场以及投资领域。

1)环境风险

环境风险主要包括由政治法律环境、科学技术环境和社会文化环境，以及国际政治、经济、科技和社会文化环境所带来的风险。

(1)政治法律环境风险。这个类型的风险同国家政策、法律和法规的改变息息相关。在市场经济条件下，国家通过“看不见的手”对经济进行调控，有时会通过修订、调整或改变某项改革法令，从而达到宏观调控的目的，这样的变化对处在经济社会中的企业具有很大的影响，会使得企业面临风险。对于以出口为主的企业而言，进出口国家和地区的政治法律环境风险更是巨大的。

(2)科学技术环境风险。科学技术环境风险是指由于科学技术的迅猛发展，企业无法迅速适应这一变化而导致的风险。伴随着新的科学技术的出现，新的产业部门会随之出现或原有产业结构会进行重组。多种新的科学技术频繁地出现，就会形成一股改革风暴，导致新技术革命的发生，进而对企业提出更高的要求。例如，电子产品已经向多元化、便携化、个性化和无害化方向发展。

(3)社会文化环境风险。社会文化环境风险是指由于不适应宗教信仰、道德规范、审美观念、价值观念和风俗习惯等的变化所带来的风险。社会文化环境对消费者的购买行为具有很大的影响，跨国公司如果想在其他国家获得成功，就必须对那个国家的社会文化环境具有很深刻的了解，才能够减少社会文化环境所带来的风险。

(4)国际政治和经济环境风险。国际政治和经济环境风险是指由于国际政治和经济的变化所带来的风险。在市场经济条件下，跨国公司越来越多，国际市场的竞争也越来越激烈，国家间政治和经济的联系越来越紧密，而这样紧密的联系对于企业经济活动的顺利开展也有着直接的影响。

2)经营决策风险

经营决策风险是指因为经营战略目标和经营管理等决策失误而可能给企业带来损失的风险。现代经济环境中，企业在经营决策上拥有更多的自主权，企业在考虑今后发展方向时，会选择不同的经营战略，这可能对未来产生不同的影响。适合企业经营战略的决策不仅需要企业家有一定的战略眼光，还需要管理者能够当机立断，剔除环境的影响因素，争取在激烈的市场竞争中取得先机。可能带来经营决策风险的另外一个因素就是企业经营管理决策的制定。生产、投资、创新、营销等各个方面的决策都会对企业的经营管理产生影响。

3)生产风险

由于生产组织活动的不确定性而给企业带来的风险就是生产风险。导致企业生产风险的成因主要有以下几个方面。

(1)生产计划不合理。企业实际生产过程中的计划一般包括长期、中期和短期三种形式。在市场经济条件下，企业从事生产就不能再像过去一样与市场脱节，需要以市场的实际需求为依据而制订生产计划，并且随着需求的变化不断修正计划。将库存量控制在合理水平，保证资金周转的顺畅，对于生产风险的控制具有一定的作用。

(2)技术设备及工艺选择不准。企业在技术设备及工艺选择上不能盲从先进，需要根据自身的实际情况确定，如企业根据现有条件、资金能力、人员素质等因素来选择适合自己的技术设备及工艺，以防生产成本的大幅度提高。

(3)管理技术落后。虽然经济环境已经发生了巨大的变革，但是在一些企业内部还保持着传统的管理思想，这种与时代脱节的管理技术必然会被时代所淘汰。传统的管理方法在某些情况下已经无法适应现有的经济环境，严重制约了企业劳动生产率的提高，增加了企业面临的生产风险。

4)市场风险

市场风险是由企业产品营销和服务的不确定性所导致的。它广泛存在于市场经济环境中，是市场经济的本质特征。主要有三方面原因导致了市场风险的形成，具体如下。

(1)营销观念落后。随着社会经济的快速发展，社会市场营销观念也在扩大其影响范围。现代企业必须转变传统的营销观念，适应现代市场经济的发展。落后的营销观念会阻碍企业与市场的信息沟通，影响企业发展，甚至会被市场淘汰。

(2)市场需求变动。企业的发展应该随着市场需求的变化而进行调整。市场环境较好时，企业可以适当扩大自身的经营规模，提高产量。而当市场环境较为不利时，企业也必须随着环境的变化而调整自己的发展路径，适当缩小规模，降低产量，减少浪费，以应对瞬息万变的市场。

(3)市场竞争格局的变化和市场定位失误。企业对市场竞争格局认识不准确，就会发生市场定位失误等情况。企业需要对市场竞争格局有着清楚的认识，对企业的市场占有率和竞争对手情况掌握得清楚、准确，对于企业制订下一步的发展计划具有十分重要的意义。具有较强实力的企业，可以从正面与竞争对手进行竞争；而实力较弱的企业，可以选择迂回的路线与竞争对手进行非正面对抗。

5)投资风险

企业进行投资时，预期收益的不确定性形成了企业的投资风险。随着投资金额的不断增加，投资风险也在逐步增大。本书主要从财务角度对企业资金投放进行分析。投资风险产生的主要原因有以下几方面。

(1)利率及汇率的变动。一定时期内，利率及汇率受各种因素的影响会发生变动，这给企业的资金筹集及运营带来了不确定性，也就形成了投资风险。企业的自有资金与借入资金形成了企业拥有的资金。企业为取得资金的使用权需要交付一定的费用，这部分费用也就是企业的资金成本，资金成本越低，收益的可能性越大，而利率及汇率的变动对资金成本具有很大的影响。汇率变动可能导致企业预期收益减少，汇率变动的影响主要涉及以出口为主的外向型企业。利率或汇率是形成投资必要收益率的基础，若利率或汇率上升，项目投资的资金成本上升，收益下降，投资要求的必要收益率必然加大，迫使企业不得不放弃虽然短期收益低，但是对企业长远发展有利的项目；反之亦然。

(2)物价水平的变动。当物价出现较大幅度上涨时，会出现通货膨胀的情况，也就是资金的购买力下降，使得资金出现了贬值情况，这种情况通常被称为通货膨胀风险(也称购买力风险)。当通货膨胀现象出现时，说明投资到期收回时的收益可能会降低，导致投资的风险增大。所以在进行投资决策时必须将通货膨胀因素考虑在内，尽量减少购买力下降所导致的收益减少情况。在投资时，还需要考虑时间因素的影响，投资时限越长，实际收益与期望收益的差异可能就越大，也就是风险越大。

(3)折旧方法的影响。企业固定资产投资额以折旧的形式在各年进行分摊。折旧方法的多样性就使得固定资产的折旧速度和折旧年限也不尽相同，从而固定资产的回收时间也就受到了影响。采用直线法和工作量法，对项目投资回收期的影响是均衡的；若采用年限总和法和余额递减法，则会使得现金净流量在投资项目前期数额较大，项目的回收期会被缩短，投资风险也会减小。

(4)证券市场的成熟度。证券市场是市场经济中的一种高级组织形态，是一个高风险的市场。由于证券市场涉及面广、敏感度高，其风险无处不在、无时不在。证券市场风险不仅对社会、经济的冲击力、破坏力较大，而且还是社会经济的焦点，是各种经济矛盾问题的集中体现，因此，证券市场风险的控制难度较大。同国外成熟市场相比，我国证券市场处于初级阶段，起步较晚，投资者风险意识相对薄弱，监管体系有待完善，因其成熟度不足，市场所隐含的风险更大。

一般来说，投资者进入市场，可能会遇到以下几类风险：系统性风险、非系统性风险和交易过程风险。在当前我国市场经济的条件下，企业会通过证券市场筹集扩大再生产、设备更新改造项目所需的资金，或者直接投资于证券市场购买股票、债券、基金等，致使企业面临的风险程度增高。

2. 市场经济发展进程中企业经营不安全的现状

随着经济体制改革的不断深入，市场化经济逐渐成熟，但企业在市场上面临的竞争也愈加激烈。在机遇和挑战并存的经济环境中，许多小企业凭借独特的发展模式，并根据社会经济发展趋势而调整自身的经营策略，虽然过去名不见经传，但却可以在短时间内一举成为产业的佼佼者。例如，美国著名社交网站脸谱公司(Facebook)，虽然年轻，但是却让许多前辈公司望尘莫及。在首次公开发行日就创造了硅谷上市公司发行规模的新纪录，于 2012 年 5 月 18 日在美国纳斯达克证券交易所正式上市；在中国，2007 年 11 月 6 日阿里巴巴正式挂盘交易，以 116 亿元刷新了中国互联网公司融资规模的纪录。

与名不见经传的小企业相比，许多商业巨擘却倒在了经营管理不善等多种因素之下。通过研究发现，资金流动不畅、效率低下、财务危机频发是导致这些商业帝国倒塌的主要原因。拥有 130 年历史的柯达曾经占领 2/3 的摄影市场，但是因海外劲敌狙击和商业转型迟缓，无法适应市场变化，产品积压，导致资金周转不灵，于 2012 年 1 月 19 日宣布破产。在对柯达进行破产清算时发现，公司的资产共有 51 亿美元，却承担着高达 68 亿美元的负债，财务风险极高，资本安全性很差。从全球来看，许多昔日的经营神话都开始走下神坛，面临破产的危险，我们对这些商业巨头的跌倒感到惋惜，但是更应该从它们的经历中剖析深层原因，从中得到警示，最大限度地防止破产的悲剧再次上演。

我国社会主义市场经济体制正在逐步建立与完善，相比过去，内外经营环境的变化是巨大的。在物竞天择、优胜劣汰的市场竞争中，企业将会在日常经营活动中面临不断产生的新矛盾、新问题。经济信息化及经济全球化的不断推进，也加剧了市场竞争的激烈程度，与以往任何时候相比，企业的经营环境更艰难，风险更严峻。与 2009 年相比，2010 年发生亏损的上市公司数量有所增加，公司整体业绩也有所下降，1 748 家上市公司中就有 120 家公司亏损，还有相当多的微利企业。上市公司未能重视资本流动的效率性和安全性是其中最为重要的原因之一。

3. 现阶段企业财务预警研究的缺失

我国对企业财务预警的研究时间不长，取得了一定的成果，但也存在一些缺失，具体表现在以下几方面。

(1)重视定量的实证分析，忽视定性的理论研究。我国学者研究企业财务预警的侧重点基本上是围绕如何建立财务预警模型展开的，包括模型中指标的选取或模型变量的选择以及指标的处理方法，而对财务预警理论进行系统的梳理和研究缺乏。企业很难信服和采用不完备的财务预警理论，对企业财务预警的内涵、特点、功能以及建立财务预警的方法和程序不够深入的研究，使得现有的理论体系很难对实践具有很好的指导作用。

(2)企业财务预警研究的重视程度不足。大多数研究人员把企业财务预警作为企业预警的一个组成部分，他们将企业财务预警仅作为企业危机理论或企业预警理论中的一章或一节来研究，并没有把企业财务预警作为单独的一个系统对待，研究内容过于宽泛而不深入。到目前为止，理论界对企业营销预警、人力资源预警、生产预警、企业速度危机预警等理论的研究成果颇多，但企业财务预警的研究成果相对较少。

(3)重视警兆和警度的研究，忽略了对警义和警源的分析。警兆和警度只是财务预警的一部分，理论研究中任何一个偏失都会造成研究的不足，所以不了解警义和警源，财务预警系统的研究无疑就是不完善的。企业对财务预警的重要性认识不足，也就无法在实践中很好地实施财务预警。

3.1.3 全球金融危机对企业资本流动安全性的威胁

1. 全球金融危机背景

2007 年 8 月 9 日开始浮现的金融危机，由于影响的日益扩大，又被称为世界金融危机、次贷危机等，在世界范围内引起了一场巨大的金融海啸。此次危机从美国开始，导火索就是次级房屋信贷危机，由于投资者对按揭证券的价值失去信心，开始收回投资，所以进一步引发流动性危机。而这次危机的爆发并没有因为多国中央银行向金融市场多次、巨额地注入资金而终止。一年之后的 2008 年 9 月 9 日，这场金融危机以不可阻挡的势头导致多家相当大型的金融机构倒闭或被政府接管。

2. 金融危机下企业风险的变化

1)金融危机下企业风险形式的变化

之前有学者认为金融危机具有一定的周期性，每隔一段时间就会爆发一次巨大的金融风暴。通过对全球经济发展的历史进行分析，也发现了金融危机周期性的特点。金融危机在爆发前，都会具有一定的先期预兆；在爆发过程中，也存在典型的特征；爆发后的经济复苏也似乎有迹可循。随着金融危机所处的周期不同，企业风险的表现形式也不尽相同。

通过金融危机具有周期性的特点，将金融危机划分为三个周期，以此来研究企业风险的表现形式。具体分为前金融危机时期的企业风险、金融危机时期的企业风险和后金融危机时期的企业风险。

(1)前金融危机时期的企业风险。通过研究发现，在金融危机爆发之前，经济发展迅速，市场前景一片大好，所以很多企业希望在这样的经济环境中扩大自身的经营规模。而扩大规模就需要大量的资金注入，多种筹集资金的形式就会出现，而随之而来的风险也在繁荣的经济之下暗流涌动。因此，前金融危机时期的企业风险大部分是由大规模扩张所带来的。

(2)金融危机时期的企业风险。在刚刚爆发金融危机时，由于威胁的隐蔽性，企业并没有注意到危险，还在进行自身的扩张活动。但随着危机的慢慢显现，危机的影响也越来越大，企业为了降低损失，停止了扩张的脚步，但是在盲从心理的引导下，企业选择了并不适合自己的风险应对措施，而失去了最佳的处理风险的机会。有些企业甚至在危机中倒闭或破产，都是因为没有选择适当的风险应对措施。

金融危机时期企业面临的风险，主要是指对风险的认识不准确以及对风险的处置不合理所带来的风险。

(3)后金融危机时期的企业风险。金融危机从最开始的初期，发展到大面积爆发，而后逐步转向复苏阶段，但此时的部分企业对金融危机仍心有余悸，对稍纵即逝的发展机遇无法准确把握，使企业错失了发展的最佳时机。此时，企业面临的是如何寻找到准确发展时机的风险。

2)金融危机下企业风险防控侧重点的变化

风险是指可能导致企业发生损失的不确定性。金融危机使得企业对风险防控的侧重点有了进一步的审视。企业面临的风险不仅包括外部风险，还包括企业内部风险。过去企业对风险的预测、防控等措施都是针对企业的外部风险而言，而对于企业内部风险却没有给予足够的重视。但随着金融危机的蔓延，越来越多的企业开始转变风险观念，开始重视内部监管和风险控制的重要作用。在金融危机的作用下，越来越多的企业将内部风险的预测与防控提到了风险管理的日程之上。

3. 全球金融危机对企业资本流动安全性的影响

20世纪70年代的第一次石油危机的爆发，使得经济安全在全球范围内被重视。当时日本化工业的主要原料就是石油，而石油危机的爆发使得日本化工业受到了重创，日本学者为了避免此类事情的再度发生，维持经济的持续繁荣，从国家经济安全角度提出了"日本生存空间和经济安全问题"。可是日本的情况并没有发生好转，日本经济在日益激烈的国际竞争中受到来自外部经济的冲击越来越多，日本在80年代初发表了题为"以确立经济安全保障为目标"的国家经济安全报告，希望可以维护经济发展的高速与稳定，这个报告标志着日本在经济发展战略和策略之中正式加入了经济安全的思想。随着日本经济安全研究的兴起，各国也纷纷开始进行一系列的经济安全研究，与此同时，更多的企业开始注重企业安全体系和企业财务预警的建立。

国际金融危机的爆发引发了全球金融海啸，国际金融市场剧烈动荡，全球经济从2007年增长5%，降为2009年增长－0.5%～－1%，全球股市下跌40%左右，全球资产缩水50万亿美元。美国发生的严重次贷危机使股市大跌，投资者大量出售股票，从而使得国际资本流动大规模地迅速向亚洲以及一些新兴市场国家转移，全球资本流入结构重新洗牌，然而这对于这些新兴经济体内部的资本流动却充满着机遇和挑战。

后金融危机时代，2010年全球经济开始复苏，世界各国积极采取措施，世界经济也随之走过颓态，国际资本流动的增长态势也逐渐恢复。到了2010年，国际资本流动规模为4.4万亿美元。这次的资本流动呈现出后金融危机时代独有的特点：首先，转移范围更大。此轮资金流入的区域不仅包括亚洲地区，还包括拉丁美洲、南非等主要新兴市场国家或地区。其次，转移速度更快。全球经济自2009年后半年两极化复苏形态开始显现，老牌资本主义国家的复苏脚步相对迟缓，而新兴市场国家复苏势头却相对强势，可能由于在危机中所受影响较小，所以随着大量资金的流入，其净流入已接近危机前历史高位，有些国家和地区甚至出现了净流入逆转为净流出状态。最后，资本流入结构发生明显变化。发展中国家强劲的发展势头，吸引了更多的国际资本流入。2010年，流入发展中国家的国际资本总额为7 020亿美元，发展中国家外国直接投资流入量也首次达到全球外国直接投资流入总量的50%以上。

中国一直是国际资本流入的主要对象，随着改革开放的不断深入，越来越多的中国企业开始不断调整自身的经营策略以适应经济全球化，跨国公司的盈利水平在宏观经济环境的不断完善下也在大幅提升，以上种种原因都增加了境外投资者的投资信心，国际间并购活动也在如火如荼地开展。中国为外国投资者创造了有利的政策环境，吸引了外国投资者的目光，增强了国际资本的流动。从而在很大程度上在资金上解放了企业本身，减少了企业资金筹集上的障碍和壁垒，企业有了充足的可支配资本在投资、融资、运营之间自由地配置，在一定程度上降低了筹资和运营的成本，企业的资本流动安全性也相应地得以提高。

3.2 影响企业资本流动安全性的因素

3.2.1 影响企业资本流动安全性的外部因素

研究企业资本流动的安全性，不仅要充分了解企业的内部环境(企业内部各项要素的状况及管理现状等)，还要分析企业的外部环境(包括政治、经济、社会、法律、自然、科技等方面因素)及外部环境对企业的影响，这些外部因素相互作用、相互交织而形成一个有机的整体。

1. 法律和政策环境

法律和政策环境是促进企业成长的最基本的外部环境因素。企业的成长需要完善的法律和政策环境为其提供法律保障，同时企业成长的其他外部环境也需要完善的法律和政策环境为其提供实施保障。稳定、健全、合理的法律环境是企业得以良好成长的重要条件，因此，企业对法律法规体系的要求较高。在政策环境方面，国家先后出台了财政税收政策、金融政策、产业政策、外贸外资政策等一系列的政策，鼓励和扶持企业的发展。黑龙江省政府也先后出台了一系列政策法规，以促进黑龙江省企业、民营科技企业的发展。但由于黑龙江省地处边陲，经济比较落后，省政府还应进一步放宽政策，以吸引国内外投资及各种人才。

2. 制度与文化环境

良好的制度环境为企业的成长提供了组织依托和制度保证。制度环境主要包括产权制度、信用制度和市场机制。合理的产权制度一方面为企业的技术创新活动建立了有效的激励系统，另一方面为现代企业制度的建立和向纵深发展打下了坚实基础。信用制度是适合企业成长需要的经济组织形成的基础，它是市场交易正常进行的前提。而宽松的市场准入、市场制度、市场体系等市场机制也是企业健康成长所不可或缺的环境条件。良好的创新文化氛围是企业健康快速成长的灵魂。一个地区或国家的价值观念、团队合作精神、开拓精神、敬业精神等文化氛围，都会对企业的创业、成长发生重要影响。但也应当看到，制度并不是万能的，制度更不会高于技术。科学技术的发展有其自身的规律，国家立法和制度环境的建设只有顺应技术发展规律的要求，才能促进我国产业和企业的发展。

3. 人力资源环境

与传统企业相比，现代企业的特征是知识密集、技术密集和人力密集，并以追求创新为其经营核心。在企业的成长中，人力资源起着至关重要的作用。一个国家或地区科技人员的素质、科研人才的储备及人才政策环境等方面都是影响企业发展的人力资源环境。人力资本是企业发展的主要依靠，其所处国家或地区科研人员的数量和质量对其极具影响。在我国当前这种缺乏大量科研技术人才的情况下，良好的人才政策环境是创造人才和留住人才所不可缺少的。例如，黑龙江省的高校并不少，如哈尔滨工业大学、哈尔滨工程大学、哈尔滨医科大学、黑龙江大学、哈尔滨商业大学、黑龙江中医药大学、大庆石油学院等，为黑龙江省企业发展培育了较多人才，但大部分高学历毕业生不愿留下，“北雁南飞”已成为了一个定势。要留住更多的人才，除应关注“事业留人”“感情留人”之外，更应注重“待遇留人”——为他们提供良好的科研条件和生活条件等。

4. 技术环境

企业的发展离不开科研机构、研究与开发(research and development, R&D)投入、技术转移和技术扩散等要素的支持，即通常所说的技术环境。良好的技术环境为企业的成长提供了技术上的支持与帮助。企业通常与高校、科研机构合作开发技术，前者为其提供资金，后者为其提供技术支持，因此，形成企业与高校、科研机构的共生，企业与高校、科研机构的合作交流程度、技术转移能力的强弱对企业来说是很重要的。目前，黑龙江省技术创新体系建设不断加强，正在全面落实国家“863”和省级技术创新规划，同时明确了企业的发展方向、研究开发机构的建设以及重点开拓领域，加强了产学研联合，提高了企业的技术创新能力，扶持了民营科技企业发展。例如，大庆市政府选择5～10家企业进行技术创新试点，总结了多年来与哈尔滨工业大学等多所大学、科研院所合作的成功经验，再根据这些试点企业的产业发展方向提出急需解决的重大技术问题，同时明确自身的研究课题，然后组织企业与多所院校和科研院所进行对接合作。这样可以推动企业与选定的大学和科研院所通过委托研究、共建实验室等途径成为技术的开发中心或研发基地。

5. 融资环境

目前，相比国外企业的融资渠道(包括金融机构、股票市场、风险投资基金、企业债券及二板市场等)来看，我国企业的融资渠道仍比较狭窄，一般企业还是主要依靠金融机构的贷款。我国不仅没有培养出多元化的投资主体和顺畅的资本退出途径，也尚未建立起适应企业发展的资本市场运作机制，这就导致了风险投资业在我国发展比较困难，也不能大量地吸引国外资金。面对这种情况，我国的企业，尤其是处于发展初期和中期的企业，需要政府给予大力的支持和相应的配套服务。目前，黑龙江省的风险投资业拥有一个规模很大的投资市场。进入20世纪90年代以后，黑龙江省企业步入了快速发展时期，但多数企业仍处于早期发展阶段，需要资金和管理的支持。目前，黑龙江省已成立了多家风险投资公司。这表明，黑龙江省企业的发展前景光明，风险投资公司的建立为企业资本流动提供了便利。

6. 社会服务环境

企业的社会服务环境是指能影响企业素质和效益并进，从而影响企业成长和发展的社会化服务体系，其主要是指各种中介机构，如融资服务系统、咨询机构、教育培训服务系统、信息网络服务系统、基础设施、律师事务所、会计师事务所等。总之，社会服务环境越健全、越完善，企业的发展就会越快，资本流动也会越安全。

3.2.2 影响企业资本流动安全性的内部因素

现代企业是以高科技为主导的新型企业形式，其构成不仅要依赖于基本要素——技术、资金、管理能力等，而且必不可少的还应包括设备、人员、规章等衍生要素的形成和组合，此外，企业能否实现快速发展，还取决于企业行为主体的内在动力和“内质”的提高。

1. 技术因素

对于企业来说，企业的技术水平和技术能力是决定企业能否生存的命脉。国内外众多的企业虽然曾经取得了一时的快速发展，却终因技术更新慢、研发能力不足而大多昙花一现。因此，企业为了保证技术的先进性，往往不惜花费高额的成本，包括研发人员的引进、研发设备的采购与更新、新技术新产品研发费用的大量投入等。然而，企业仍然会面临研发失败的风险。目前我国企业在技术创新方面存在的主要问题是企业持续技术创新能力不足。一方面，在技术创新的性质上，模仿创新和二次创新的比重比基础创新多出一倍；另一方面，虽然企业的首期创新能力强，但由于研发资金的投入不足及配置不合理等不利影响，持续创新的机制和环境尚未形成，企业持续创新的能力很弱。

2. 管理因素

管理是企业不可割舍的一部分，现实经济生活表明，企业的管理水平在企业发展到一定阶段时通常会成为制约企业发展的瓶颈。在股份制被广为推崇的现代企业制度中，股份制的套路在诸多企业中却不一定适用，民企甚至家族式的私企占到了企业中的大多数，虽然这些企业名义上存在"股份"式的控制表决权形式，但其组织形式和各自的作用却与真正的股份制企业远不相同。"经营权与所有权相互分离"的问题在诸多企业中并不真实存在，两项权利往往是一致的。例如，这一特征最为明显的高新技术企业，企业的所有者一般就是拥有核心技术的人员，但同时他们也是企业的管理者，这种技术人员进入管理岗位的情形容易导致重技术而轻管理的管理缺陷，无法在企业中形成一个良好的管理氛围。因此，强化企业管理应该重视内部控制制度的健全及执行情况，尤为重要的是提高企业管理者自身的素质。

3. 资金因素

资金影响到企业活动的每一个环节，是企业生产经营活动的血液。企业所需资金主要包括企业获取外部研发服务所支付的费用、自身进行技术研发的费用支出、用于购买设备和投入制造的原材料和辅助材料等的费用以及产品的销售费用(包括前期市场调查、试销、广告费用等)。此外，还必须考虑到转换成本这一重要问题。有形资产提前报废、减产、停产带来的损失均是企业可能要面临的，还有企业产品自我代替带来的损失、原有技术配套体系的失效、职工的结构性过剩、原有技术体系与管理体系的失效等。

4. 政策因素

目前，很多学者对企业的研究往往是从企业的"栖息地"开始入手的，其实，学术界早已开始关注环境因素对企业的影响。由于企业尤其是诞生之初的企业缺乏对环境的适应和自我调控能力，往往需要以政府为代表的外部环境的扶持。但是，一旦外部环境发生变化，缺乏对环境的适应和控制能力就会产生生存危险。因此，就需要从国家经济政策、企业投资抉择与产业政策适应性等方面来分析企业资本流动安全性的问题。

3.2.3 内部因素和外部因素交互作用的影响

1. 内部因素和外部因素的构成

一些相互制约、相互依存、不断变化的各种要素组成了影响企业资本流动的安全性因素系统，这一系统是直接或间接影响企业资本流动安全性的各要素的集合，其客观地存在于企业内外部当中。影响企业资本流动安全性的因素可分为企业的外部影响因素和内部影响因素两类。法律和政策环境、制度和文化环境、技术环境、人力资源环境、社会服务环境和融资环境共同组成了外部影响因素。企业资本流动安全性的内部因素则由技术因素、管理因素、资金因素和政策因素组成。企业资本流动安全性影响因素构成见表 3-1。

表 3-1 企业资本流动安全性影响因素构成

影响因素	组成要素	要素构成
外部因素	法律	法治观念、法律的完备性、法律的稳定性、法律的严密性和可操作性、程序法与实体法
	政策	政府管制及审批制度，政府财政货币政策，行业政策，产业导向，就业及福利、社会保障政策等
	制度	产权制度、信用制度和市场机制
	文化	价值观念、生活方式、风俗习惯
	技术	科技投入、科技开发能力、科技水平、科技转化为生产力的能力
	人力资源	科研人才的储备、科技人员的素质和人才政策环境
	社会服务	中介机构的建立、社会服务质量、监督力度
	融资	融资渠道、融资方式、融资结构
内部因素	技术	科技研究能力、新产品开发能力、产品科技含量
	管理	战略管理、营销管理、制度建设、人力资源管理、财务管理、资产管理、生产管理、监督控制
	资金	企业的盈利水平、偿债能力、营运能力及资本结构、资产结构
	政策	企业投资抉择与国家经济政策、产业政策的适应性

2. 内部因素和外部因素的交互作用

在组成企业资本流动安全性的影响因素中，一些非常活跃的外部因素决定了影响企业资本流动安全性的环境是可变的，过去的环境不同于现在的环境和将来的环境，更不能代表现在的环境和将来的环境。从外部因素来看，政策环境等因素在不断地变化；而从内部因素来看，随着企业经营规模与范围的扩大、领导者的更替，同时随着企业资产的增减盈亏、企业员工的进出与离退以及企业在市场上竞争力的强弱变化，其内部影响因素也在不断地发生变化。所以，绝对的可变性是企业资本流动安全性环境的一大特征，相对地，只是变化程度的强弱与大小有所差异而已。

1)影响因素变化的错综复杂性

企业资本流动安全性影响因素的变化，有时是单因素变化，有时是多因素变化，这就必然构成极其复杂的交互作用关系(图 3-1)。在法律与政策环境中，如果法律政策发生变化就会带来资金导向的变化，进而影响企业内部的因素规划水平；制度和文化环境的变化，就会使得管理方式变得日趋复杂，使得管理因素发生变化；技术环境的变革，迫使企业的技术必须不断创新，提高产品的科技含量，从而影响企业内部的技术因素。而这些因素的变化，必然需要大量资金的配合和支撑，必然给企业资本流动的安全性带来一定的冲击和影响。

2) 外部因素和内部因素的交互作用

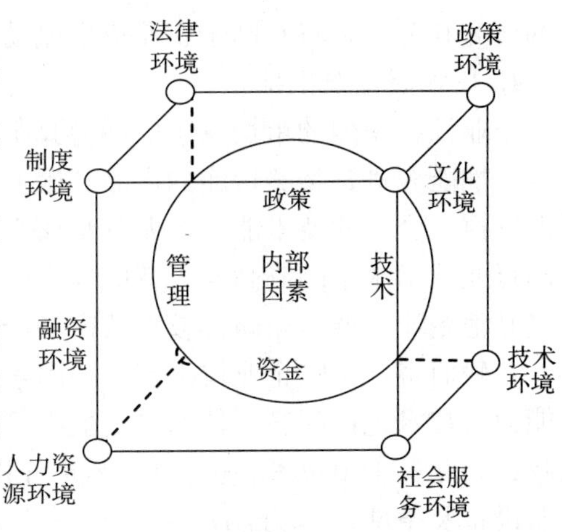

图 3-1　外部因素和内部因素交互作用

外部因素与内部因素共同影响企业资本流动的安全性，客观存在的是外部因素，内部因素不仅构成企业的组成要素，也有部分是企业作为的结果。外部环境中含有企业资本流动，企业作为或不作为、采取正确作为或错误作为，产生的效果可能是不同的。在企业的外部环境不变的前提下，内部组织结构中的各管理系统与资源配置不发生任何变化，则企业的外部环境与其内部因素会达到一种相对平衡的状态，即其外部环境不会给企业带来任何影响。但企业内部环境的相对平衡被打破时，即企业资本流动安全性的外部环境发生了变化，那么直接结果就是企业会丧失发展机遇，如果发生的是剧烈变化，企业势必会遭受损失。

企业应采取正确作为来应对资本流动安全性的外部因素变化，如果主动进行调整，适应其变化，企业会因从中获益而得到发展。但如果采取错误的作为，严重的会给企业带来无法挽回的损失。企业资本流动安全性内部因素中某个或某些要素的传导作用，都是企业应对外部因素变化所做出的反应，即企业对市场信号的反应。所以在制定企业竞争战略时发现和准确地识别市场信号是至关重要的。例如，国家一旦出台限制高能耗、高污染的产业政策，相关产业的相关部门如战略发展部门和投资管理部门，可能会向企业的高层决策者提出可行性建议，然后由高层决策者做出决策；也可能是先由高层决策者发现国家出台的相关政策会对企业产生不利影响而通知相关部门的相关人员研究对策，由其提出科学意见，然后做出决策，即这种信号的反向传导。

3.2.4　企业资本流动安全性预警评价指标

企业资本流动安全性的影响因素是指会给企业带来危机可能性的各种因素的综合。危机的显现不是“突发”的，而是一个长期的积累过程，在企业风险的促动下，慢慢形成的一个具有破坏力的“毒瘤”，遇到适宜的环境就会迅速滋生蔓延，如得不到有力的遏止，最终会侵蚀企业的生命。本书认为，技术因素及其相关联的销售、产品、经营管理等因素是影响企业安全性的核心要素，对于这些核心要素的研究和分析，将有助于企业资本流动安全性预警指标体系的建立。

1. 技术因素及指标

企业欲在激烈的市场竞争中站稳脚跟，必须不断地推陈出新，向市场提供品质好、性能先进、物美价廉的产品和服务，要做到这一点，必须有较高的技术水平做支撑。企业的技术能力，尤其是核心技术能力是其关键所在，某企业若控制着同行业技术水平的制高点，就能够生产出优质的、受消费者喜爱的、各种性能胜过其他企业的产品，赢得较大的市场份额。

一般而言，影响企业技术能力的因素主要包括企业技术人员的构成、研发投入能力、技术先进程度、技术更新能力等。对于这些因素可以设定以下指标进行反映：企业员工中技术人员比重(%)、研发投入占年收入的比重(%)和现有研发仪器设备及条件(100 分制)。

2. 产品因素及指标

企业需要组织生产活动以生产出市场需要的“适销对路”的商品，同时为了保持长期的可持续发展，企业要求将科技成果转化为生产力，并且适合商业化的批量生产，这是因为企业面临的技术风险要远远高于经营风险。例如，软件企业的软件开发成本及其保密成本基本占了产品预计销售总额的 40%～60%，但软件的销售量却是难以估计的，由于软件开发的技术运用的是当前技术，受软件开发周期的影响，很难保证软件测试结束、投放市场时其技术的先进性，在国内因为技术风险而破产的软件企业屡见不鲜。因此，企业在关注其技术本身的同时，还应关注技术运用的结果——产品。

在企业的生产中为了保证产品的技术先进性，必须关注其生产的工艺水平、新产品开发的进度与产品更新的速度等。因此，对于产品因素设置以下指标：产品更新速度(100 分制)、工艺水平(100 分制)和产品积压率(%)。

3. 营销因素及指标

任何产品最终都需要销售，对于传统企业尤其是原材料(如矿物)、生活消费品(如大米)、工业生产用材料(如钢材)等，一般可以有一定的存放周期，因而在财务管理和管理会计等相关职能部门中，强调加强企业的存货管理。科技型企业经常见到的是“零库存”问题，考虑到技术风险的缘故，这类企业总是强调最大可能地降低库存。为此，企业的销售部门在企业中占有绝对重要的地位。北京寰宇之星科技股份有限公司在其对外的三个部门中有两个是营销方面的，即“产品销售部”和“顾客服务及技术支持部”。同时，企业特别重视销售人员素质提高的问题，由于企业销售人员常常不能适应技术更新的快节奏，必须加强对销售人员的培训以推动产品销售。

因此，在企业的营销方面，通常关注产品的销售增长变化、销售途径的深度与广度、销售人员对产品的熟悉程度及销售技巧等，为此设置以下指标：销售额增长率(%)、市场竞争力及销售渠道广度(100 分制)和销售人员素质(100 分制)。

4. 管理因素及指标

企业管理是对企业的生产经营活动进行组织、计划、指挥、控制、协调等一系列职能的总称。在影响企业管理能力的要素中，企业内部控制体系运行的有效性是核心，管理者自身素质处于主导地位，管理队伍的稳定性是保障。

管理者能力的程度大小决定了组织目标的实现程度并促进管理效能的提高。有效的企业管理对企业的运作效率起到了提升的作用，为企业提供了明确的发展方向、合理的资本结构和充足的现金流，为员工提供了发展自身潜能的机会，可以源源不断地向社会提供满意的产品和服务。为此设置如下指标：内部控制制度质量(100 分制)和高层管理人员素质(100 分制)和管理人员稳定性(100 分制)。

5. 财务因素及指标

企业的财务信息是企业最为核心的信息，企业生产、经营、管理、销售的结果最终体现为财务数据，因而企业财务状况的变化也是影响企业安全性的重要因素。但应注意的是，本书阐述的财务因素是与技术因素、营销因素、管理因素并列的一个因素，是企业财务活动导致企业状况的变化，这种行为不同于企业的会计活动。在企业职能部门中，会计部门不是独立的职能部门，而是一个信息系统，因此，对企业财务报表的评价属于企业业绩评价的范畴，即企业非会计部门行为结果的"成果评价"。

本书强调的是企业财务行为对企业状态的影响，这种行为影响是指企业资金流动及其效果。企业资金流动以物资周转作为依托；同时，物资周转又反过来被企业资金流动所制约。为此，企业需要时刻关注资金的流量与存量，保持合理的风险水平。一般而言，经常用企业的盈利水平、偿债能力、资本结构及资产结构来衡量企业财务风险的水平。因此，设置如下指标：债务保障率(倍数)、资产收益率(%)、资产负债率(%)、营运资本资产比率(%)、流动比率(倍数)。

6. 政策因素及指标

政府通过调控对经济进行干预的现象普遍存在于许多国家和地区，但是调控与干预的方法、强度及范围并不相同。这些宏观经济政策在不同程度上影响着企业的财务状况和经营成果。在我国，国家运用信贷规模、利率、汇率、产业政策等经济杠杆来影响企业的生产经营状况，从而使企业能够符合国家政策目标。企业并不能准确地得到这些经济杠杆运用强度、范畴及运用时间的长短，所以在通常情况下，企业也不能避免这些经济杠杆给企业带来一定的影响。经济杠杆调控既会为企业的财务带来有利影响，也会给企业带来一定程度的不利影响。例如，实行汇率下调政策会提高企业在国外经营中涉及的资本流动成本，从而影响了企业内部的外汇平衡；银行信贷贷款幅度的下调，会减少企业的流动资金数额，造成企业资金使用紧张；银行贷款利率的上调，提高了企业利用资金的资本成本，从而增大了企业资金流动的风险；另外，汇率变动、法律颁布和施行、产业政策等都会或可能会导致企业陷入财务困境。因此，设置如下指标：国家经济政策(100 分制)、企业投资抉择与产业政策适应性(100 分制)。

3.3 影响企业资本流动安全性因素的综合归纳及评价标准

3.3.1 资本流动安全性评价体系的现状

目前，我国的综合评价体系是以财务性绩效评价为主的局部综合评价，以实现的财务成果为基础对企业进行评价。这种以“过去时”为主的评价方式，既不体现当前，也不能预见未来，缺乏战略高度，更不能将评价活动与企业战略规划有效结合起来，为提升企业价值服务。因此，本书认为资本流动安全性的前提应该是资本流动的风险和企业承担风险的能力，只有将二者有效地结合起来，才是对资本流动安全性最全面的阐述。财务管理学的企业价值评估理论认为，企业承担风险的能力是影响企业价值的主要因素。本书对资本流动安全性的研究就是站在国有企业发展战略的高度上，注重对企业长远发展潜力和持续发展能力进行评价和分析，进而提升企业抗风险能力和资本流动的安全程度，最终为提升企业价值服务。

2002 年，财政部联合劳动保障部、国家经济贸易委员会和国家发展计划委员会等部门联合发布了《企业效绩评价操作细则(修订)》。在这份细则中，有关国有资本金绩效评价和操作细则的有关规定，对国有企业的绩效考核提出了新的评价指标及标准，对原有国有企业效绩的评价方法进行了完善，对国有企业经营效绩的评价行为进行了规范，加强了对国有企业的监督管理。

针对 2008～2009 年部分中央企业过分追求规模扩张，盲目投资现象频出，低效率资本占用过大，资本运营效率不高的现象，2009 年 12 月 31 日国务院国有资产管理委员会决定，从 2010 年起对中央企业采用经济增加值(economic value added，EVA)评价法进行考核。目的在于引导中央企业避免短期行为，重视发展质量，做强主业，实现长远的可持续发展。

该评价体系是我国迄今为止最为完善的企业综合评价体系，代表了我国企业评价理论研究的现实水平，十多年来该体系评价企业的结果表明其存在着亟待解决的问题。以该评价体系为代表的综合评价主要是针对企业进行外部的行为导向和监督，企业的内部评价没有被纳入综合评价体系之中，说明我国综合评价体系还不够健全。本书研究的国有企业资本流动安全性评价将企业的内部评价和外部评价加以综合，在对企业进行外部监督和行为导向的同时，更注重企业自身风险的内部控制和完善。

3.3.2　影响企业资本流动安全性因素的综合归纳

通过对企业资本流动特点的全面分析，可以将影响企业资本流动安全性的因素归纳为以下六个方面。

1. 技术状态

科学技术在企业资本流动中具有充分渗透的作用，因此，技术及研发方面的因素必然要包含于评价体系之中。该类指标主要反映被评价的企业所承受的技术风险以及承担该类风险的能力，主要评价企业技术的先进性和适用性、技术人员在企业员工中的比重、员工素质、R&D 投入和现有研发仪器设备状况等。

2. 产品状况

为了使得资本更好地流动，企业必须将其科技成果转化为生产力。因此，企业需要进行生产活动以生产出市场需要的商品。该类指标就是反映企业在生产过程中存在的经营风险及其抵抗经营风险的能力，主要评价企业工艺生产能力、产品开发换代周期、库存积压状况等。

3. 营销水平

当产品生产出来被投放到市场上时，企业能否生存在很大程度上受企业营销能力以及市场风险的影响。该类指标就是用来反映企业市场风险及其承担风险的能力，主要评价企业市场前景、市场竞争力、销售渠道、市场接受能力和营销人员素质等。

4. 管理素质

任何企业都存在管理不够完善的问题，当企业成长到一定规模以后，管理水平往往成为制约企业发展的瓶颈。企业在建立现代企业制度的同时，必然要考虑现实的管理水平是否与发展阶段相适应的问题，努力通过有效的管理来控制企业风险，提高企业承受风险的能力。该类指标主要评价企业内部控制制度质量、高层管理人员素质、管理人员稳定性等。

5. 财务状况

财务状况是任何一个企业都不能忽视的问题。财务研究的是企业资金流动的问题，一方面，企业资金的流动依靠物资的循环周转；另一方面，企业资金的流动又反过来极大地制约物资的循环周转。因此，企业必须同时对物流和资金流进行监控。该类指标主要评价企业盈利水平、偿债能力、资本构成、资产构成状况等。

6. 政策影响

企业资本流动的安全性，往往需要以政府为代表的外部环境扶植，一旦外部环境发生变化，缺乏对环境的适应能力和控制能力的企业就会存在生存危机。因此，有必要把该类指标纳入评价体系中。该类指标主要评价国家经济政策对企业的影响、企业投资抉择与产业政策适应性等。

需要说明的是，虽然上述影响企业资本流动安全性的因素均出现于企业的发展过程之中，但是，在企业的不同发展阶段，上述因素对企业资本流动安全性的影响程度是不同的。例如，在初创期，技术因素可能是影响企业资本流动安全性的最主要的因素，但是，一旦企业进入成熟期，管理水平对资本流动安全性的影响程度将会逐渐加大，超过技术因素的影响。所以，在对企业资本流动安全性因素进行评价时，需要充分考虑被评价企业所处的发展阶段以及各种因素对安全性的影响程度。这种影响程度的差别主要体现在指标权重的设置上，这一点在后面的指标权重设置和实证分析中会有更深入的论述。

3.3.3 企业资本流动安全性指标的说明及评价标准

1. 企业资本流动安全性评价指标体系

综合以上影响因素，企业安全性评价指标体系及单位如表 3-2 所示。

表 3-2 企业安全性评价指标体系及单位

	一级	二级
企业安全性评价指标体系	A_1技术状态	A_{11}企业员工中技术人员比重(%)
		A_{12}研发投入占年收入的比重(%)
		A_{13}现有研发仪器设备及条件(100 分制)
	A_2 产品状况	A_{21}产品更新速度(100 分制)
		A_{22}工艺水平(100 分制)
		A_{23}产品积压率(%)
	A_3 营销水平	A_{31}销售额增长率(%)
		A_{32}市场竞争力及销售渠道广度(100 分制)
		A_{33}销售人员素质(100 分制)
	A_4 管理素质	A_{41}内部控制制度质量(100 分制)
		A_{42}高层管理人员素质(100 分制)
		A_{43}管理人员稳定性(100 分制)
	A_5 财务状况	A_{51}债务保障率(倍数)
		A_{52}资产收益率(%)
		A_{53}资产负债率(%)
		A_{54}营运资本资产比率(%)
		A_{55}流动比率(倍数)
	A_6 政策影响	A_{61}国家经济政策(100 分制)
		A_{62}企业投资抉择与产业政策适应性(100 分制)

2. 各指标的说明及评价标准

(1)企业员工中技术人员比重(%)。该指标主要用于分析企业的研发能力。对于企业而言，技术人员的层次与水平从根本上决定着企业发展的前途。计算涉及的数据主要为专业职工情况资料。计算公式为

$$\text{企业员工中技术人员比重} = \frac{\text{当期技术人员}}{\text{当期企业员工数}} \times 100\%$$

(2)研发投入占年收入的比重(%)。该指标主要说明企业的科研投入情况，企业的研发投入一般来说很难具体划分清楚，因为研发投入不仅包括新技术新产品的开发与研制，也包括相应的资产购置等。因此，只要是企业对于新技术新产品的开发投入都是企业的研发投入。使用的数据涉及企业当期重大研发项目投资、技术引进活动与技术改革投资等情况的资料。计算公式为

$$\text{研发投入占年收入的比重} = \frac{\text{当期研发投入}}{\text{当期销售收入净额}} \times 100\%$$

(3)现有研发仪器设备及条件(100 分制)。工欲善其事，必先利其器。本指标主要评价企业研发设备的先进程度。分析可以结合行业资料确定，企业资料主要包括科研设备的种类、行业参数、实验(试验)条件、实验的历史情况记录等。

(4)产品更新速度(100 分制)。该指标主要分析企业新产品的研发速度，是企业研发能力在产品上的体现。涉及的资料主要是企业新产品开发、上市时间周期。

(5)工艺水平(100 分制)。该指标主要评价企业主要生产设备的先进程度、行业内的技术水平。计算时主要分析企业设备的技术参数与行业标准的比较结果。

(6)产品积压率(%)。如前所述，企业面临巨大的技术风险，很大程度上都体现在产品的时效性上，企业产品生产后必须尽快销售出去，因此，企业产品积压对于企业来说影响甚大。计算公式为

$$\text{产品积压率} = \frac{\text{当期库存商品} - \text{前期库存商品}}{\text{前期库存商品}} \times 100\%$$

(7)销售额增长率(%)。企业业绩在很大程度上体现在销售水平上，只有具有丰厚的销售收入，企业才有充足的资金用于发展，因此，销售的增长对于企业至关重要。企业的销售增长在很大程度上体现为企业现金的增长，尤其是技术含量高的软件类企业。例如，北京寰宇之星科技股份有限公司某年某软件销售总量为 90 000 份，单价为 50 元(基本采用零售与代理的方式)，年底收金 450 万元，都是现金。因此，企业销售收入的增加不仅关系到企业利润的增长，同时也体现了企业现金支付能力的提高。所用数据从企业财务资料上即可查到。计算公式为

$$\text{销售额增长率} = \frac{\text{当期销售收入} - \text{前期销售收入}}{\text{前期销售收入}} \times 100\%$$

(8)市场竞争力及销售渠道广度(100分制)。该指标主要考察企业主导产品的技术含量、功能、质量水平、品牌优势等因素决定的产品综合市场竞争能力。这种能力的高低可以借助于企业销售收入的净额与行业销售收入的净额进行比较确定。销售渠道主要用于评价企业销售途径的广度和深度。

(9)销售人员素质(100分制)。该指标主要评价企业销售的发展后劲，主要分析销售人员的学历构成、销售业绩、新营销理念贯彻水平。

(10)内部控制制度质量(100分制)。许多企业一般都没有健全的组织制度，因此，不能把公司治理结构的全部标准用于所有的企业。使用该指标可以较好地反映企业的组织状态、管理水平。涉及的资料包括企业的有关管理制度、激励措施等。

(11)高层管理人员素质(100分制)。该指标用于考察企业的发展后劲，主要分析高层管理人员的学历构成、经营业绩、新管理理念贯彻水平等。

(12)管理人员稳定性(100分制)。高层管理人员的稳定性对于企业的发展来说十分重要。如果企业短时间内频繁更换董事长、总经理、财务经理等重要管理人员，企业的经营必定受到严重影响。评价时主要分析一定期间内企业高层管理人员的变动情况。

(13)债务保障率(倍数)。该指标主要考察企业经营现金净流量偿还全部债务的能力，指标值越大，偿还时间越长，说明企业现金不足，偿债能力低。所用资料包括企业财务报告、借贷资金的有关记录材料。计算公式为

$$债务保障率=\frac{债务总额}{经营活动现金净流量}$$

(14)资产收益率(%)。该指标考察企业资产的获利能力，收益率越高，获利能力越强，企业就越安全。所用资料主要为企业财务报告及相关账务记录资料。计算公式为

$$资产收益率=\frac{净利润}{资产总额}\times 100\%$$

(15)资产负债率(%)。该指标也称为“负债比率”，表明企业资产中有多少是经过负债筹集的。指标越大，企业偿债能力就越差。所用资料包括企业财务报告、借贷活动的有关记录材料。计算公式为

$$资产负债率=\frac{负债总额}{资产总额}\times 100\%$$

(16)营运资本资产比率(%)。该指标用于衡量企业流动资产净额(营运资本=流动资产－流动负债)占资产总额的比例。通常情况下，一个企业如果有持续的经营损失，该比率就会逐渐下降。计算公式为

$$营运资本资产比率=\frac{流动资产-流动负债}{当期资产总额}\times 100\%$$

(17)流动比率(倍数)。该指标考察企业流动资产与流动负债的对比状况，指标值越大，偿债能力越强，但太高的流动比率表明企业资产利用率低，获利能力低。因此，该指标是一个稳定型的指标，一般企业适中值为 2∶1，具体数值要依企业的实际情况而定。计算公式为

$$流动比率=\frac{流动资产}{流动负债}$$

(18)国家经济政策(100 分制)。这是企业外部宏观变量影响因素，对于高成长的科技型企业来说，由于风险较高，因而需要国家政策的扶持。确定该指标值时要系统分析国家宏观政策对企业的影响程度。

(19)企业投资抉择与产业政策适应性(100 分制)。该指标是从企业自身适应性的角度分析企业对行业政策的利用程度。分析该指标时要结合企业的生产、销售状况进行。

对于上述指标，作如下说明。

首先，在上述指标的选择上，包括定性指标和定量指标两大类。其中，定量指标主要以财务指标为主，定性指标通常为无法用财务和其他数据度量的指标。定性指标在企业评价过程中主要根据企业各个阶段的特征，同时考虑技术、管理、市场等各个方面的影响作用，往往是无法量化的。因此，在对企业进行评价时所选择的指标不仅应该包括财务性指标，还应该包括非财务性指标。

其次，评价主体针对被评价企业的特点和企业发展所处的阶段，对上述指标的取舍具有一定的选择权。在评价过程中，基本指标必须纳入评价过程之中。但是对于可选择指标，评价主体可以根据实际情况决定取舍，增强指标体系的广泛适用性和满足指标体系个性化的要求。另外，该指标体系也可以根据实际情况建立三级指标而将指标体系进一步细化。例如，对于“管理素质”指标，可以将其继续分解为“专业能力”“工作经验”“战略眼光”三级指标。

最后，在各个指标权重的确定上，采用定性定量相结合的方法，评价对象不同，对各个指标所赋予的权重也随之调整变化，以适应不同的评价对象。

3.4　企业资本流动安全性预警评价模型

3.4.1　资本流动安全性预警模型的现状

20 世纪初是企业资本流动安全性预警问题产生的萌芽时期，在 1950～1960 年得到了快速的发展，预警问题研究的中心任务主要为宏观经济检测服务；在 80 年代中期起源于美国的企业危机管理研究和策略震撼了企业管理研

究领域，学者们将预警问题研究视角转移到微观领域——企业预警管理方面。Ohlson(1980)把目光放到了非线性回归方法上，提出了多元逻辑模型和多元概率比模型。Daily 和 Dalton (1994)针对企业破产和公司治理结构关系进行研究，以1972～1982年57家破产公司为样本，采用57家公司破产前5年的数据资料，利用Logit方法构建了企业财务危机预警模型，解释变量包括董事会组成情况、董事长兼任总经理的组织构架和管理构架，对财务危机的预警情况进行了研究。野田武辉(1999)提出的野田式企业定力测定法，以及由Odom和Sharda(1990)研究的倒传递神经网络模型等都为财务预警理论的探讨做出了杰出的贡献。

我国对财务预警有关问题的研究起始于20世纪80年代末。研究主要集中于企业危机预警，拉开了我国预警理论研究的序幕。进入21世纪以来，有关预警的研究从理论探讨阶段过渡到实证研究阶段。张玲(2000)通过对120家公司进行预警研究，利用其中60家公司的财务数据进行二类线性判别模型的估计，并使用另外60家公司的财务数据对二类线性判别模型进行了检验，发现该模型对4年之后的结果都可以进行预测。吴世农和卢贤义(2001)选取了特别处理(special treatment，ST)样本公司、非ST样本公司各70家，分别运用线性判定模型、线性概率模型和Logistic回归多变量判定模型，对各种模型在财务困境中预测的效率进行了比较。张月祥和马东江(2002)指出，公司在建立财务风险控制机制的时候，可以采取事前控制、事中控制及事后弥补等手段来实现其目的。贾秀玲(2007)的研究重点主要集中于挖掘集团公司财务及财务风险的特征，分别从主观和客观方面分析了集团公司财务风险形成的原因。通过全面的分析发现集团公司的财务风险无法完全规避，只能运用科学手段减少财务风险带来的危害。张云宁和管威(2007)在研究施工安全性特征的基础上，提出了施工安全性评价指标体系，结合人工神经网络模型，提出了基于人工神经网络的施工安全性预警模型，最后结合实例验证了该安全预警模型的可行性。肖群鹰和朱正威(2008)建构了预警系统参与要素协作模型和预警临界值选择模型，提出了提升预警预测精度和时间效率的途径与方法。孔宁宁和魏韶巍(2010)在对国内外财务预警研究进行系统分析的基础上，选择主成分分析法和Logistic回归法，构建了财务预警模型，比较分析了我国制造业上市公司判别效果。谭春枝和龚雪(2011)从预警指标体系的选择和指标合成两方面对卡明斯基、利佐多和莱因哈特创建的信号法进行了改进，并在此基础上构建了泛北部湾各国金融安全预警系统。利用东南亚金融危机发生前及美国金融危机发生前泛北部湾国家的经济指标对所构建的预警系统进行实证检验。

综上所述，国内外学者在安全性预警的研究方面做了大量开创性的工作，为今后的研究奠定了基础。但是大多数模型及指标并不完全适合我国国有企业的实际情况，缺乏有针对性的指标体系。特别是结合国有资本流动安全性来进行财务预警研究的文章也不多，本书认为预警模型的建立应该从企业内部因素分析入手，以影响资本流动安全性的各种因素为自变量，建立安全性因素变动综合模型，采用科学办法判断各自变量变动对于因变量(资本流动)的影响程度，从而确定资本流动的安全状态。

3.4.2 适应模型需要的原始数据的选取及处理

建立企业资本流动安全性评价指标体系后，就可以收集和确定相应指标的原始数据。原始数据的取得有两种方法，对于不同的指标采取不同的方法。

1. 指标原始数值计算法

这种方法主要是指通过指标内涵，用相应的原始数据计算求得指标的数值。很明显，此类指标的相关数值一定容易取得，满足此要求的指标多为定量化的指标。根据 3.3 节所建立的指标体系，有 9 个二级指标可以采用这种方法计算确定。原始数值计算法类指标见表 3-3。

表 3-3 原始数值计算法类指标

一级	二级
A_1技术状态	A_{11}企业员工中技术人员比重(%)
	A_{12}研发投入占年收入的比重(%)
A_2 产品状况	A_{23}产品积压率(%)
A_3 营销水平	A_{31}销售额增长率(%)
A_5 财务状况	A_{51}债务保障率(倍数)
	A_{52}资产收益率(%)
	A_{53}资产负债率(%)
	A_{54}营运资本资产比率(%)
	A_{55}流动比率(倍数)

2. 专家估测法

此方法表明指标的原始数据很难取得，只能通过调查、分析的方式，采用统计学(如趋势回归分析)的方法，通过专家估计或预测指标的数值。这类指标的数值带有很大的不确定性，为了使数据逼近企业的真实情况，可以扩大调查的样本量，采用统计的方法对数据进行处理后获得。根据第 3.3 节所建立的指标体系，有 10 个二级指标可以采用这种方法确定。专家估测法类指标见表 3-4。

表 3-4 专家估测法类指标

一级	二级
A_1技术状态	A_{13}现有研发仪器设备及条件(100 分制)
A_2 产品状况	A_{21}产品更新速度(100 分制)
	A_{22}工艺水平(100 分制)
A_3 营销水平	A_{32}市场竞争力及销售渠道广度(100 分制)
	A_{33}销售人员素质(100 分制)
A_4 管理素质	A_{41}内部控制制度质量(100 分制)
	A_{42}高层管理人员素质(100 分制)
	A_{43}管理人员稳定性(100 分制)
A_6 政策影响	A_{61}国家经济政策(100 分制)
	A_{62}企业投资抉择与产业政策适应性(100 分制)

3.4.3 灰预测系统理论及方法

1. 模型构建方法分析

建模的前提条件是：进入建模的指标间的先行、同步、滞后关系应当一致，否则指标不能直接用于建立模型。在社会经济领域，宏观经济分析中，指标间一般存在明显的先行、同步、滞后关系；而在微观经济分析中，指标间一般不存在明显的先行、同步、滞后关系。因此，上述数据只能用于历史数据和现时数据的分析建模上，在企业评价中一般用于企业业绩评价建模和特定活动的业绩评价建模中。由于微观企业指标不存在明显的先行关系，因此，历史数据和现时数据不能直接用于预测用途的建模。

企业预警系统首先强调一个“预”字。预警系统不仅仅是对企业过去与目前财务状况的分析与评价，更重要的是它面向未来，关注企业在可预见的未来可能面临的状况，强调对企业未来状况的预测。历史数据“面向历史”，关注企业过去与现在的经营结果和状况。尽管“历史是未来的镜子”，对过去与现在信息的分析在一定程度上可以间接地成为企业未来状况的指示器，但预警首要的内容是预测，为了达到预警的目的，所用的数据必须建立在预测的基础上。可以采用合适的预测方法，对评价期间的原始数据进行预测处理，然后用预测数据建模，就可以保证企业的安全性预警评价与各指标间存在密切的同步关系。同时，预警的目的在于知道企业未来的状态，这种状态体现在企业上述各指标上，由于指标众多，不能用未来的一个指标说明企业的整体状态，因此，需要建立合适的模型将各指标进行综合。

在上述的原始数据中，对于百分制的指标本来就是通过专家分析统计的方法预测估计的指标值，因此，这类指标不需要再进行预测，可以直接通过专家预测取得。相关指标见表 3-4。

比率类的指标基本都存在一定的长期变化趋势，这种趋势一般不能直接通过专家估计的办法取得，可以通过分析企业的管理状况，从而模糊定义其管理的好坏及未来的趋势。但是企业的资产收益率则不然，因为资产收益率存在较为稳定的变化趋势，可以采用趋势分析的统计方法进行预测分析。

目前的经济预测方法很多，其中比较成熟的有多元回归模型、马尔柯夫模型、时间序列模型等。从概率统计的角度讲，运用趋势分析有一个前提条件，即数据的“大量性”，如对于某地区降雪日期的预测至少需要10年的数据。由于我国市场经济发展的历史不长，许多新兴企业发展的历史较短，原始数据积累这一基础工作较薄弱，有关数据经常残缺不全，数据量很有限。因此，我国企业的数据呈现“少数据”的特点，传统的预测方法很难适应，为此本书特引入仅需要少量数据(最少可以为4个)就可进行趋势预测的灰预测系统理论进行企业趋势数据的预测处理。此方法属于工科自动化控制领域的技术，所用预测模型为灰色GM(1，1)模型。

2. 灰色预测基本理论

灰色系统理论由在华中科技大学(原华中理工大学)任教授一职的邓聚龙教授首次提出，并由他对该理论进行了进一步的发展研究，该理论通过对灰色系统的一系列研究，主要分为分析、建模、预测、决策、控制理论，并结合了数学的方法通过把系统论、信息论、控制论三种理论观点和方法联系到社会、经济、生态等系统中，研究出能够解决信息不完备系统及灰色系统的方法和相关理论。

所谓灰色系统，是指部分信息已知、部分信息未知的系统，信息不完全是其特征。灰色理论系统白化的问题以及灰元处理的问题，是通过从结构、模型及关系上使系统白度增加或者使系统由灰变白，使人们对系统的认识逐步加深，最后从变化规律中提取出所需要的信息。

灰色系统理论在研究离散函数性质的基础上，通过关联分析，确定建模所需变量，得到关于离散数据建立的微分方程，从而建立一个相关的动态模型，即灰色模型，充分开发利用较少数据中的显信息和隐信息。它认为时间序列中拥有着大量的信息，并包含用来参与系统动态过程的其他变量。

例如，设 $\{\boldsymbol{X}_0(t)\}$ 是从时间序列中取出的变量值的集合，一般的方法是假设存在其他变量 $\{\boldsymbol{Y}_k(t)\,|\,k=1,2,\cdots,m\}$ 也参与了某个动态过程，因此，需要通过分析筛选出 n 个主要的控制变量，建立相关的数学模型。通过灰色理论原理就可以根据 $\{\boldsymbol{X}_0(t)\}$ 的信息去建立这个动态过程。对 $\{\boldsymbol{X}_0(t)\,|\,t=1,2,\cdots,n\}$ 通过累加序列累加生成 $\boldsymbol{X}_0^{(1)}(t)=\sum_{k=1}^{n}\boldsymbol{X}_0(t)$，然后建模，再从 $\{\boldsymbol{X}_0(t)\}$ 中取部分连续数据，如：

$\boldsymbol{X}_0(1)$，$\boldsymbol{X}_0(2)$，…，$\boldsymbol{X}_0(n-2)$，$\boldsymbol{X}_0(n-1)$

$\boldsymbol{X}_0(1)$，$\boldsymbol{X}_0(2)$，…，$\boldsymbol{X}_0(n-2)$

$\boldsymbol{X}_0(3)$，$\boldsymbol{X}_0(4)$，…，$\boldsymbol{X}_0(n-1)$，$\boldsymbol{X}_0(n)$

……

只要从 $\{\boldsymbol{X}_0(t)\}$ 中取得的连续数据有 4 个或 4 个以上，就可以通过累加序列累加生成来建立数学模型，从而获得许多信息，用来重建系统的动态过程。

综上所述，利用灰色系统理论可以通过较少的数据建立微分方程模型，从而进行动态信息的开发、利用和加工。

3.4.4 灰色 GM 模型

设数列 x 共有 n 个观察值：$x(1),x(2),\cdots,x(n)$ 。

对数列 x 进行级比分析：

$$\text{级比 } \sigma(m)=\frac{x(m-1)}{x(m)} \tag{3-1}$$

$\sigma(m)$ 应满足 $\sigma(m)\in(e^{-\frac{2}{n+1}},e^{\frac{2}{n+1}})$，如果 x 不满足此条件，则不能立即建模，需要对 x 进行对数变换或方根变换或平移变换，再次进行级比分析，直到满足要求为止。

数据变化中的对数和方根方法要求数据值大于零，而经济数据中众多的数据呈现正负不等的分布状态，因此，不能采用这两种方法，只能使用平移变换的方法。基本方法如下：

设定 ε 为一较小值[此值应属于 $(1-e^{-\frac{2}{n+1}},1-e^{\frac{2}{n+1}})$]，令

$$\Delta x(k)=|x(k)-x(k-1)| \tag{3-2}$$

则有

$$Q(k)=\frac{\Delta x(k)}{\varepsilon}-x(k) \tag{3-3}$$

因此有

$$Q=\max_k Q(k) \tag{3-4}$$

将原序列 $x(1),x(2),\cdots,x(n)$ 各值加上 Q 得到新的序列 $x^{(0)}$ ：

$$x^{(0)}(1),x^{(0)}(2),\cdots,x^{(0)}(n)$$

此序列建模就可以保证级比偏差很小，$x^{(0)}$ 的级比也就满足 $\sigma(m)\in(e^{-\frac{2}{n+1}},e^{\frac{2}{n+1}})$ 的要求。

对 $x^{(0)}$ 作累加序列累加生成，得到新的数列 $x^{(1)}$ ：

$$x^{(1)}(i)=\sum_{m=1}^{i}x^{(0)}(m)\ (i=1,2,\cdots,n)$$

若令

$$z^{(1)}(k)=0.5(x^{(1)}(k)+x^{(1)}(k-1))$$

对数列 $x^{(1)}$ 可建立预测模型：

$$x^{(0)}(k)+az^{(1)}(k)=b \tag{3-5}$$

其白化形式方程为

$$\frac{\mathrm{d}x^{(1)}}{\mathrm{d}t}+ax^{(1)}=b \tag{3-6}$$

其中，a、b 为待估计参数；a 为发展系数，b 为灰作用量。

由式(3-5)得

$$x^{(0)}(k)=-az^{(1)}(k)+b \tag{3-7}$$

令

$$\boldsymbol{B}=\begin{bmatrix}-0.5(x^{(1)}(1)+x^{(1)}(2)) & 1\\ -0.5(x^{(1)}(2)+x^{(1)}(3)) & 1\\ \vdots & \vdots\\ -0.5(x^{(1)}(n-1)+x^{(1)}(n)) & 1\end{bmatrix}$$

$$\boldsymbol{y}_n=[x^{(0)}(2),x^{(0)}(3),\cdots,x^{(0)}(n)]^{\mathrm{T}}$$

则有

$$\boldsymbol{y}_n=\boldsymbol{B}\cdot P$$

设 $\hat{\boldsymbol{p}}$ 为待估计参数向量：

$$\hat{\boldsymbol{p}}=\begin{bmatrix}a\\ b\end{bmatrix}$$

按最小二乘法求解得

$$\hat{\boldsymbol{p}}=(\boldsymbol{B}^{\mathrm{T}}\boldsymbol{B})^{-1}\boldsymbol{B}^{\mathrm{T}}\boldsymbol{y}_n \tag{3-8}$$

将式(3-8)展开，得

$$a=\frac{\sum_{k=2}^{n}z^{(1)}(k)\sum_{k=2}^{n}x^{(0)}(k)-(n-1)\sum_{k=2}^{n}z^{(1)}(k)\cdot x^{(0)}(k)}{(n-1)\sum_{k=2}^{n}z^{(1)}(k)^2-\left(\sum_{k=2}^{n}z^{(1)}(k)\right)^2} \tag{3-9}$$

$$b=\frac{\sum_{k=2}^{n}x^{(0)}(k)\sum_{k=2}^{n}z^{(1)}(k)^2-\sum_{k=2}^{n}z^{(1)}(k)\sum_{k=2}^{n}z^{(1)}(k)x^{(0)}(k)}{(n-1)\sum_{k=2}^{n}z^{(1)}(k)^2-\left(\sum_{k=2}^{n}z^{(1)}(k)\right)^2} \tag{3-10}$$

令

$$C=\sum_{k=2}^{n}z^{(1)}(k)\ ;D=\sum_{k=2}^{n}x^{(0)}(k)\ ;E=\sum_{k=2}^{n}z^{(1)}(k)\cdot x^{(0)}(k)\ ;F=\sum_{k=2}^{n}z^{(1)}(k)^2$$

则

$$a=\frac{CD-(n-1)E}{(n-1)F-C^2} \tag{3-11}$$

$$b=\frac{DF-CE}{(n-1)F-C^2} \tag{3-12}$$

将 a、b 代入式(3-6)，并解微分方程，有GM(1，1)白化模型为

$$\hat{x}^{(1)}(k+1)=\left(x^{(0)}(1)-\frac{b}{a}\right)e^{-ak}+\frac{b}{a} \tag{3-13}$$

$$\hat{x}^{(0)}(k+1)=\hat{x}^{(1)}(k+1)-\hat{x}^{(1)}(k) \tag{3-14}$$

至此，便求得相应指标的预测值 $\hat{x}^{(0)}(k)$，对 $\hat{x}^{(0)}(k)$ 还原，各指标均减去前面加入的平移值 Q 便得到指标的预测值 $\hat{x}(k)$。

3.4.5 层次分析法及权重确定

安全性预警评价是建立在预警指标的综合之上的，而指标综合需要合理的指标权重。企业安全性预警评价考虑的因素很多，不仅包括定量因素也包括定性因素，不仅包括财务指标也包括非财务指标，在进行评价判断时，这些指标必然存在孰轻孰重的比较问题，它们的重要程度不可能是一致的，可是其重要性及先后顺序很难量化，此时人们只能根据客观情况进行主观判断，但这种主观判断在数量分析上很难运用。因此，美国运筹学家托马斯·沙旦(T. L. Saaty)等于20世纪70年代提出了一种能有效处理定性与定量指标混合而比较它们重要程度的实用方法，即层次分析法。这种方法的特点是系统并具有层次性，该方法将定量与定性有效地结合在一起，具有坚实的理论基础和自身的特点，结合企业安全性预警评价特性(大量的非财务指标及少数据等)，本书选用此方法来确定各指标的权重。

1. 层次分析法原理

1)层次分析法的定义

层次分析法是指定性与定量相结合，通过对多目标决策进行分析的方法。层次分析法的突出特点是量化了决策者的经验判断，具有系统性、简洁性、灵活性、实用性等特点，所得结论明确，应用性广。在目标结构复杂且缺乏必要数据的情况下更为适用。

2)层次分析法的基本原理

层次分析法是基于重量模型的一种决策方法。重量模型原理可以表示为：将 n 个物体 $\mu_1, \mu_2, \cdots, \mu_n$ 作为元素，用 g_1，g_2，…，g_n 来表示元素的重量。物体的重量为未知，用公式 $b_{ij}=\dfrac{g_i}{g_j}$ 作为两个元素的比。将其之间的比值构成 $n\times n$ 矩阵 $\mathbf{A}$，则该矩阵 $\mathbf{A}$ 如下：

$$\boldsymbol{A}=\begin{pmatrix} g_1/g_1 & g_2/g_1 & \cdots & g_n/g_1 \\ g_1/g_2 & g_2/g_2 & \cdots & g_n/g_2 \\ \vdots & \vdots & & \vdots \\ g_1/g_n & g_2/g_n & \cdots & g_n/g_n \end{pmatrix}=\begin{pmatrix} b_{11} & b_{21} & \cdots & b_{n1} \\ b_{12} & b_{22} & \cdots & b_{n2} \\ \vdots & \vdots & & \vdots \\ b_{1n} & b_{2n} & \cdots & b_{nn} \end{pmatrix}$$

其中，b_{ij}（$1 \leqslant i,j \leqslant n_1$）满足：

(1) $b_{ij} > 0$；

(2) $b_{ij} = \dfrac{1}{b_{ji}}$；

(3) $b_{ij} \times b_{jk} = b_{ik}$。

满足条件(1)和条件(2)的矩阵 b_{ij} 可以定义为正互反矩阵，满足条件(3)的正互反矩阵，我们把它定义为具有一致性。

A 矩阵具有如下性质：若用重量向量

$$\boldsymbol{g}=(g_1,g_2,\cdots,g_n)^{\mathrm{T}}$$

右乘 **A** 矩阵，得到

$$\boldsymbol{A}\cdot\boldsymbol{g}=\begin{pmatrix} g_1/g_1 & g_2/g_1 & \cdots & g_n/g_1 \\ g_1/g_2 & g_2/g_2 & \cdots & g_n/g_2 \\ \vdots & \vdots & & \vdots \\ g_1/g_n & g_2/g_n & \cdots & g_n/g_n \end{pmatrix}\cdot\begin{pmatrix} g_1 \\ g_2 \\ \vdots \\ g_n \end{pmatrix}=n\begin{pmatrix} g_1 \\ g_2 \\ \vdots \\ g_n \end{pmatrix}=n\boldsymbol{I}\cdot\boldsymbol{g}$$

即

$$(\boldsymbol{A}-n\boldsymbol{I})\cdot\boldsymbol{g}=0$$

由矩阵理论可以验证，**g** 为矩阵 **A** 的特征向量，n 为矩阵 **A** 的最大特征值。当 **g** 未知时，则可以根据决策者对物体之间两两相比的关系主观做出比值判断。对 **g** 归一化可以得出公式 $\boldsymbol{W}=(W_1,W_2,\cdots,W_j)^{\mathrm{T}}$，其中，$W_j=\dfrac{g_j}{\sum g_i}$，**W** 为相对权向量，其顺序根据 **W** 对元素 μ 重量的大小来确定。

在运用层次分析法时，满足条件(1)和条件(2)的矩阵 **A** 称为判断矩阵，求出矩阵 **A** 的特征向量和最大特征值，通过一致性检验对所得到的结果进行验证，得到合格的结果后，用量化归一的方法对最大特征值进行量化，利用得到的相对权向量对元素进行排序。

3)层次分析法的实施步骤

运用该方法确定权重大体上可以分为四个步骤：①构造层次结构；②判断矩阵的设计；③计算矩阵中相对权；④计算方案对系统目标的合成权。其中，运用层次分析法解决问题的关键步骤为②和③。

2. 判断矩阵的建立

层次结构的构造在指标确定的过程中已经完成，而层次分析法的出发点是建立判断矩阵。层次分析法以每个层次中各元素之间的相互重要性作为人们判断的信息基础，主要以定性为主。将这些判断以数值的形式表现出来形成矩阵，就产生了判断矩阵。

为了使各个因素之间进行两两比较得到量化的判断矩阵，引入 1～9 标度。根据心理学家的研究发现，人们区分信息等级的极限能力为 7 ± 2，所以特制定表 3-5。

表 3-5 判断矩阵标度及其含义

标度 b_{ij}	定义
1	i 因素与 j 因素同等重要
3	i 因素比 j 因素略重要
5	i 因素比 j 因素较重要
7	i 因素比 j 因素非常重要
9	i 因素比 j 因素绝对重要
2,4,6,8	为以上两判断之间的中间状态的标度值
倒数	若 j 因素与 i 因素比较，判断值为 $b_{ij}=\frac{1}{b_{ji}}$

因此，构建判断矩阵 $\mathbf{A}(b_{ij})$ 如表 3-6 所示。

表 3-6 判断矩阵

影响因素	A_1	A_2	…	A_n
A_1	b_{11}	b_{12}	…	b_{1n}
A_2	b_{21}	b_{22}	…	b_{2n}
…	…	…	…	…
A_n	b_{n1}	b_{n2}	…	b_{nn}

对于上述 n 阶判断矩阵，只要求出其上三角阵或者下三角阵中给出的一个判断值，取其倒数即为其对应位置上的判断值。利用先前的数据资料、研究学者对评价对象的认识及专项专家的意见，可以综合平衡地得出判断矩阵的数值。根据本书 3.3 节确立的企业安全性预警评价指标体系，可以建立判断矩阵，如表 3-7、3-8 所示。

A_2、A_3、A_4、A_5、A_6 的判断矩阵类似于判断矩阵 2，如表 3-8 所示。

表 3-7 判断矩阵 1

影响因素	A_1	A_2	A_3	A_4	A_5	A_6
A_1技术状态	1	*	*	*	*	*
A_2产品状况		1	*	*	*	*
A_3营销水平			1	*	*	*
A_4管理素质				1	*	*
A_5财务状况					1	*
A_6 政策影响						1

表 3-8 判断矩阵 2

A_1	A_{11}	A_{12}	A_{13}
A_{11}企业员工中技术人员比重	1	*	*
A_{12}研发投入占年收入的比重		1	*
A_{13}现有研发仪器设备及条件			1

3. 判断矩阵的一致性检验

通过专家对上述判断矩阵所做的判断，各矩阵满足 $A_{ij}>0$ 与 $A_{ij}=\frac{1}{A_{ji}}$ 这两个条件，合格矩阵及对合格矩阵主要是指可以通过一致性检验并合格后的一些满足条件的矩阵。

对判断矩阵是否具有完全的一致性的判断，是通过是否满足条件 $A_{ij}=A_{ik}\times A_{kj}(i,k,j=1,2,3,\cdots,n)$ 来确定的。但事实上，要每一个判断矩阵都满足完全一致性几乎是不可能的，其原因在于在实践的过程中客观事物具有复杂性以及人们的认识具有多样性。在建立判断矩阵时需要对各个判断矩阵进行一致性检验，以验证其合理性。

对于任何逆称矩阵而言，$\lambda_{\max}\geqslant n$，$\lambda_{\max}$ 为判断矩阵的最大特征根，n 为矩阵的阶数。沙旦运用一致性指标与随机一致性指标来衡量 $\boldsymbol{A}$ 的不一致程度，一致性指标称为相容性指数 CI，计算公式如下：

$$\mathrm{CI}=\frac{\lambda-n}{n-1} \tag{3-15}$$

随机指数的平均数可以用随机一致性指标 RI 来表示。随机指数定义为逆称矩阵的相容性指数 CI，这些指数均为随机生成。沙旦等通过对沃顿管理学院、美国橡树岭国家实验室的计算结果计算，得出如表 3-9 所示的数据。

表 3-9 相容性指数平均数表

矩阵阶数	1	2	3	4	5	6	7	8
RI	0.00	0.00	0.58	0.90	1.22	1.24	1.32	1.41
矩阵阶数	9	10	11	12	13	14	15	
RI	1.45	1.49	1.51	1.54	1.56	1.57	1.59	

检验时利用相容比来确定 $\boldsymbol{A}$ 的一致性为 CR，计算公式如下：

$$\mathrm{CR}=\frac{\mathrm{CI}}{\mathrm{RI}} \tag{3-16}$$

通过分析可以得出，对判断矩阵满足一致性的判断为 CR$\leqslant$0.1，如果满足条件，则说明判断矩阵有资格参加下一步的综合排序。没有通过一致性检验，同时不满足一致性并且判断存在矛盾的判断矩阵，应重新考虑判断矩阵的取值问题，重新进行成对比较或对 $\boldsymbol{A}$ 进行部分修正，再次检验。

4. 指标权重的计算

1)单层次排序

单层次排序的定义为通过计算判断矩阵，以上一层的元素作为参照，对本层次与上一层次关联性大小进行排序。判断矩阵特征向量的求解以及对特征值的计算也可以通过单层次排序来转化。即判断矩阵 **A** 满足：

$$\boldsymbol{AW} = \lambda_{\max}\boldsymbol{W} \tag{3-17}$$

其中，$\lambda_{\max}$ 为 **A** 的最大特征根，把 **W** 作为对应元素单排序的权重，**W** 为对应于 $\lambda_{\max}$ 的正规化特征向量。因此，矩阵的最大特征根及其对应的特征向量的计算成为层次分析单排序计算的根源问题。

2)层次总排序

层次总排序是对本层次所有元素的权值的计算，该权值是通过计算相对于上一层次而言比较重要的同一层次中单层次排序的结果得到的。假设已经完成了上一层次所有元素（A_1，A_2，…，A_m）的层次总排序，得到的权值分别为 a_1，$a_2,\cdots,a_m$，其中与 a_i 对应的本层次元素（A_{i1}，A_{i2}，…，A_{in}）的权重为 b_{i1}，$b_{i2},\cdots,b_{in}$，则有层次总排序：

$$\boldsymbol{W}A_{ij} = a_i b_{ij}(1 \leqslant i \leqslant m, 1 \leqslant j \leqslant n) \tag{3-18}$$

根据上述公式就可以计算出各指标层次总排序的结果，以此作为各指标的权重。

上述计算方法属于定义型计算办法，在应用层次分析法确定企业安全性评价指标体系的权重时需要进行大量的运算，尤其是在指标体系越复杂，指标数量越多的情况下，同时矩阵阶数较高，使得在计算矩阵的特征根和特征向量时采用定义法计算难度很高。另外，对于计算特征根和特征向量可以用简单的近似方法，主要是由于对成对比较阵做精确计算是不必要的，它主要通过定性比较得到一种量化的粗糙的结果，在理论上处理的办法主要有三种，本书采用“和法”计算，原理如下。

将 **A** 的每一列向量归一化，得

$$\widetilde{\omega}_{ij} = a_{ij} / \sum_{i=1}^{n} a_{ij} \tag{3-19}$$

对 $\widetilde{\omega}_{ij}$ 按行求和，得

$$\widetilde{\omega}_i = \sum_{j=1}^{n} \widetilde{\omega}_{ij} \tag{3-20}$$

将 $\widetilde{\omega}_{ij}$ 归一化，得

$$\omega_i = \widetilde{\omega}_i / \sum_{i=1}^{n} \widetilde{\omega}_i \tag{3-21}$$

$\boldsymbol{\omega} = (\omega_1, \omega_2, \cdots, \omega_n)^{\mathrm{T}}$ 即为近似特征向量。

计算最大特征根 $\lambda_{\max}$ ：

$$\lambda = \frac{1}{n}\sum_{i=1}^{n}\frac{(\boldsymbol{A\omega})_i}{\omega_i} \tag{3-22}$$

λ 即为最大特征根的近似值。

此方法是将 **A** 的列向量作为 **A** 的特征向量归一化后取平均值。如果 **A** 并没有严重的不一致性，那么将其归一化后的列向量平均值作为近似特征向量就可以看成是合理的。可用一简单的例子说明此法的可行性。

有判断矩阵 $\boldsymbol{A} = \begin{bmatrix} 1 & 2 & 6 \\ 1/2 & 1 & 4 \\ 1/6 & 1/4 & 1 \end{bmatrix}$，对列向量归一化得 $\begin{bmatrix} 0.6 & 0.615 & 0.545 \\ 0.3 & 0.308 & 0.364 \\ 0.1 & 0.077 & 0.091 \end{bmatrix}$，按行相加得 $\begin{bmatrix} 1.760 \\ 0.972 \\ 0.268 \end{bmatrix}$，对此归一化得 $\begin{bmatrix} 0.587 \\ 0.324 \\ 0.089 \end{bmatrix} = \boldsymbol{\omega}$ 。可以计算：

$$\boldsymbol{A\omega} = \begin{bmatrix} 1.769 \\ 0.974 \\ 0.268 \end{bmatrix}$$

$$\lambda = \frac{1}{3}\left(\frac{1.769}{0.587} + \frac{0.974}{0.324} + \frac{0.268}{0.089}\right) = 3.009$$

若按照定义法精确计算得出：$\boldsymbol{\omega} = (0.588, 0.322, 0.090)^{\mathrm{T}}, \lambda = 3.010$ 。二者之比，相差甚微，说明简便的计算办法是合理可行的。

3.4.6　模糊识别及安全性判定

通过专家估测和灰预测的方法确定了企业预警指标的未来预测值，便可以通过对单个指标的分析进行企业安全性评价与预警，这种方式类似于财务预警中的单变量分析方法。但是这种单变量的分析存在一定的问题，因为各指标判定的结果通常不一致，有的指标可能判断企业处于安全区，有的指标却表明企业处于危机区，企业的各个方面不能都是优势，也不能都是劣势，因此，需要对各单个指标进行综合。

通常的做法是将各指标值加权求和，经过加权求和后可以得到一个判定值 Y。究竟这个 Y 值表明企业是处于顺境还是处于危机之中呢？当前一般的做法是：通过对历史 Y 的考察，采用回归分析的办法，结合行业横向比较，事先确定一个理想的标准判定值 Y' ，将计算出的 Y 值与 Y' 进行比较，从而确定企业状况，如奥特曼 Z 评分模型的“1.8”标准。然而，对于这个事先硬性确定的“度”却产生了许多的问题，如某企业 Z 值为 1.800 001，而另一企业 Z 值为 1.799 999，这两个企业究竟处于什么状况呢？实际上，二者没有明显的差别。

对于企业安全性的评价是一种“优”与“劣”、“好”与“坏”、“高”与“低”类的不确定性判定，这是一种模糊判定，安全与不安全没有明显的界线，很难说清楚安全与不安全的界限，“一线之隔”在此处失去了作用。这种现象和模糊数学中对于模糊现象的处理具有同类性。在模糊数学中以病人诊病为例，一般依靠历史经验已经知道不同病症的不同表现因素，这些因素往往是多个因素的集合，诊病时通过对患者的观察，获得了相应的症状，通过症状的综合来判定患者可能患有某种疾病，这是一个模糊识别过程。企业的安全性评价与此极为类似，通过灰预测及专家测定已经获得的影响企业安全性的指标数值，对这些数值进行综合分析就可以测定企业的安全状况。因此，采用模糊数学模糊识别的方法进行企业安全性识别是十分有效而合理的办法。

1. 安全性判定中运用模糊数学的基本理论

人们可以精确度量时间、长度、质量等物理量，但无论什么尺子与天平都无法测量出人们对于商品的满意程度，或断定某人是否为“胖子”，因为这些都是模糊现象的模糊量，无法进行精确的测量。但从感性上很容易判定某人是否为胖子，模糊数学正是从数学上来刻画和研究人们的这类模糊判断功能与特性。

若 A 为随机事件，则令 $\widetilde{A}$ 为模糊事件。设 $\widetilde{A}$ 是论域 X 到[0，1]的一个映射，称 $\widetilde{A}$ 是 X 上的模糊集，模糊集 $\widetilde{A}$ 的隶属函数可以用函数 $\widetilde{A}(\cdot)$ 来表示，隶属度可以用 $\widetilde{A}(x)$ 来表示。隶属函数相当于概率论中的概率密度，博雷尔在关于概率论的专著中研究了种子“堆”概念与“粒数”之间的模糊关系，通过调查得出结论：“构成一堆”的比例就是模糊事件 A=“n 粒种子构成一堆”的概率，这也是当前确定隶属函数的一种主要方法。可见，隶属度与概率密度有着密切的联系。

在理论上模糊隶属函数有如下三类。

1）S 函数——偏大型隶属函数

$$S(x;a,b)=\begin{cases}0, & x\leqslant a\\ 2\left(\dfrac{x-a}{b-a}\right)^2, & a<x\leqslant\dfrac{a+b}{2}\\ 1-2\left(\dfrac{x-a}{b-a}\right)^2, & \dfrac{a+b}{2}<x\leqslant b\\ 1, & b<x\end{cases}\tag{3-23}$$

其曲线形式见图 3-2。S 函数是一个连续的增函数，对于“人的年老”“温度高”“高个子”“企业高安全”等表示偏向大的一方的模糊现象可通过 S 函数确定隶属函数。

2）Z 函数——偏小型隶属函数

$$Z(x;a,b)=1-S(x;a,b)\tag{3-24}$$

其曲线见图 3-3。Z 函数是一个连续的递减函数，对于“人的年轻”“温度低”“矮个子”“企业低安全”等表示偏向小的一方的模糊现象可通过 Z 函数确定隶属函数。

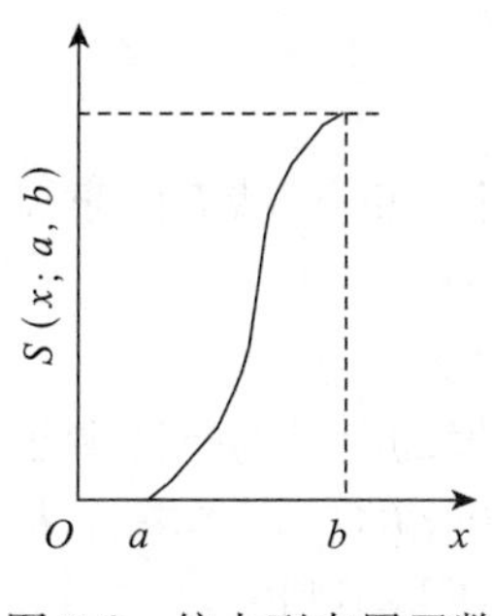

图 3-2　偏大型隶属函数

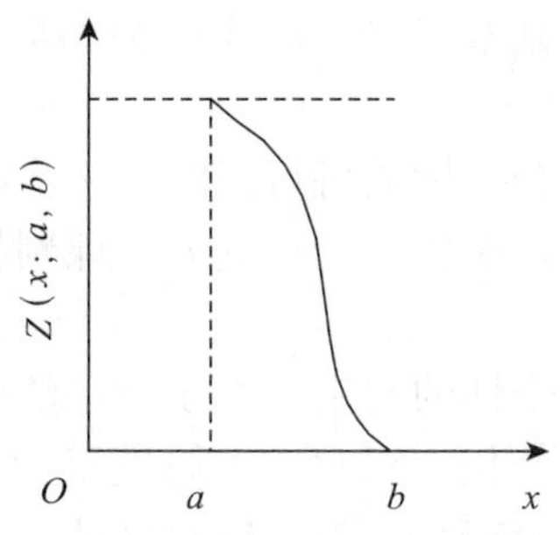

图 3-3　偏小型隶属函数

3) Π 函数——中间型隶属函数

$$\Pi(x;a,b)=\begin{cases}S(x;b-a,b), & x\leqslant b\\ Z(x;b,a+b), & x>b\end{cases} \tag{3-25}$$

其曲线见图 3-4。Π 函数为连续函数，关于 $x=b$ 对称。对于“中年”“温度温和”“企业动荡中”等表示趋于中间的模糊现象可通过 Π 函数确定隶属函数。

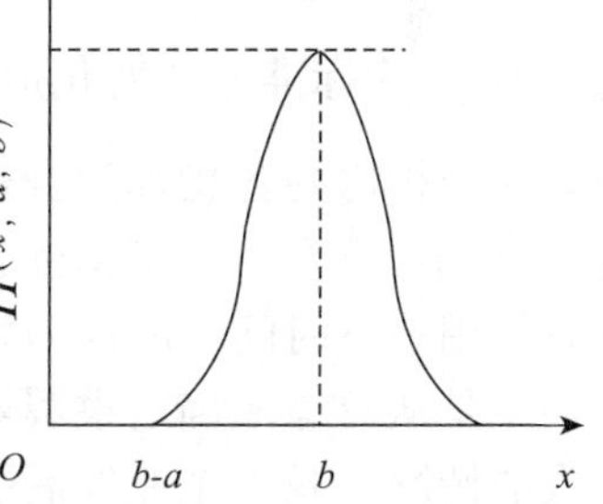

图 3-4　中间型隶属函数

2. 模糊识别基本思路

一般而言，模糊识别包含以下几个步骤。

1)获取信息数据

对于企业而言，获取的信息数据就是影响企业安全性的指标数据，本书结合企业的特点采用了灰预测和专家估测的方法获得评价企业未来的预测信息。

2)特征提取

任何指标都不是全能的，都会有一定的优劣好坏之分。例如，企业资产收益率指标越高越好；从收益率的角度分析，当企业资产收益率高于企业资金成本率时，企业的生产经营就是安全的，如果收益率大大低于资金成本，甚至出现了不保本的负数形式，企业就处在十分不利的状态。因此，对企业安全性可以得出资产收益率可行区间为(0, k)。以此类推，对各指标进行分析，分别确定各自的可行区间。可行区间的界定对隶属函数有重要的影响，对区间的确定应结合指标的无量纲化处理进行。

3)求各指标对于模糊集的隶属函数及隶属度

本书要求出各指标对于模糊集{企业的安全状态}的隶属函数。前文已提及隶属函数存在三种基本类型，在隶属函数的建立过程中，三类函数都会用到，以体现不同状况下企业的特征，函数的具体形式可以根据实际情况而定。一般来说，企业发展的轨迹基本符合正态分布。因此，可以采用正态分布函数作为企业隶属函数的基本形式，如式(3-26)所示。

$$\mu(x) = \mathrm{e}^{-b(x-a)^2} \tag{3-26}$$

结合指标的可行区间，逐步测定企业处于“危机—安全”状态的隶属函数，对预测值求隶属度，得到 n 个评判指标的隶属度，设为

$$\mu = (\mu(1), \mu(2), \cdots, \mu(n))$$

安全性的判定是基于指标的变化而言的，指标值的上升与下降源于企业经营状态的变化，因此，隶属度函数中的 x 是各指标变化的量，本书称为“上升量”(下降用负数表示)。针对这种变化对企业是有利的还是不利的，需要进行模糊判断，即求出隶属于事件 $\widetilde{A}$ 的隶属度，其关键是求出参数 a 和 b 。方法主要有以下两种。

一是对各指标分别求隶属函数。隶属函数判断的是本指标的变动对企业状态的影响，综合判断是对各种影响程度进行加权。因此，各指标隶属函数可以分别求出。此时，求 a 和 b 值的问题转化为正态分布函数参数的求取问题。a 为指标的均值，b 为标准差的变化形式($b = \frac{1}{\sigma}$)，因此，可以将借助企业相关指标的历史数据分析出的各指标的合理值作为参数 a 值，而 b 用指标的历史数据的方差确定。例如，资产负债率指标，一般认为不大于50%较好，可以设定 a 为50，而 b 可以使用一段时间(如五年)指标值的方差确定。

二是从总体上确定隶属函数。这种办法主要用于指标体系较大且历史数据量有限的情况。我国企业发展的历史不长，历史数据自然有限。运用此方法时，将企业状态划分为危险区、半危险区、半安全区和安全区四段。指标呈现负值变化时，企业向危险区靠近；指标呈现正值变化时，企业向安全区靠近，这种界定是建立在各指标的无量纲化处理(见 2.2 节)结果之上的。a 值体现为变化的度，可以通过专家咨询和适当的验算办法确定，本书经过众多专家的咨询认为四个区间的分割点为(0，5，10，20)。因此，企业四种状态的隶属函数也应该是四个。本书认为，企业的成长存在一种滞后与加速效应，企业出现危机时，其经营业绩会大幅度下降，而在安全区，业绩的波动不是很大，这在国内许多企业的发展历程中已经得到了证实(如中国众多保健企业的兴衰)。b 可以参照部分历史数据确定，而且 a 值的确定较 b 重要得多。具体隶属函数的确定及检验见 6.3 节实证分析。

结合指标权重计算综合隶属度 SL (k) 。根据本书前面的分析，指标的权重采用层次分析法取得，本处将权重矩阵 $\boldsymbol{W}$ 与 μ 相乘并累加得到

$$\mathrm{SL}\,(k) = \sum_{i=1}^{n} \boldsymbol{W} \cdot \mu \tag{3-27}$$

对 SL (k) 进行归一化处理。

根据模糊判定的基本规则，判定企业的安全性状态。一般采用最大隶属度原则进行判定。设模糊集 $\widetilde{A}_1 = \{危险区\}$，$\widetilde{A}_2 = \{半危险区\}$，$\widetilde{A}_3 = \{半安全区\}$，$\widetilde{A}_4 = \{安全区\}$ 表示企业的四种模糊状态，有最大综合隶属度 $\mathrm{SL}(k) = \max\limits_{k=1,2,3}(\mathrm{SL}(k))$，则认为事物相对隶属于模糊集 $\widetilde{A}_k$，这就是模糊数学模糊识别的最大隶属度原则，即直接法。

至此，得到了完整的企业安全性预警模型体系，如表 3-10 所示。

表 3-10　企业安全性灰预测模糊识别模型框架

步骤	步骤名称	实施方法
步骤 1	建模数据获取	计算各指标原始数据，利用灰预测的方法和专家估测法获得单指标的预测值。灰预测模型为 $\hat{x}^{(1)}(k+1) = \left(x^{(0)}(1) - \frac{b}{a}\right)\mathrm{e}^{-ak} + \frac{b}{a}$
步骤 2	指标权重设置	本书结合企业安全性评价指标体系的特点，采用层次分析法确定各指标的权重
步骤 3	模糊判定	引入模糊数学模糊识别的理论建立企业安全性模糊判定模型：$\mathrm{SL}(k) = \sum\limits_{i=1}^{n}\boldsymbol{W}\cdot\mu$，其中，$\boldsymbol{W}$ 为指标权重；μ 为各指标安全状态的隶属度值
步骤 4	安全性判断标准	运用最大隶属度原则进行企业安全性模糊判定

隶属度的跨越区间为[0，1]。为了便于判断，将此区间拆分为四段，危险区的隶属度区间为(0.75，1)，半危险区为(0.5，0.75)，半安全区为(0.25，0.5)，安全区为(0，0.25)。当危机隶属度大于 0.5 时，就认定企业已处于危机状态。

实际上，模糊判定是概率论的延伸，模糊识别的本质是：在多大概率上事件 A 属于模糊集事件 $\widetilde{A}_i$，假设有 0.8 的可能，事件 A 属于模糊集事件 $\widetilde{A}_1$；有 0.2 的可能，事件 A 属于模糊集事件 $\widetilde{A}_2$，则认为事件 A 属于模糊集事件 $\widetilde{A}_1$。因此，计算出指标的隶属度后需要进行归一化处理，实际上就是为了与概率靠近。

第4章 企业资本流动效率性分析

4.1 企业资本流动效率性的决定与制约因素

4.1.1 微观层面的决定与制约因素

1. 运营理念

资本流动的理念认为：企业资本只有流动才能增值，资产闲置是资本最大的流失。该理念强调资本的流动性，主张通过资本流动盘活存量资产，实现资产的优化配置，提高资产的利用效率。但是现实经济生活中有许多资本流动活动背离了这一初衷，观察二十多年来我国上市公司发生的重组案，可以发现资本流动已经成了业绩不佳、负债沉重的ST上市公司摆脱财务困境和摘牌命运的捷径。资本流动的目的主要是改善目前的财务状况，把资本流动作为获得融资资格的手段，注重取得立竿见影的效果。由于缺乏对资本运作的战略性思考，阻碍了企业长期发展战略，而企业发生短期行为的原因是在观念上错误地理解了流动资本，将流动资本与财务利润和利润重组相混淆。上市公司披露的财务报表显示，一些经历过资本流动的上市公司虽然盈利丰厚，但利润的来源却不够稳定，有些是以受托经营的名义从关联企业转入的，有些是上市公司将资产以高于其价值的价格剥离给母公司而获得的，重组利润的水分很大，如此资本流动的行为主要是为了能够通过在证券市场上套利而对企业面临的困境有所改善，但是所取得的成果并不明显，虽然在初期会产生好的作用，但是存在的问题会随着时间的增加而变多。

2. 可行性论证

资本流动决策前的可行性论证对企业来说至关重要，可行性论证不到位，运营来的资产无法与自有资产高效率地整合运行，可能导致企业需要把并购来的资产再剥离出去，把置换来的资产再置换出去，结果不仅对提高企业效益毫无帮助，还会增加营运成本，而使企业元气大伤。例如，佳纸业公司收购佳纸集团公司在建“八万五”的连续蒸煮工程和木材处理工程，这项工程是生产挂面牛皮箱板纸的必要工序，在实际利用该工程木材处理设备剥皮的过程中，发现消耗过高，纸浆质量不稳定，经反复调试，该设备仍不能满足系统要求。于是两年后决定将该设备卖给佳纸集团公司，公司经过这样一个购入、剥离的相反过程，造成了人力、物力和财力上的极大浪费，不仅损伤公司利益，还影响了正常的经营业务。

3. 目标公司的选择

企业的资本流动关系到自身的未来发展和长远利益，目标企业最好选择那些暂时陷入困境，产品占有一定市场，发展有一定潜力的企业。如果被兼并企业亏损严重，负债累累，濒临破产，就会使并购企业背上沉重的债务包袱，进而影响并购后企业的正常运行和健康发展。上市公司更应该从自身的具体情况出发，依据并购动机和发展战略，谨慎选择目标公司。在这一方面海尔集团就有其独到之处。海尔集团是在 1984 年引进德国利勃海尔电冰箱生产技术成立青岛电冰箱总厂基础上发展起来的，是集科研、生产、贸易及金融等于一体的综合性特大型企业，发展迅速，优势突出，在家电市场中的地位举足轻重。该公司之所以能够在短短的十几年内取得如此骄人的业绩，其独特的兼并策略功不可没。海尔集团在进行资本流动时，所选择的目标企业都是那些硬件条件很好，但由于经营不善、管理不当、落到市场后面的企业，这样的企业一旦被注入一套行之有效的管理制度，把握住市场，就可以很快地重新振作起来，对集团公司形成规模优势、增加市场占有率很有帮助。在此标准下，海尔集团先后兼并了青岛镀电厂、青岛空调厂、青岛冷柜厂等十几家企业，使集团资产翻了好几倍，盘活资产十几亿元，成为中国第一家家电特大型企业，在其高速扩张过程中能够保持经济效益稳步上升而不被目标企业拖累，这在很大程度上得益于其并购目标理性的选择。

4. 运营风险

资本流动对运营双方来说都存在风险，在对运营项目进行决策时，要考虑周全，尽量客观预测各种风险，减少运营失败的概率。在资本流动中存在的风险主要有以下三个方面。

(1)融资风险。对于资本流动的购买方来说，资本流动总是离不开大额的资金支持，不仅在购进时要支付大笔资金，还要在启动资产时进行大额投入，如果购买方既没有充足的营运资金也没有足够的举债能力，这种资本流动必将大量挤占生产经营用资金，影响企业维持正常的生产经营。因此，资本流动要从企业的实际承受能力出发，量力而行。

(2)整合风险。企业进行资本流动的目的是获得生产经营的协同效应，给企业带来价值的提升。这种价值的提升，从根本上说取决于资本流动的融合管理。融合管理涉及企业的各个方面，尤其是在一个企业并购另一个企业的情况下，不仅要从发展战略、业务活动、人事安排等有形方面进行整理融合，更要注重两个企业之间管理和文化的融合。文化的不相容可能是隐形的，给企业带来的损伤却是致命的。

(3)运营失败的风险。上市公司的资本流动受法律、政策、反收购等多种因素的制约。例如，《中华人民共和国证券法》中对投资者持有一个上市公司已发行股份的 5%和 30%的规定，在规范上市公司并购行为的同时，也对上市公司的并购有了一定的限制，如果上市公司在并购过程中不依法操作，就可能因触犯法律而导致收购失败。证券发展史上有名的"宝延风波"就是一例，虽然中国证券监督管理委员会(简称证监会)最后宣布宝安上海分公司获得的延中股权有效，但也对其进行了相应的处分，应该引以为戒。

5. 整合管理

整合管理是指从事资本流动的一方或双方共同采取的一系列旨在推进合并进程、提高合并绩效的管理措施、手段和方法。企业发生并购行为后能否产生预期的效果，整合管理是关键，资本流动的结果是引起资产的重新组合，组合后的资产能否很快地形成一个整体，产生协同效益，在很大程度上取决于资本的整合情况，尤其是在一个企业并购另一个企业的时候，每个企业都形成了自己的运作模式，加入另一个企业或接受一个新企业的加入不可避免地都会对原来的模式产生一系列的冲击，包括文化、管理、思维等。进行资本流动的企业应注意做好各方面的协调和疏通工作，尽量将各方面的隐含成本和显性成本降到最低。

4.1.2 宏观层面的决定与制约因素

1. 资本市场的完善程度

完善的资本市场是上市公司顺利开展资本流动的必要前提，我国的资本市场发育只有 20 余年的时间，存在着一些不够完善的地方，主要表现在以下几方面。

1)资本市场规模较小

当前我国资本市场规模较小，金融形势的连续下滑导致了总市值变动幅度较大，沪深股市总市值 20 余万亿元，近年来我国资本市场资产总值占金融市场金融资产总值的比例较低，仅为 30%左右，而美国的资本市场资产总值占金融市场金融资产总值的比例为 60%以上。

2)资本市场结构不均衡

资本市场结构不均衡，造成资本市场的资源配置功能减弱，削弱了资本市场的竞争力，降低了资本市场的流动性，在国际竞争中我国资本市场处于劣势，主要表现在以下几个方面。

(1)资本市场产品单一。当前股票是我国资本市场的主要产品，期权、远期合约、期货等金融衍生品占有很少的市场份额，使得这些金融衍生品发展速度较慢。2012 年年底，我国债券市场仍主要发行政策性银行债券、国家债券、金融债券，相对于以上债券，公司类信用债券所占份额较少，只占了全部债券市场的 20%，而公司类信用债券的余额少于股票市值的 25%。

(2)股价结构不平衡。2012 年上市的 155 只新股，平均发行市盈率仅为 30.19 倍，而 2011 年 282 只新股首发市盈率平均为 47.49 倍，2012 年新股市盈率仅为 2011 年同期的 63.35%左右。股票的内在价值并不能用股价客观反映，这就突出了“优质不优价”问题。例如，2012 年 7 月，沪深 300 指数的市盈率只有 11.28 倍，而创业板股票的市盈率是 34 倍，ST、*ST 的是 60 倍，中小板的是 27.56 倍。

另外，我国专业机构发展与大多数发达国家或者发展中国家相比差距较大，主要是因为投资者结构不够合理。我国 A 股市场中个人投资者持有的市值较小，但是完成交易额占全市场的比例较大。

3)资本市场运作不规范

我国资本市场存在的主要问题依然是在运作过程中，目前股票成为我国资本市场的主体，其主要存在以下几个问题：一是股市价格不稳定。2013 年的换手率是近 6 年最低的，因为 2013 年沪市成交额是 2007 年以来最低的。2012 年 A 股平均跌幅为 9.47%，2012 年上半年我国股民的亏损率已达到 97%，失去信心的股民们陆续撤离了资本市场，其原因主要是内幕与推手的暗箱操作及投机行为的盛行，这不但说明了股市的不成熟，更是对中小股民的利益造成了极大的损害。二是成交量波动大、换手率高。2012 年沪市成交额为 16 万亿元，日均成交额只有 670 亿元，比 2010 年下降了 31%。整个股票市场在投机与炒作中成交量大幅度地变化。一般情况下，拥有较为成熟的股市的国家，如英国或者美国，其平均日换手率保持在 10‰以内，而我国换手率突破百分之几已经成为家常便饭，高换手率也成为影响股市不稳定的重要因素。三是不能全面地披露信息。在我国的股票市场交易中，由于缺乏竞争机制以及没有完善的公司治理结构，以致出现了大量的虚假信息，因此，股票的价格不能完全反映出股票的价值，而投资者获取信息的渠道过窄，得到的信息极度不对称，使股市成为了一个赌场，投资者的现金也只能在不成熟的市场中流失。

4)服务实体经济的能力相对较弱

通过资料研究，大、中、小、微型企业在我国实体经济中的比重呈递增的形式，能够与这些企业在层次上相匹配的资本市场应该是金字塔形的市场。但是，我国市场呈现出的却是倒金字塔形，依次为主板(含中小板)、创业板、代办股份转让系统，场外市场功能并没有起到关键的作用，现有的上市公司主要是大中型、成熟型企业。市场的兼容性和伸缩性缺乏以及市场体系结构不完善使得大量的处于初创期的创新型企业和新兴业态没有得到足够的支持，对高科技、现代服务业等领域的服务也远远不足。2011 年，我国资产的证券化率仅为 38%，较美国落后很大一截(美国的证券化率为 72.1%)。资本市场在国民经济体系中所占的比例较小，不能很好地对经济发展起到引导作用，从而阻碍了金融对实体经济服务作用的发挥。

5)潜在的系统性金融风险比较大

国际上许多研究学者发现，资本市场发达的经济体用来分散市场风险、防御危机的方式主要是积极参与到资本市场中，同时发达经济体的复苏要快于其他国家。在这次危机中，作为危机根源的美国，其经济已经实现了连续 12 个季度的正增长，其经济的复苏程度远远高于其他发达国家，很多欧洲国家甚至陷入负增长。我国直接融资中的国债和公司债大多数是由银行持有，但是银行贷款的数额已经远远大于融资的规模，目前全部银行贷款已经超过 60 万亿元。这也表明，我国银行体系中滞留着大量无法分散的金融风险，我国的经济体系并不是一个高效运行的金融体系。

2. 传统体制的影响程度

我国的上市公司绝大部分是由原国有企业改制组建而成的，旧体制的影响难以根除，这种影响主要表现在以下四个方面。

1)过分强调国有股的主体地位

国有股所占比例过大一直是妨碍我国资本市场发挥其应有积极作用的重要原因，也是上市公司转轨不转制、公司治理失效的症结所在。由于上市公司很大比例的股权仍然掌握在国家手里，上市公司的经营者主要对占绝对优势的国有股股东负责，所以，公司的治理结构并没有因其上市而有真正明显的改善；再加上我国股票市场分割界限明显，国有法人股、国家股虽然在股票中占有绝对优势，但是却面临上市流通、转让相对比较困难的问题。由于资金紧张，国有股股东经常会选择放弃或部分放弃配股资格，对于拥有高比重国有股的上市公司而言，为通过配股进行持续融资这一方法增添了难度。同时，由于局限性降低了上市公司外部并购的可能性，对于国有资产的运营效率产生了不利影响，也不利于上市公司监控机制的完善。国有股比重过大问题已引起了有关部门的充分重视，国有股淡出的趋势已十分明了，目前市场正在为寻找能为各方接受的、力求多赢的国有股减持方案而苦思良策，国有股减持对证券市场的影响可能是多种多样的，但对上市公司重组和股权结构的影响将更为直接，并在上市公司股权结构趋于分散化的过程中，为上市公司开展资本流动创造了条件。因此，国有股减持对上市公司的资产重组与股权结构调整的意义是积极的，国有股减持本身就是上市公司重组及股权结构调整的机遇。

2)政府定位不够准确

从我国目前的情况来看，在企业的资本流动尤其是国有控股公司的资本流动中，存在两种不同的方式，即市场方式和政府行政方式。政府参与企业的资本流动包括两个方面：以所有者的身份参与和以独立企业之外的主管部门的身份参与。政府以所有者的身份运营企业资本是正常的经济行为，应给予充分的肯定和支持。在我国即使市场主体行为并不规范，没有完善的市场体系，但是政府的宏观调控也依然非常重要。在西方发达国家的资产重组中也同样可以发现政府调控的作用，通常情况下国家实施的战略构想和战略计划主要通过大企业之间的并购体现出来。例如，美国政府通过影响波音公司对麦道公司的兼并过程，从而保持了美国航空制造业的世界领先地位以及竞争优势。日本政府支持三菱银行兼并东京银行而使其成为世界上资产规模最大的银行。但是我国政府在对企业的资本流动进行调控时，却常常定位不准，“政企不分”“政资不分”，政府成为决策主体，并借助行政力量强迫重组。

3)中介机构的完善程度不足

在我国现实情况中，一些中介机构参与了企业债券的运作，主要有会计师事务所、律师事务所、信用评级机构等，其工作的特点可以概括为三点：其一是为投资者能够做出理性判断和自主决策提供企业债券信息情况，同时也能够提高发行人的透明度；其二是加强社会监督，提升工作效率，增加透明度；其三是增强发行人的偿债意识及自我约束力。可以看出，中介机构起着非常重要的作用，因而对中介机构的要求就更加严格，要求中介机构的人员尽职尽责，中介机构要遵守国家法律法规和职业道德，提高自律意识，提供的材料真实可靠，不做虚假记载及不产生重大遗漏。但是我国的中介机构却远远不能满足市场需求，表现为：一是中介机构存在信用危机。由于评估制度的不完善，在资产评估中弄虚作假，故意低估国有资产价格，搞定向销售、兼并，造成国有资产流失，影响企业资本流动的情况时有发生。二是会计师和律师事务所等中介机构被眼前的利益引诱，难以发挥稳定市场的作用。网络资料显示，2002～2011 年，证监会责令关闭的证券公司达到 20 多家，处罚的期货投资公司有 10 家、会计师事务所有 14 家。这对中介机构的信誉起到了不良的影响，使投资者对中介机构失去了信心，证券市场面临着空前的信任危机。

4)缺乏实际意义上的投资银行

由于企业的资本流动尤其是并购、重组等活动运作比较复杂，西方国家一般是由专门性的中介机构——投资银行来完成的。投资银行是一种用市场化的手段和技术去实现股票、债券等交易的中介组织，可以协助企业开展资本流动，如受收购方委托，为其寻找并购的目标企业，制订并购方案，评价被并购企业等。在我国由于资本市场起步较晚，投资银行的建设也远远不及国外。20 世纪 90 年代初，我国的证券市场才建立，证券业从银行业中分离出来，成为了独立的行业，依附于证券业的投资银行才开始起步。可以说，到目前为止我国还没有真正意义上的投资银行，而是由证券公司、信托投资公司及其他一些金融机构代行投资银行的部分职能。总之，由于中介机构发展相对滞后，给企业提供相应的协助服务有限，这已经成为了阻碍企业资本流动不可忽视的因素。

4.2 企业资本流动效率性的综合评价

4.2.1 企业资本流动效率存在的问题

通过对现有文献的梳理，发现很少有人对国有资本流动的效率问题进行系统研究，国内一些相关的文献也大多将研究视角集中在国有企业效率问题上，或者说将国有企业效率与国有资本效率混淆，这给本书研究带来了较大的难度。

关于国有企业效率问题的研究，前期积累了大量的研究成果，这些成果主要围绕三个方面展开：一是"非效率论"，代表人物有 Woo 等(1994，1997)、Sachs 和 Woo(1994)、樊纲(1996)等。学者们从国有企业产值占 GDP 的比重、财务指标、全要素生产率、亏损以及产生的相应的宏观经济影响等方面出发，提出国有企业的财务状况恶化严重影响了我国宏观经济发展。二是"效率论"，代表人物有 Lo(1999)、Jefferson 等[Jefferson(1989)、Jefferson 等(1996)]、Naughton(1994)和邢俊玲等(1999)。他们通过对中国与其他转型国家的宏观经济状况、国有企业与非国有企业的效率、国有企业的全要素生产率等方面进行比较，得出中国国有企业从整体来看富有竞争效率和宏观经济资源配置效率的结论。三是"效率悖论说"，代表机构及人物有 World Bank(1996a，1996b)、李培林和张翼(2007)等。他们通过对国有企业全要素生产率和各种财务指标的分析，得出国有企业存在着"有增长无发展"的问题，存在着让学者们都大为困惑、无法解释的怪现象，即在全要素生产率提高的同时，各项财务指标却在直线下降。

还有一些学者从不同角度出发，具体分析了我国国有企业的效率问题。一是通过分析国家产业成长历史来研究国有企业资本效率的不同表现，代表人物有董辅礽(1992)、唐宗焜(1992)、马洪和刘世锦(1994)、王玉珍(1996)、高明华(1999)、张克难(2002)和霍燕滨(2000)等。二是通过具体分析某省市国有经济的产业调整来研究国有企业资本的效率，以张军(2007)为代表。三是通过分析国内国有资产分布现状、问题与措施来分析我国国有企业的效率问题，以张志宏和胡玉光(2010)、赵晶(2006)等为代表。四是从垄断行业、一般竞争性产业和战略性竞争产业等不同行业对国有资产运营提出见解，其中以胥和平(2001)和高梁

(2010)的研究为主。五是在竞争性领域国有资本是否应该全部退出的问题上提出了不同的见解。张维达(2001)认为国有资本经营效率低，如果从竞争性领域退出，对我国经济结构的调整和产业结构的优化能够起到一定的带动作用，对国有资本的重新配置也较为有利；荣兆梓(2006)认为竞争性领域的国有资本退出应该适度，而非全部退出，在竞争性领域的国有资本具有一定增值的动力，能够为社会创造财富，消除贫富分化，所以应该采取适度退出的政策，而不能要求其全部退出。

虽然不同学者的研究角度不同，但是有的结论却是相同的，那就是不同所有制企业的效率表现是：私营个体企业＞三资企业＞股份制和集体企业＞国有企业。针对这个值得注意的结论，本书争取从理论研究和实证分析两个方面，对影响国有资本流动效率的各种因素进行全面、系统的梳理与探讨，对国有资本流动的效率性做出科学、准确的计量与评价，并对提升国有资本流动的安全性和效率性提出有针对性的、有操作性的对策。

4.2.2　企业资本流动效率性评价指标的选择

1. 评价指标选择的原则

一个经济活动的结果如何，常常要通过评价来判定。企业开展资本流动活动是我国资本市场上的一大热点，其运营的结果如何，是利益相关者十分关心的一个问题，对这个问题进行评价需要遵循以下原则。

(1)以经济效益为中心原则。企业存在的目的是给投资者带来利润，企业开展一切活动的出发点和归宿是提高企业的获利能力。评价企业资本流动的效率，同样离不开这个大前提，因此，在评价时，应以最终提高企业的经济效益作为资本流动是否成功的标准。

(2)针对性原则。资本流动是企业的一项很特殊的经济活动，其结果可能表现为各种形式，如加强了主业、转移了不良资产、改变了资本结构等。在设计评价指标体系时，应针对资本流动的这些特殊性，量体裁衣，有别于一般的业绩评价。

(3)完整性原则。完整性原则体现在以下两个方面：一是评价的内容完整，要全面考虑与企业资本流动相关的各个方面；二是指标的设计完整，既有定量指标，又有定性指标，定性与定量相结合。

(4)可操作性原则。可操作性原则要求评价指标体系通俗易懂，所需数据容易取得，可被人们很容易地运用。对定量指标要保证其可信度和可操作性，定性指标尽可能地少用。

2. 评价指标的确定

企业资本流动效率性评价指标体系包括定量和定性两类指标，其中，定量指标分两级，一级指标是核心指标，二级指标是修正指标。评价内容涉及企业状况的四个方面，即盈利能力、偿债能力、营运能力和发展能力，具体见表 4-1。

表 4-1 上市公司资本流动效率性评价指标体系一览表

评价内容	定量指标		定性指标
	一级指标	二级指标	
盈利能力	总资产报酬率	总资产净利率	产权结构、法人治理结构、核心管理层、管理制度
	净资产收益率	主营业务利润率	
	每股收益	每股营业现金净流量	
偿债能力	资产负债率	利息保障倍数	
	流动比率	现金流动负债比率	
营运能力	总资产周转率	存货周转率	
	流动资产周转率	应收账款周转率	
发展能力	净利润增长率	主营利润增长率	
	总资产增长率	资本积累率	

4.2.3 企业资本流动效率性评价指标体系的说明

1. 关于盈利能力指标的说明

盈利是企业生存和发展的“灵魂”，企业开展资本流动的最终目的是提高盈利能力，因此，首先要把企业盈利能力的变动纳入评价系统中。本书用五个指标来评价企业的获利能力，一级指标中，总资产报酬率反映了企业资产总量的盈利情况，用主营业务利润率来修正，是为了突出体现主营业务在整个企业中的重要地位。净资产收益率对企业来说至关重要，一方面，它反映了股东投入资本的获利能力；另一方面，它也是企业是否具备配股资格的重要标准。每股收益是股份制尤其是上市公司的一个代表性指标，反映了每一普通股投资报酬的大小，每股营业现金净流量则体现了每股收益的质量，反映了实际带来的现金流入，用它来修正每股收益，使每股收益指标更能反映普通股的实际获利能力。具体指标计算公式如下：

总资产报酬率＝(利润总额＋利息支出)/平均资产总额

净资产收益率＝净利润/平均净资产

每股收益＝本年净利润/年末发行在外普通股股数

总资产净利率＝净利润/平均资产总额

主营业务利润率＝主营业务利润/主营业务净收入

每股营业现金净流量＝(经营活动现金净流量－优先股股利)/年末发行在外普通股股数

2. 关于偿债能力指标的说明

若企业开展资本流动后的业绩取得实质性的提高，其偿债能力必然得到相应的改善。本书用资产负债率作为基本指标来反映企业的长期债务状况，用体现长期偿债能力的另一个指标利息保障倍数来修正它，来全面反映企业的综合长期偿债能力。短期偿债能力用流动比率来反映，但是流动资产并非所有的项目都可根据需要即刻变现，因此，采用现金流动负债比率作为二级指标进行修正。

资产负债率＝负债总额/资产总额

流动比率＝流动资产/流动负债

利息保障倍数＝(利润总额＋利息支出)/利息支出

现金流动负债比率＝经营活动现金净流量/流动负债

3. 关于营运能力指标的说明

有很多企业开展资本流动的目的是改善资产状况，提高资产运营管理能力，如剥离不良资产，这种资本流动方式的目的就是扔下包袱，轻装上阵。因此，营运能力也是评价企业资本流动效果的一个方面。本书将考评的重点放在了总资产和流动资产上，一级指标分别是总资产周转率和流动资产周转率，二级指标存货周转率和应收账款周转率考核的都是流动资产中的部分主要资产的管理情况，都作为流动资产周转率指标的修正指标。

总资产周转率＝营业收入净额/总资产平均余额

流动资产周转率＝营业收入净额/流动资产平均余额

存货周转率＝营业收入净额/存货平均余额

应收账款周转率＝赊销收入净额/平均应收账款余额

4. 关于发展能力指标的说明

投资者在对企业做出是否投资的决策时，主要关注的就是企业的发展潜力，一次成功的资本流动必然会大大提升企业的发展潜力。例如，企业通过资本流动转移主业，就是为了给自己创造更大的成长空间。发展能力主要体现在企业的总资产和净利润的增长上，因此，本书将净利润增长率和总资产增长率设计为一级指标，同时，用体现主营业务利润增长情况的主营利润增长率修正净利润增长率，用体现资本增长情况的资本积累率修正总资产增长率。

净利润增长率＝(本年净利润－上年净利润)/上年净利润

总资产增长率＝(本年总资产－上年总资产)/上年总资产

主营利润增长率＝(本年主营业务利润－上年主营业务利润)/上年主营业务利润

资本积累率＝(年末所有者权益－年初所有者权益)/年初所有者权益

5. 关于定性指标的说明

企业采用不同资本流动方式的结果基本上可以通过上面的量化指标反映出来，但是股权转移和并购等涉及股权变动的资本流动方式除了会引起企业在上述方面的变化外，还会改变企业的产权结构、更换企业的管理阶层、完善内部管理。因此，特增加四个定性指标，以增强评价指标体系的完整性。

(1)产权结构：产权结构主要考虑企业的股权结构是否合理，是否存在一股独大，并利用股权上的优势侵犯中小股东的利益的情况。此外，还需考虑其他股东是否为积极股东，能否对企业的经营管理产生积极的监督作用。

(2)法人治理结构：法人治理结构考察公司制企业是否建立了规范的管理制度，包括大股东与公司的三分开是否彻底、是否存在独立董事及监事制度是否完善等重要内容。

(3)核心管理层：核心管理层包括了企业领袖的评价和管理团队的配合，其中企业领袖[董事长、总经理或首席执行官(chief executive officer，CEO)]的战略眼光、创业精神、个人魄力、企业家魅力和知识学识都是重点考察的项目；核心管理层主要考察管理团队的配合、分工合作和执行效率。

(4)管理制度：内控制度的完善和执行情况。

6. 关于市盈率指标的说明

对上市公司来说，市盈率也是一个足以体现其特点的量化指标，但在本指标体系的设计过程中未将其纳入进来，主要是考虑到以下几点：首先，由于我国股市还不够完善，市盈率的计算难以客观。在其计算公式(市盈率=股票市价/每股收益)中，一方面，就股票市价来说，虚假重组、人为炒作等不正当经济行为都可以拉动股价上涨，公式中分子的水分较大；另一方面，市盈率概念应用的另一个前提是要保证作为分母的“每股收益”的真实性，而这恰恰是国内上市公司的一大“软肋”。为配合庄家建仓而低估业绩或为保牌保配而高估业绩的种种现象在业内早已见怪不怪，各类“非经常性收益”更是漫天飞舞。分子分母计算不正确，必然导致市盈率的扭曲，在这种情况下，市盈率就严重缺乏实际价值。其次，我国正处在经济结构调整的时期，这个阶段我国资本市场的鲜明特征是公司转型与重组，市盈率在判断重组公司投资价值方面不够灵活，市盈率只能反映目前股价与以往业绩之间的关系，而公司转型与重组对公司业绩造成了极大的不确定性，导致高市盈率的原因是投资者乐观地估计了公司业绩的预期，而此时公司的盈利水平并不高，使得股票市场价格评价功能发挥的结果为市盈率很高。在我国资本市场上市盈率过高一直是不容忽视的问题。2012 年 7 月 12 日，创业板股票的市盈率是 34 倍，中小板的是 27.56 倍，ST、*ST 的是 60 倍。基于这些理由，本书在设计评价指标体系时没有考虑市盈率。

4.2.4 企业资本流动效率性评价指标体系权重的选择

1. 评价指标体系权重确定的思路

利用评价指标体系对资本流动效率性进行综合评价时，各指标赋权一直是很难解决的问题，现行经营业绩综合评价方法大多采用固定权重，如国家四部委颁布的《国有资本金业绩评价规则》、中证·亚商联合进行的上市公司五十强评选活动都采用了固定赋权法。固定赋权法虽然简单实用，但是权数一旦确定就很少变动，并且由于权重是人为给定的，不免带有主观性，影响评价结果的真实、可靠性。基于此，本评价体系的基本指导思想是在权数设置过程中尽可能采用客观赋权，以增加评价结果的客观性、科学性。本体系采用熵值法来确定基本指标的权数，即依据系统内企业各项指标数据的内在关系确定各项指标在整个评价体系中的权重。同时应用熵值法针对评价系统的不同，最后得到的权重体系也不相同，使得效率性评价更具有灵活性和客观性。

2. 熵值法的基本原理

1)熵值法的概述

“熵”(entropy)的概念为可以变化的容量，这个解释源自希腊语中的“εντροπία”(内向)。后由德国物理学家鲁道夫·克劳修斯在《热之唯动说》中引入了这个概念，主要为了解释热力学第二定律，并且该概念也早已经被热力学、化学、生物学、信息论和决策论等领域广泛应用。

关于“熵”概念，主要从三个方面进行解释。第一方面，熵增量。它是指可逆过程中物质系统中吸收的热量与热力学温度的比值，这个解释是从热力学角度进行的分析，这个增量只是物质热力状态的函数，并不是路径。第二方面，从统计物理学角度来分析。物质系统的 $\ln N$ 恰好与前述的热力学熵 S 成正比的前提条件为：在一定条件下，得知某物质系统的微观单元的运动状态共有 N 种，其比例系数就是著名的玻尔兹曼常数 k ，即 $S = k\ln N$ 。第三方面，信息论。信息论理解的熵是作为一个信息源发出信号的状态稳定性的程度，这个思路并不是运用热力学概念和物质分子(微观)运动的知识。

“熵”从热力学的角度看是指在自然界中出现的热，是指热运动中具有不可逆性的物理量，按照一定的方向变化，并且不能逆向变化。热力学中能量衰竭的量度可以用熵来表示。统计学上可以预测到熵的增加或者能的衰竭，这是分子随机运动和碰撞的结果。熵是用以判别自发过程的一个状态函数，能说明物质或场所构成系统的状态量。它在系统处于一定状态时具有固定值，处于热力学状态的物质的量决定了它的量值。函数值向着固定方向变化的前提是系统自发从开始状态向最终状态转变。实际系统的进程方向可以通过函数单项变化数值的性质来判断。

玻尔兹曼在 1877 年首先对熵做出了定义。在他提出微观定义之后，普朗克·吉布斯对该解释做了进一步的研究，并明确了熵的定义，得出结论：系统中有大量的粒子，这些粒子之间按照无规则排列，其无规则的程度则由熵来表示，或者熵也可以来度量系统紊乱的程度，熵随着系统紊乱程度的增加而增大。维纳曾说过：“一个系统的熵就是它的无组织程度的度量。”在热力学第二定律中，对于一个密闭的系统而言，熵总是增加的，也就表明系统总是从有序到无序。因此，熵用来度量系统序列紊乱状态。

经过统计物理学的证明可以得到，系统的熵

$$S = k\ln N \tag{4-1}$$

其中，k 为玻尔兹曼常数；N 为一种发生的概率，又叫热力学概率。在非平衡条件下，分布函数 f 是由各微观状态在热力学系统中出现概率不同的集合构成的，则系统熵值

$$S = -k\sum f\ln f \tag{4-2}$$

其中，系统分布函数 f 中自变量所有可能值被和号 $\sum$ 包括，当自变量连续时和号变成积分。式(4-2)并不要求满足大数定律。

在 20 世纪，熵概念的研究取得了较大的发展，熵理论也应用于各个学科中并得以推广，被广大学者深入研究。香农在 1948 年，从不同方面对熵下了定义。香农创造了一个公式，它能够度量离散信息源“产生”的信息量：

$$H = -K\sum_{i=1}^{n} P_i \log_2 P_i \tag{4-3}$$

其中，H 就是玻尔兹曼的 H 定理中的 H，在这里就是概率集 $P_1,\cdots,P_N$ 的熵。

从信息论角度出发，结合熵的概念可以得出：如果获得了熵，就意味着已经丢失了信息。熵的大小由系统的有序程度决定，从而决定了信息量的大小。熵和信息是负相关关系，信息就是负熵。信息熵表示的是系统无序的程度，即在得到信息后，能够减少或消除无序程度的大小，并不是如热力学公式所代表的系统无序的状态。

对每个评价指标重要程度的度量，是项目评估和多目标决策的关键。可以为每个指标指定权重来表示指标的重要程度。熵思想认为，决策的准确度和可信性的决定因素在于决策过程中得到信息的质量和数量。熵可以用来对数据中提取有用信息量的大小进行度量，对于决策过程中的评价也可以进行有效的度量。

熵权的性质可以分为：①未对决策者提供有用信息。其指的是被评价对象的指标 j 的值相同，熵值为最大值 1，熵权为 0。此时指标可以被放弃。②为决策者提供有用信息。其指的是被评价对象的指标 j 的值相差较多，熵值较小，熵权较大。

指标的熵越大，其熵权越小，该指标越不重要，而且满足：$0\leqslant W_i\leqslant 1$ 和 $\sum_{i=1}^{m} w_i = 1$。

熵权作为权数，在应用上具有重要的意义。熵权代表着在评价指标确定的情况下，给定被评价对象的集合，对各个指标相对程度的度量。

从获取信息方面看，熵代表了指标能够提供有用信息量的数量程度，被评价

对象决定了熵权的数量。

2)熵权评价模型的引入

熵值法用指标熵值来确定权重。一般地，将评价对象记为 $\{A_i\}(i=1,2,\cdots,m)$，用于评价的指标集记为 $\{X_j\}(j=1,2,\cdots,n)$，用 x_{ij} 表示第 i 个方案第 j 个指标的原始值。

将 x_{ij} 做标准化和无量纲化处理后，计算第 j 个指标第 i 个方案所占的比重 $p(x_{ij})$：

$$p(x_{ij})=x_{ij}/\sum_{i=1}^{m}x_{ij}(i=1,\ 2,\ \cdots,\ m;\ j=1,\ 2,\ \cdots,\ n) \tag{4-4}$$

计算指标 j 的熵值 e_j：

$$e_j=-k\sum_{i=1}^{m}p(x_{ij})\ln p(x_{ij}) \tag{4-5}$$

其中，$k>0$，$e_j\geqslant 0$。若 x_{ij} 对于给定的 j 全部相等，则 $p(x_{ij})=x_{ij}/\sum\limits_{i=1}^{m}x_{ij}=1/m$，此时 e_j 取极大值，即 $e_j=-k\sum\limits_{i=1}^{m}(1-m)\ln(1-m)=k\ln m$。若设 $k=1/\ln m$，于是有 $0\leqslant e_j\leqslant 1$。

计算第 j 个指标的差异系数 g_j：

对于给定的指标 j，x_{ij} 的差异性越小，则 e_j 越大；当 x_{ij} 全部相等时，$e_j=e_{\max}=1$，此时指标 j 几乎无作用；当各待评的指标值相差越大时，e_j 越小，该项指标对于待评对象比较所起的作用越大。定义差异性系数向量为 $\boldsymbol{G}=(g_1,g_2,\cdots,g_n)$，其中，

$$g_i=1-e_j(j=1,2,\cdots,n) \tag{4-6}$$

则当 g_j 越大时，指标越重要。

计算第 j 个指标的权重 w_j：

$$w_j=g_j/\sum_{j=1}^{n}g_j(j=1,2,\cdots,n) \tag{4-7}$$

通过数学模型的建立，在权重确定的基础上，计算出每个评价指标的得分值，可以得出量化的评价结果。

评价指标进行无量纲化处理后为 u_i、u_{ij}、u_{ijk}，权重赋值为 w_i、w_{ij}、w_{ijk}，评价指标的层次结构为 A_1、A_2、A_3，F 表示评价对象最后得分，通过加权综合求和法求出。通过具体评级对象和评价目标可以确定层次的级数，并通过加权综合求和得出评价对象最后得分 F。企业资本流动效率性综合评价的数学模型示意图，如图 4-1 所示。

企业资本流动效率性综合评价的数学模型如下：

$$F=\sum_{i=1}^{3}U_i\times W_i(i=1,2,3)$$

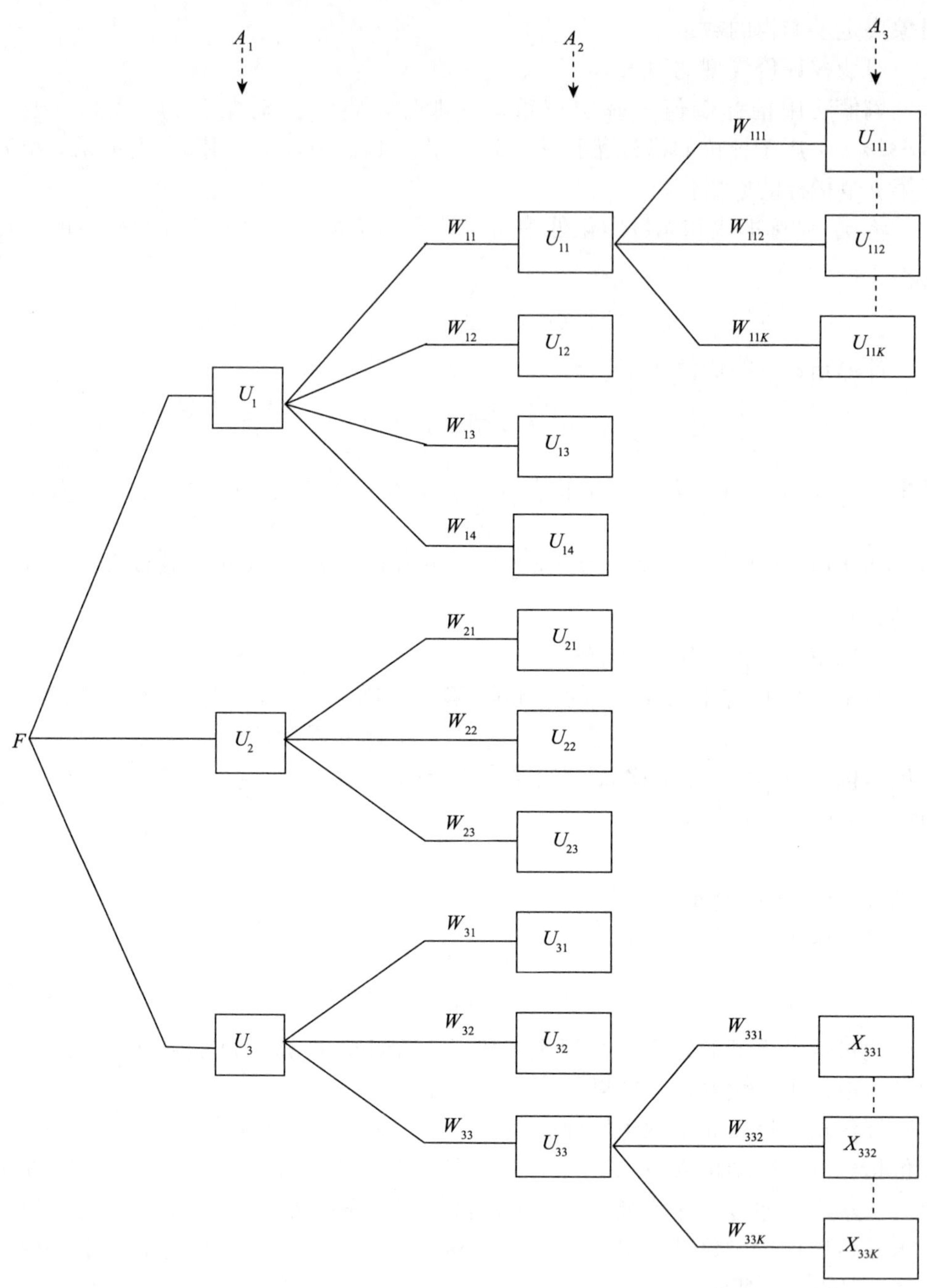

图 4-1 企业资本流动效率性综合评价的数学模型示意图

$$= \sum_{i=1}^{3} \sum_{j}^{n} U_{ij} \times W_{ij} (j = 1,2,3,\cdots,n)$$

$$= \sum_{i=1}^{3} \sum_{j}^{n} \sum_{k}^{p} U_{ijk} \times W_{ijk} (k = 1,2,3,\cdots,p) \qquad (4\text{-}8)$$

3. 熵值法客观赋权

1)修正指标设置

利用二级指标修正一级指标。修正指标的设置本身隐含了两层含义：一是修正指标与其被修正的指标具有一定的相关性，但又不完全相关；二是为了多侧面、多角度透视企业的资本流动状态。因一级指标较二级指标重要，所以采用一级权重大于二级权重的方式，首先剔除掉一、二级指标间的相关因素后用二级指标对一级指标进行修正。取

$$\gamma_{\xi_i \eta_i^{(m)}} = \frac{\sum_{j=1}^{n} (\xi_{ij} \cdot \eta_{ij}^{(m)})}{\sqrt{\sum_{j=1}^{n} \xi_{ij}^2 \cdot \sum_{j=1}^{n} \eta_{ij}^{(m)}}} \qquad (4\text{-}9)$$

作为第 i 级指标与它的第 m 项修正指标间的样本相关系数，取 ξ'_{ij} 作为 ξ_{ij} 的修正值。其中，

$$\frac{\xi'_{ij} \triangleq \left[t_i . \xi_{ij} + \sum_{m=1}^{t_i} (1 - |\gamma_{\xi_i} \eta_{ij}^{(m)}|) . \eta_{ij}^{(m)} \right]}{2t_i - \sum_{m=1}^{t_i} |\gamma_{\xi_i} \eta_i^{(m)}|} \qquad (4\text{-}10)$$

2)确定指标的权重

本模型利用信息熵客观地确定一级指标的权重，需要经历以下步骤。

先将 $(-\infty, +\infty)$ 划分成若干小区间。例如，可以划分成 $(-\infty, -3)$，$(-3, -2)$，$(-2, -1)$，$(-1, 0)$，$(0, 1)$，$(1, 2)$，$(2, 3)$，$(3, +\infty)$ 八个子区间，根据样本容量 n 的大小，可以对子区间的划分做相应的调整。记 P_k 为 ξ_{ij} 落在第 k 个子区间内的频率($k=1\sim8$)。

求出第 i 项被修正的一级指标的信息熵：

$$H_i = -\sum_{k=1}^{8} P_k^{(i)} \ln P_k^{(i)} \qquad (4\text{-}11)$$

注：若某个 $P_k^{(i)} = 0$，则认为 $P_k^{(i)} \ln P_k^{(i)} = 0$。

计算各修正后的一级指标在总分中的权重：

$$W_i = \frac{H_i}{\sum_{i=0}^{p} H_i} (i = 0 \sim p) \qquad (4\text{-}12)$$

4.2.5 企业资本流动效率性评价指标体系的确立

科学的企业资本流动效率性评价指标体系既能体现所有者利益，又能引导资本流动经营者的行为，使资本流动经营者在追求个人利益最大化的同时，也能促进所有者目标的实现，由此可见，建立企业资本流动效率性评价指标体系是一项复杂的系统工程。

1. 建立企业资本流动效率性评价指标体系的设计原则

通过企业资本流动效率性评价指标体系的构建，能够有效地掌握企业资产经营的状况，保障资本流动激励约束系统有效运行。为此，建立指标体系需要遵循以下标准：①能够反映企业资产经营的性质、流程。②能够反映企业在资产经营过程中获得的成绩。③指标具有相关性。指标的选取需要与会计及统计制度相匹配，在计算过程中需要的数据在企业中较容易获得。所以指标尽量应用财务指标，如果必须用非财务指标时，需要解释清楚理由，提出信息披露有关的意见。④指标具有可操作性。可操作性是指指标体系自身具有可行性以及指标项目相关数据能够收集。对于成本较高的评价指标，一般应用其他指标进行代替，指标体系也应该注意不要过度详细造成繁琐。

2. 建立企业资本流动效率性评价指标体系

本书建立的企业资本流动效率性指标评价体系，在财务评价指标上有所提炼，丰富了非财务评价指标的选择。

1)财务评价指标的构建

资本流动效率性评价指标的设定是企业资本所有者对其委托的资本流动者的一种责任约束，以激励代理人能够高度重视经营的资本回报，竭尽全力实现资本增值最大化为目的，将经营者自身的切实利益及前途与资本流动业绩相关联，将所有者与经营者的利益紧密相连。利润指标并不能反映投入的数量，也就不能完全反映经营者的业绩。企业资本流动业绩可以从三个方面进行反映，即资本保值增值率、资本利润率和资本安全性，其中，资本利润率为销售利润率与资本周转率的乘积。在对指标的分析中，应该注意分析的重复，并在主成分分析法中对重复的因素进行筛选，如资本利润率指标与销售利润率和资本周转率只能选择其一。

企业资本流动指标，作为经营报酬和职位的度量的基本依据，也是企业经营业绩的依据。一方面，为了与经济体制建设进程相适应，企业在改革过程中，需要建立一定的辅助指标；另一方面，不同情况的企业，其行业特征也各不相同，一些特定行业需要设置特定的辅助指标，可供选择的辅助指标有消化潜亏挂账比率、总资本增长率、资本损失降低率、不良资本比率等。

在这些指标中，能够用来反映能力的指标可以保留，其他指标需要放弃。例如，在盈利能力方面，根据资本流动绩效的衡量特点，采用净资产收益率作为指标就不太合适，而应该采用资产净利率。财务指标体系如图 4-2 所示。

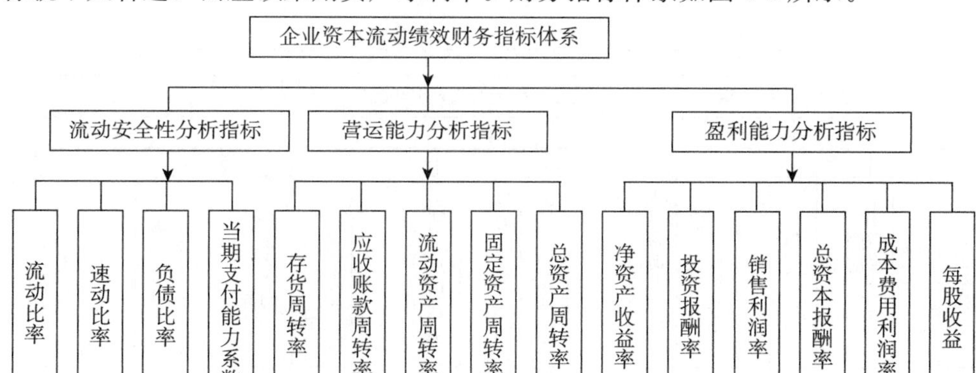

图 4-2　财务指标体系

(1)流动安全性分析指标。资本的安全性可以从流动资产和固定资产两部分进行研究。一方面，用来衡量流动资产的安全性的比率有流动比率、速动比率；另一方面，用负债比率来衡量长期资产的安全性。如果用货币性资产来偿还债务会非常困难，这也是货币性资产与非货币性资产的主要区别。当期支付能力系数指标的加入，使得非货币资本得到更好的限制管理。

(2)营运能力分析指标。在指标中总资产周转率作为最综合性指标被使用的次数较多。固定资产、应收账款、存货和流动资产四个项目成为企业资产管理的对象，四个项目的周转率也是最核心的分析指标。

(3)盈利能力分析指标。资本的盈利能力是指企业利用资本获取收益的能力。与盈利能力有关的传统财务指标主要有净资产收益率、投资报酬率、销售利润率、总资本报酬率、成本费用利润率、每股收益等。其中，净资产收益率指标体现的是所有者的利益，资本流动者作为资本流动效率性评价指标体系的评价主体，在体系的构建中并没有参与考虑，而是采用资本报酬率作为重要指标对资产的获利能力做出反映，采用的指标包括成本费用利润率、销售利润率、总资本利润率等指标。

2)非财务评价指标的构建

鉴于单纯财务指标的缺陷，在构建企业资本流动效率性评价体系的过程中，应纳入非财务指标，弥补财务指标的不足，同时为评价主体对资本流动者评价提供合理的理论依据。非财务指标体系如图 4-3 所示。

(1)资本经营者综合素质。其包括了企业资本经营者的品德素质、能力素质及智力素质，具体包括爱岗敬业、品德品质、思维创新、团结互助、学习能力、组织能力和科研能力等因素。资产经营要求资本经营者能够拥有新的经营理念及管理方式，提高资本经营者的风险意识，并能够运用经营风险为企业谋得发展。

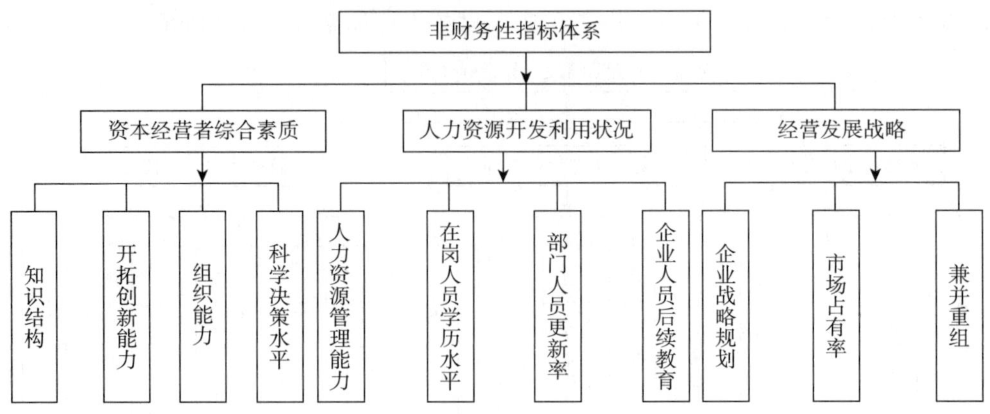

图 4-3 非财务指标体系

资本经营者需满足的要求如下：能够配置和组合各项具体生产要素；能够认识并及时预测产品市场与要素市场的状况和前景；具备一定的管理能力；能够充分发挥资本聚合的能力，使得资本流动绩效提高。

(2)人力资源开发利用状况。流动经营者要足够重视人力资源管理；充分加强管理部门规章制度实施；对在岗人员学历水平、部门人员更新率、企业人员后续教育、团队精神以及工作积极性等综合情况进行深入的了解，并重视企业人力资源配置的合理性。通过各方面的配合与大力支持，深入贯彻资本流动效率性评价指标体系，更需要有具有先进思想的人员加入。

(3)经营发展战略。该战略是指由经营者所运用，用以实现企业长远目标的策略和途径，主要包括兼并重组、更新设施、提高科研资金、另辟新的营销途径等经营发展战略。资本流动绩效财务指标反映的只是企业当前或过去的一些情况，企业应制定长期的战略，认真进行企业战略规划，不能只求一时的资本流动效率的高指标。

3. 指标的综合处理

主成分分析法是指对多指标问题进行处理，即很多相关变量向少数不相关变量转化的过程，其中，原变量中的信息可以通过不相关变量最大限度地得以反映。

1)指标数值的处理

对于不同指标的收集可以得到不一样的量纲和不一样的数量级，由于不一样的量纲、不一样的数量级的数据不能同时进行比较，因此，在数据处理时需要消除量纲和数量级上的差异，这里采用的变换处理方法为标准化变换。

设原始数据有 n 个企业，p 个指标的样本观察数据 $X_{ij}(i=1,2,\cdots,n;j=1,2,\cdots,p)$。变换处理的方法为

$$X_{ij}^{*}=\frac{X_{ij}-X_j}{S_i} \tag{4-13}$$

其中，X_{ij} 为原始数据；X_{ij}^{*} 为标准化变换后的数据。

$$X_j=\frac{1}{n}\sum_{i=1}^{n}X_{ij} \tag{4-14}$$

$$S_j=\sqrt{\sum_{i=1}^{n}\frac{(X_{ij}-\overline{X}_j)^2}{n-1}} \tag{4-15}$$

通过变化，每列数据的平均值为 0，标准差为 1。

2)相关系数矩阵 $\boldsymbol{R}$ 的计算

相关系数矩阵为

$$\boldsymbol{R}=(r_{ij})_{p\times p} \tag{4-16}$$

其中，

$$r_{ij}=\frac{1}{n-1}\sum_{i=1}^{n}X_{ti}^{*}X_{tj}^{*}\ (i,j=1,2,\cdots,p)$$

3)求相关系数矩阵 $\boldsymbol{R}$ 的特征根及相应的特征向量

求特征方程 $|\boldsymbol{R}-\lambda\boldsymbol{I}|=0$ 的 p 个非负特征根 $\lambda_1\geqslant\lambda_2\geqslant\lambda_3\geqslant\cdots\geqslant\lambda_p\geqslant0$ 及对应的特征向量 $\boldsymbol{L}_{k1},\boldsymbol{L}_{k2},\cdots,\boldsymbol{L}_{kp}\ (k=1,2,\cdots,p)$ 的方法可以用雅可比方法。

4)计算因子方差贡献率

第 i 个因子方差的贡献率为

$$a_i=\frac{\lambda_i}{\sum_{i=1}^{n}\lambda_i} \tag{4-17}$$

主成分的个数可以通过方差贡献率来进行保留，前 m 个主成分基本包含了全部测定指标所需信息，在前 m 个主成分的贡献率达到 85%时，就可通过前 m 个主成分对实际问题进行分析研究。

5)主成分的计算

第 i 个主成分的对应值为

$$F_i=\sum_{k=1}^{p}\sum_{j=1}^{p}\boldsymbol{L}_{kt}X_{ij}^{*}\ (t=1,2,\cdots,p) \tag{4-18}$$

6)计算综合评价值

企业资产经营绩效的综合评价值为

$$F=\sum_{k=1}^{n}\sum_{j=1}^{p}a_iF_i \tag{4-19}$$

第 5 章

提高企业资本流动安全性与效率性的对策

5.1 基于生命周期的企业资本流动安全性及效率性的保障对策

5.1.1 保障企业初创期安全性的对策

根据生命周期理论，可以将企业分为种子期(seed stage)、创业期(start-up stage)、成长期(expansion stage)、成熟期(mature stage)和衰退期(decline stage)。在各个阶段企业有不同的特征、不同的组织结构，在人力结构、技术开发运用及资金来源等方面都有所不同，这就要求根据企业所处不同生命周期的风险特点以及各阶段核心要素的特征对企业风险进行防范。即在企业初创期(将种子期与创业期合并主要是考虑到这两个阶段比较相似而且时间不长)、成长期和成熟期如何对资金、人力、技术进行控制，使它们能够更有利于实现企业的目标。由于我国企业(尤其是科技型、创新型企业)主要处于起步阶段，很少能够发展到衰退期，因此，本书不对衰退期的各核心要素的安全性对策进行论述。企业成长曲线如图 5-1 所示。

企业的初创期是指企业的种子期和创业期，即技术从"想法"到研制成功，从创建企业到将技术转移成产品的过程。种子期是技术的萌芽与产生阶段。研究开发人员在这个阶段的主要准备工作包括：在技术和商业的角度上，评估研发成果的可能性；通过对市场进行调查研究，确定研究成果的技术规范内容，降低市场风险；寻找投资者和企业家，做好创建企业的前期研究和准备；广泛搜集信息，

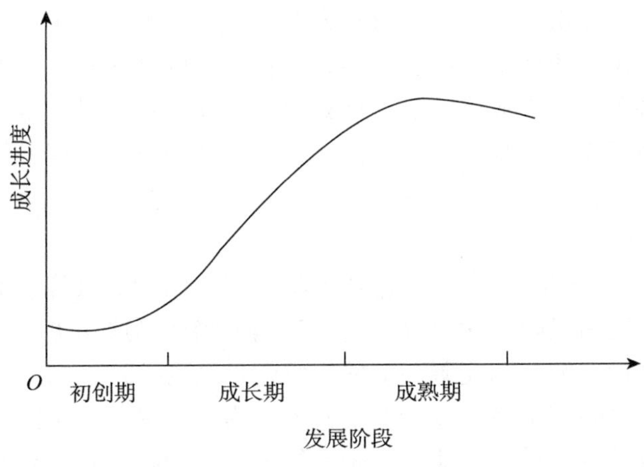

图 5-1　企业成长曲线

构建经营流程计划；筹措研究开发、创建企业所需资金。创业期是实现技术创新和新产品投入市场的阶段。在这个企业初建时期，企业开始按照预期计划实行经营，这是企业生产迈进商业化、产业化的阶段。创业期短则 6 个月，长则 4、5 年不等，一般来讲，它主要受企业所处行业的影响。在这个阶段，企业的主要工作如下：统一产品生产标准，完善新产品、新技术的规范，将新产品广泛地投入市场；建立并运行与企业相适应的经营管理制度；进一步筹集组织扩大生产、销售所需的资金。下面从资金、人力、技术几方面入手，分析企业在初创阶段应该如何对其进行安全性控制以防范此阶段的风险。

1. 保障企业初创期资金安全性的对策

1)初创期企业的财务管理目标

在企业的初创阶段，技术开发往往需要先进的机器设备，没有足够的资金支持，技术很难研制成功。在种子期，资金需求量相对较小，主要是进行技术的研究开发。因此，这一时期企业的融资方式多选择政府财政资金和自有资金。政府为鼓励企业的发展，鼓励技术创新，采取了多种措施，如设立孵化器、专项财政资金、税收优惠等。在企业的初始阶段，资金的积累和运营控制着企业的命脉，及时的后续资金保证是企业财务管理过程中的重中之重，所以，资金筹集最大化将成为企业这一阶段财务管理的主要目标。随着创新技术产品化的实现，创业期的企业为了使技术产品化的商品能够成功地进入市场，资金的运转仍处于举足轻重的地位。这一阶段，企业的资金主要用于形成生产能力和开拓市场，资金需求量较大，约有 30%的企业都由于资金短缺败下阵来。处于此阶段的企业，不确定性较强，现金流出远大于现金流入，投资者非常谨慎，只有证明该企业具有可预见的投资回报时，才会大胆地投入资金。因此，处于此阶段的企业筹资方式十分有限，企业从银行取得贷款的可能性不大，即使取得贷款，高贷款利率也将使企业背上沉重的债务负担。尽管风险投资基金理论上能给予企业一定程度上的支持，但企业筹资压力依然十分巨大。另外，在企业的创业期，各种经营管理、财务管理乃至人员管理都不成体系，种种迹象表明在创业阶段，企业财务管理工作的重心仍是筹集组织生产与拓宽产品进入市场所需的资金，资金筹集最大化仍为这一阶段企业财务管理的主要目标。

2)初创期的融资方式

初创期企业(科技型)融资主要选择风险投资。因为对风险投资公司来说，其目的就是通过投资高风险企业以寻求高额利润。当产品成功进入市场后，企业必然会追加生产批量，健全和完善相应的组织管理结构，这些都需要大量持续资金的供给。在国外风险资金在企业创业期介入，为了能够获得高回报，风险投资机构还派出风险投资专家进入企业，与企业管理者共同参与管理企业。美国是高技术企业发展最好的国家，也是风险投资业最发达的国家。可见企业的发展离不开风险投资。在我国目前风险投资的运作机制还不完善，风险投资业的发展存在很多问题。在过去二十多年的实践中，中国在建立与高科技产业发展相适应的融资机制方面已经进行了长期而艰苦的探索。从 20 世纪 80 年代中叶开始探索建立专门的风险投资机构。1985 年，中国成立了第一家专营风险投资的全国性金融机构——中国高技术创业投资公司。但风险投资在我国真正引起重视，还是在 1998 年中国民主建国会中央委员会向全国政治协商会议提交“尽快发展我国风险投资事业”的提案被列为“一号提案”之后。其主营业务是向企业及科技型中小企业进行投资，为企业提供融资咨询，参与被投资企业的经营管理，最终转让由投资所形成的股权，再进入新的企业中。近几年来，即便遭遇世界金融危机的冲击，中国经济 GDP 平稳保持着 8%的增速，中国的经济强劲进入高速发展阶段，中国的风险投资业方兴未艾。2011 年，在中国大陆注册备案的海内外风险投资协会的名单共计 56 家、风险投资公司共计 544 家。国内外的风险投资机构对募资极具热情，其中，人民币基金的募集在募资市场起强势主导地位，其数量高达九成。仅 2011 年，发生的投资案例高达 1 503 起，这些案例主要涉及互联网技术、清洁技术、电信增值业务等，其中 1 452 起案例的投资金额高达 127.62 亿美元，在投资案例数和金额上分别是 2010 年的 1.84 倍和 2.37 倍。总体来看，从 2002 年至 2011 年这 10 年间，风险投资案例数年复合增长率达 23.4%，金额呈几何级增长，达到 46.2%。中国风险投资发展迅猛。虽然风险投资存在着极大的机遇和良好的环境，但是中国的风险投资还面临着很多困难。一方面，中国风险资金的来源方式不够灵活，来源渠道狭窄，资金的可用性还很有限；另一方面，中国区域经济发展不平衡，与之相关联的中国风险投资也存在区域间的不平衡，很难总体调控。另外，风险投资的退出机制和市场机制不健全也阻碍着我国风险投资的发展。

2. 保障企业初创期人力资本安全性的对策

在产品的生命周期不断缩短、技术不断更替以及顾客需求不断提高的现代化社会，要求企业在其发展的不同阶段必须拥有不同类型的人才。企业应该根据不同发展阶段，确立不同的战略思想，制定能适应各阶段人才开发、使用、培训和激励的人才战略以及管理控制方法，这也是企业能在竞争中立于不败之地的关键。

1)初创期企业需要的人才

企业初创阶段风险极高。在种子期，企业需要的主要是技术专家。在创业期企业所需要的是企业家型的人才、营销人才。企业需要的企业家型人才是指能够发现投资机会，善于将各种生产要素(资本、技术、信息等)组合为有效投入和产出的管理人才。处在初创期的企业需要积极地开拓市场，企业应当拥有高素质的营销人才。这不仅能够提高企业的产品市场占有率，也能够有效降低企业的失败率。在这一阶段的人力开发上主要是依靠情感和义气的投入，因为企业的投入多于产出；在使用人才上首先要营造和谐的工作环境，并用真情的感化来推动和维持人才的工作热情；在人才的培训上必须动之以情，晓之以理，使人才在服务于企业的同时还能够发展自我。当然，一味地强调情感的投入也容易滋生人才的惰性和个人需求的膨胀。对人才的管理控制以重义融情、为人才营造宽松的工作环境为重点，坚持通情达理，同时实施强有力的领导。企业的创业者、管理者首先要规划企业的远景与方向，调动员工的力量共同实现这一目标。此外，还要注重企业的长远目标，不能只看到眼前利益。

2)企业人才应具备的能力

微软、思科、雅虎等公司从成立到上市仅仅用了十几年甚至几年的时间，它们的市值已超过了很多老牌公司。它们的成功为我国企业提供了宝贵经验。企业在挑选人才时应注重以下几方面的能力。

一是具有较强的适应能力，这也是企业员工的基本素质。员工应该快速地适应工作环境，熟练地掌握所需要的技术和知识以更好地开展工作。由于市场千变万化，企业应及时地完善管理方式，改善经营策略并且调整产品生产结构以适应市场的需求。产品更新换代速度快，这就需要在企业任职的人员必须有较强的适应新环境的能力、快速进入角色的、适应市场变化的能力和及时调整自己角色的能力。二是要具有创新能力，创新能力是人才进入企业的必备条件。员工应具备吸收并创造新信息、新技术的能力，并把这些新的技术运用到企业中，同时企业也需要员工能有一定程度上的新的管理思维，能够为改善公司的管理水平带来新的思路。三是具有较强的独立工作能力，这是在企业工作的基础。在企业的人员组成中，大部分的员工主要从事新产品和技术的研发、创新，专业性比较强。企业要求员工根据自身负责工作的不同，有能力独立地确定工作目标，计划工作流程，积极与其他组织或人员协调、控制整个工作的开展进度。这样就能使员工不但能完成工作，还能够保证工作完成的质量。这样一来，员工就从单纯的工作参与者转变成该项工作的组织协调人，变成了管理人员。

员工既要具有独立工作的能力，又要有较强的团队合作精神。企业中没有不需要其他人员帮助就可完成的工作，企业要达到既定目标，需要众多员工相互配合帮助，发挥集体力量、共同奋斗才是成功的保证。而且只有在人际关系融洽的环境中才能最大限度地激发员工工作的积极性。具有成熟健康的心理素质的人力资源管理者是企业管理人员的最佳人选。另外，还要考虑应聘者是否具有优秀的品行、较好的心理素质、扎实的理论基础和丰富的实践经验等。

3. 保障企业初创期技术资本安全性的对策

在初创期，企业技术的管理控制特点就是掌握市场行情，选择有发展潜力的科研方向，鼓励科研人员致力于技术的研究开发，做好知识产权的保护等工作。企业能否发展，关键在于技术能否开发成功。科研院所、高校和各类科技计划的成果是目前重要的技术来源，企业开发技术的目的多是以竞争国内市场为主。企业可以与科研院所、高校联合，企业提供资金，科研院所、高校提供技术，但合作各方要协调好技术的归属，以免日后专利权权属不明，造成不必要的麻烦。在进行了市场调查，筹集到相应资金，开发技术的人才到位之后，企业的目标就是抓紧时间研制开发新技术，采取领先战略，尽快生产出新产品抢占市场。之后，技术应与生产、市场相互调试。企业在初创阶段产品的制造方法、生产工艺很不稳定，需要反复多次地试验、调试。此时，需要企业家具有较强的心理承受能力。

目前，在技术开发成功后能够形成自主知识产权并得到保护的企业不多，许多企业没有意识到要及时申请专利权以保护知识产权。专利申请必须先发制人。《中华人民共和国专利法》明文规定“两个以上的申请人分别就同样的发明创造申请专利的，专利权授予最先申请的人”。因此，企业在技术研究开发后，不仅要采取预防措施，更重要的是应主动出击、抢占制高点，及时申请专利权。这样就会使相同的发明创造不会再被授予专利权，可以大大降低本企业侵犯他人专利权的概率，也使企业具有了独占权。在新产品获得专利权后，企业仍需继续研究对该新技术进一步改进的方案，并将那些近期不准备实施，但一旦被其他企业抢先获得专利权又会妨碍本企业发展的其他可能方案及时向社会公开，以防止其他企业采用外围专利战略与自己对抗，限制本企业的发展。

总之，企业在初创期最重要的任务就是筹集到研究开发技术所需的资金、有相关的技术开发人才进行技术的开发研制。此时，企业需要大量资金的投入，但几乎没有回报，创业者也不会过多地考虑薪水问题。企业在初创期主要从事技术开发研究工作，组织结构比较简单，一般是一位管理人员、财务人员和几位技术人员。而新技术、新产品的完善以及人们对它的认识和掌握还需要一个过程，要经过反复试验、修正和改进。这一阶段，企业的 R&D 投入大，技术不成熟，产品性能不稳定，市场前景不明确，缺乏管理经验。企业的风险最大，主要包括技术风险、市场风险、财务风险和经营风险等。而且，一旦管理和决策失误就可能造成对开发项目的放弃或完全失败。据国外经验，企业在初创期失败率高达 90%。企业在初创期要获得成功，需要具备以下条件：①有足够的资金支持，如风险投资等；②有自己的核心技术并申请获得相应的知识产权；③在技术水平上具有领先地位，能够形成企业核心竞争能力的技术支撑；④新技术产品将来能够占领市场。

为了经受住企业在初创期的技术不成熟、资金不充足、产品成本高、市场占有率低等风险，首先，企业要物色懂技术、善于经营管理、能够驾驭风险的企业家，组成技术人员与管理人员能力互补的决策机构；其次，企业与风险资金结合，使企业的发展、技术的开发等有足够的资金支持。

5.1.2 保障企业成长期安全性的对策

企业闯过了初创期后，便开始进入成长期。成长期，是指技术加速发展和组织生产不断扩大的阶段。成长期的企业在产品生产上基本完成了新产品的技术化、市场化；在组织建设上，基本构建了较为完整的企业管理体系，建立了适应企业发展水平的人力资本管理系统和财务管理系统。这一时期的企业有了一定的资金积累，开始探索规模经济，但由于企业规模和竞争能力有限，所以距离企业上市，进行股票融资还有很大的差距。企业成长阶段从事的主要经营活动如下：在产品生产方面，不断地加强技术创新，积极地进行产品的完善和升级，探索更适应市场需求的产品；在市场推广方面，采用更为广泛和灵活的营销策略；在融资方面，寻求过渡性融资，采取侧重权益筹资的融资结构，减轻企业的债务负担，使企业能将资金更有效地运用到产品的更新换代中，促进企业的规模经济；在组织管理方面，要进一步完善企业的管理系统特别是财务管理系统，使之不断地适应企业的高速发展，加强企业管理的执行力。

在这一阶段，企业的技术、产品已基本成型，销售额和利润增长，企业初具规模，企业形象与产品品牌已有一定的信誉和知名度。与初创阶段相比，影响企业发展的各种不确定因素大为减少，风险也随之降低。企业为扩充生产需要购置新的设备，必然要求运作资金能够满足企业规模不断扩大的需要，其一般是初创阶段的十倍以上。

1. 保障企业成长期资金安全性的对策

1)成长期企业的财务管理目标

为了生存，处于成长期的企业必须保持高速增长。此时，由于企业所处竞争环境的不同，战略目标往往不同，相应的财务管理目标也不同。从市场风险的角度考虑，企业会以迅速达到更高的市场占有率来应对当前已有的竞争对手或未来的潜在竞争对手。这个市场的战略目标就要求企业有更为广阔和灵活的销售手段来促进产品销量能够在短时间内不断提升。当然，这些都是要有持续不断的丰厚的资金作为支撑的，所以在这一阶段，资金的筹措和运营又再次成为企业财务管理的重要内容，财务管理的目标仍然是资金筹集最大化。如果存在当前的竞争对手或未来的潜在竞争对手，但是企业自身的市场占有率足以满足自身的生存和发展，大可不必盲目地提高市场占有率而使企业陷入恶性竞争的危险中。相反企业财务管理的重心是要根据自身生存发展的速度来有效控制资金的运营管理。所以，处在这一阶段的企业选择资本净利率最大化作为企业财务管理的主要目标更为合理。资本净利率作为一个衡量利润实现效率的指标，能够将资金与净利润链接起来，直观地反映出资本的运营效率与利润获得的关系，更好地反映企业资金运转效率和企业整体发展速度。

如果企业认为所处的市场环境比较稳定，预期未来罕有竞争对手，并且产品能够较好地满足市场需求时，在这种情况下，企业尽管仍然需要资金运转的支持，但是由于企业预期发展前景良好，所以筹融资风险较小，企业此阶段的主要活动就是应继续保持技术领先，稳步扩大产品的市场份额，实现规模经济，获取超额收益。因此，成长期企业的财务管理目标就是利润最大化。

2)融资方式的选择及管理

由于成长期企业规模迅速扩大，生产经营稳定性较弱，产品技术开发让位于工艺技术的开发，同时第二代产品开始研发，处于此阶段的企业需要大量的资金做后盾。此时应加强营销技术的开拓和创新，提升产品的市场适应能力。这就使得提高企业资金的管理控制能力显得尤为重要。因此，在融资组合的选择上，企业应力求避免债务性筹资组合，选择权益性的筹资组合，如可转换债券、资本性长期债券这样的过渡性筹资组合，这样就能降低企业的还资压力。

成长期企业的资金需求远大于初创期，企业要在短时期内获得大量的资金，以便迅速组织生产，抢占市场。这一时期的特点决定了企业的资金来源主要选择以下两个渠道：一是继续选择风险投资公司的后续投资；二是选择商业银行的贷款。在成长期的后期，企业还可通过上市从资本市场上直接融资。这一阶段，企业的管理逐渐完善，政府也愿意为企业提供信贷担保。企业的融资渠道、融资规模有了大幅度的拓展。由于融资渠道的多元化，对于资金的管理不再像初创期时那么简单，企业要制定最优资本结构政策，选择资金成本最小、资本结构最优的融资组合，使资本结构处于最佳状态，降低资本成本。

在制定企业的融资策略时，第一应考虑销售的稳定性，销售越稳定，就越能通过更多的举债方式融资；第二应考虑盈利能力，盈利能力强的企业就不必过多举债；第三应考虑上市的可能性，如果企业上市，融资对象将扩大，融资方式增加，筹资更加容易；第四应考虑经营杠杆，如果企业的固定成本比重大，即经营杠杆高，销售收入较小的变动就会引起营业利润较大的变动，在其他因素不变的情况下，经营杠杆越小，就越能利用举债融资；第五应考虑资产结构，可做抵押品的资产越多，企业就越能利用负债融资。

3)资金的运用

成长期企业的经营稳定性不强，顾客对产品的认识不全面，企业只有通过营销策略和降低产品成本来增加企业的利润。另外，成长期企业的资金主要用于工艺技术的开发，技术的开发让位于工艺技术的开发，并开始开发第二代产品，用于 R&D 的资金仍然较多。企业必须时刻保持技术创新，预算最低成本，决策是否更新设备。

企业对管理人员、技术人员等重要的人力资源应该给予一定的奖励，避免由于对人才的管理不善而导致人力资本的流失。尤其在成长期，企业发展还不稳定，如果失去了人才，对企业无异于雪上加霜，将会影响企业的成长。

2. 保障企业成长期人力资本安全性的对策

企业进入成长期后，已经具有人力资本管理的能力，为了实现企业不断增长的目标，也应该及时进行人力资本管理。在企业中设立人力资本(资源)管理部门，专门负责人力资源的招聘、培训、激励等制度的建立和完善。

1)人力资本管理的基础性工作

人力资本管理根据其具体内容划分，主要包括人力资本规划、员工招聘、档案、合同、考勤、考核、培训、薪金、福利、升职、离职等管理内容。企业人力资本管理的基础性工作是建立人力资本基本运行体系，这个体系主要包括人力资本管理基本规章制度和人力资本管理操作流程这两个重要组成部分。建立一套完整的人力资本管理基本规章制度是人力资本管理部门一切管理活动的行动指南和行为标准，是企业人力资本整体管理活动能够依规而行的前提。没有标准化的规章制度，一切人力资本管理的具体流程和计划将混乱无序，毫无效率意义可言。因此，企业应根据所处行业特点以及企业自身的特殊性，建立一套适合当前自身生存和发展的人力资本管理基本规章制度，最大限度地发挥人力资本的效用，提高员工的积极性，提升企业绩效。另外，如果没有流畅的人力资本管理操作流程，那么人力资本管理的具体工作将无法实施，人力资本管理的基本规章制度将变成一纸空谈。因此，建立一套流畅的人力资本管理操作流程，是人力资本管理工作最终实现的保证。只有在规章制度和操作流程相互配合、相互依托下，人力资本基本运行体系才能更好地执行管理层的人力资本管理的职能。

2)人力资本管理的开拓性工作

开拓性的人力资本管理工作强调的是能够为企业提供增值服务，为技术开发成功、技术扩散、产品试制成功到最终成功进入市场实现企业目标服务的特殊要求。人力资本管理工作的最终目标是通过提高员工创造企业价值的积极性，协调员工自身需求与企业绩效共同提升。为了提高员工创造利润的积极性，就需要企业结合所处阶段的战略目标，为员工创造良好的企业环境，为员工提供晋升和学习机会；建立完善的人力资本产权激励机制和与员工能力挂钩的薪酬体系，将员工的薪酬与企业的绩效联系起来，提高员工创造利润的积极性。这些开拓性工作能够使员工在企业中获得安全稳定的工作环境、广阔的学习和晋升空间，合理地协调了员工自身需求和企业发展需求的矛盾，更有利于企业管理的完善和绩效的提升。

对于企业人力资本管理来说，管理一些高素质、高层次(人力资本)员工的目的更在于其人身价值能否实现，企业所提供的环境是否能促进其将知识转化成技术。可以说，新时代赋予了人力资本管理新的职能。企业应为员工创造自由、安定的成长氛围和空间；培养员工的团队素养，积极交流协作，共同促进企业的发展；向员工提供更为良好的晋升和自我提升的机会，使员工能够在创造企业价值的同时也能够提升自身的价值。

为了避免人才羽翼丰满就跳槽离职现象的发生，企业应当根据自身的实际情况，营造企业与员工共同成长的组织氛围，充分发挥团队精神，规划企业的宏伟前景，尤其是在企业成长期，要让员工对企业的未来充满信心和希望，同企业共同发展，并为人才提供其施展才华、实现自我超越的广阔空间。在企业中形成一种“以人为本”的企业管理理念，要为员工建立一种自由、充满活力的企业文化环境；在人员组织配备上，要做到公平性和差异性并存，培养基础人才，鼓励优秀人才，选拔尖端人才，根据岗位的差异，配备不同的员工组合，使员工能各尽其能；建立合理的员工考核选拔机制，并建立与之相对应的赏罚措施，激发员工的积极性，使其更好地为企业服务；组织员工开展自由灵活的业余拓展活动，培养员工其他的兴趣和爱好，提高员工思维的灵活性，加强员工间的沟通，弘扬团队精神；在一定程度上给予员工参与企业管理的机会，丰富人力资本产权激励机制。

企业还必须建立一支高效的管理团队。企业应该打破固有模式的禁锢，吸引更多具有共同信念、共同目标的人员加入企业的高管团队中。明确高管团队的目标和各成员自身的职责；加强团队中人员的沟通交流，使团队成员能够做到工作方法、管理手段与企业所处阶段的战略目标一致；明晰各成员的工作职责划分，做到不越权、不滥用职权；给予高管团队一定程度的企业控制权和管理权，提高高管人员的积极性和自信心，做到能够有效地集中团队中每名人员的智慧，将整个团队的人、物、财、信息集中于企业战略目标上，从而使企业在竞争中赢得主动地位；企业还应建立具有开放性、建设性的企业文化环境，使团队成员勇于承担风险，敢于承担外界质疑，促进团队成员自身能动性的最大释放。

3)对管理者的要求

企业管理者是整个企业运行中的“舵手”，他们的行为有时直接关系着企业的生存发展。企业赋予了他们重要的使命。管理者要不断地学习和获取新的信息和管理知识，保持创新意识，要将创造出的新思想和先进理念带到企业的管理文化中，以自身的创新带动整个企业的创新；管理者应当极具组织才能和战略眼光，根据企业的不同发展阶段制定企业不同的发展方向，并且制订长期和短期的发展方案以契合企业不同阶段的发展需要；管理者应选拔和培养得力员工，协调组织内部各种力量和关系，以保证组织各项管理活动能够有效地实施；管理者应建立适合本企业的激励机制，及时地对员工的行为做出正确的指引。

3. 保障企业成长期技术资本安全性的对策

1)技术的运用与扩散

技术的运用与扩散是指一项技术成果从产品化、投入市场、大力推广和普遍采用，直到最终被新的技术所取代而退出市场的全过程。从本质上说，技术扩散就是对技术的一种“推销”。技术扩散具有如下性质：第一，技术扩散需要广泛的扩散主体和接受客体，在扩散主体向潜在的接受客体转递技术的过程中需要通畅的转递路径作为保障；第二，在技术创新扩散的过程中，要与企业成本和收益的期望相一致；第三，要重视顾客对产品和技术的选择，要根据市场的需求来确定技术扩散的可用性；第四，技术的更新和创造也需要市场上良性的竞争环境。技术扩散的主体主要包括传统媒体、网络和中介扩散机构。技术扩散联结着技术的供给方和需求方，他们是企业推广新技术和新产品必不可少的环节。企业要有效利用中介机构为企业进行宣传。

2)技术的保护

企业在成长过程中，技术不断创新，最初的技术已不具备新颖性。这时企业可以将原有的专利权转让给其他企业，并致力于新技术的研制以及生产更新产品，成为本行业的领头羊，占据高技术的制高点，使企业处于优势地位。同时，企业不能忽视知识产权的保护，以防竞争对手窃取技术秘密。

在成长期，企业的组织结构不断增大，需要大量的人力资源、资金来满足企业扩张的需要，企业应该坚持创新发展的战略，即技术创新、管理创新和制度创新。企业的任务在成长期也是十分艰巨的，如企业在将技术转移扩散到产品中后，不断扩大的产品市场占有率要求企业有足够的产品供应，即要求企业不断扩大规模，扩大生产线，拓展生产与服务能力，组建强有力的营销队伍，建立完善的销售渠道，以保持企业的成长趋势；产品更新速度快，企业应在提高产品质量、降低成本的同时，着手研究开发新技术、新产品。按国际经验，高新技术产业一般经过 15 年左右的时间就开始进入成长期。例如，黑龙江省高新区已成立 20 余年，一大批技术创新能力强、机制灵活、适应市场经济要求的企业在迅速成长和壮大，初步形成了一些特色明显、具有一定规模的高新技术支柱企业，产生了较大成效。

5.1.3 保障企业成熟期安全性的对策

成熟期，是指技术成熟和产品进入大工业生产的阶段。企业的技术处于成熟状态，生产、销售、服务已基本完善，产品价格稳定，市场趋于饱和，企业大量盈利，销售量由成长期的迅速增长转为减速增长，追随者也趋于成熟化，此时企业的风险最小。企业成熟阶段的标志就是企业通过股票的公开上市，进入资本市场。风险投资基本上撤出了企业；企业的股权市场化；企业在着手直接融资的同时，进一步加强与银行的信用关系，筹资风险下降；经营机制应按照上市公司的要求进一步加强规范。

1. 保障企业成熟期资金安全性的对策

企业在经历了一段以递增速度发展后进入了成熟期。在成熟期，企业的组织结构已经比较完整，软硬件建设已趋向成熟，虽然发展仍然可能保持很快速度，但是以递增的速度发展的可能性几乎不再存在。在这个阶段，企业的首要目标已不是生存而是提高经济效益和获利，企业可以把选择权益报酬率最大化作为企业财务管理的目标。权益报酬率是指净利润除以所有者权益而得出的比值，权益报酬率反映了企业权益性资本的获利能力，权益报酬率可以用来衡量企业的经济效益。企业在成熟期资金的融资方式及运用重点如下。

1)融资方式的选择及管理

这一时期，企业风险最小，大量盈利，资金需求量也达到最高水平。风险投资退出，此时企业融资的重点是运作上市。上市可以为风险投资者兑现投资收益，还能使企业今后更加方便地筹集新的资金。进入成熟期后，企业拥有充足的条件可以考虑向银行等金融机构贷款。因为此时企业的风险已大大降低，管理也上了轨道，企业信用加强，银行等金融机构也愿意提供贷款。向银行等金融机构贷款的优点是成本低、期限长，这种融资方式已成为最方便、最便宜的一种融资方式。我国各省市政府为促进企业的发展，也先后提出各商业银行放款政策等措施。在政府的支持下，企业更容易获得银行贷款。此外，企业还可通过并购来实现规模经济和技术的整合。

2)资金的运用

在成熟期，企业规模不断壮大，为适应市场需求，以及规模经济的需求，大批量生产，要求购置更多的设备、材料，建造厂房、办公楼，增设营销点，推出新产品，招收新员工等，这些活动均需要大量资金。企业筹集到资金后必须进行合理分配。企业为保障有后续资金来支持企业技术的创新和开发，就要首先进行对内投资的资金的分配，进而取得竞争的优势。企业必须留出一定资金用于

R&D，如果不及时开发出新技术，目前所拥有的市场占有率就会很容易被新兴企业所瓜分；同时要保证企业有能力购买必需的生产设备，避免出现科研技术只开花不结果的局面；然后审慎对待对外投资的项目的选择。在对外投资的选择上，一方面应考虑企业所处的生命周期以及企业面临的内外部政治经济环境的影响；另一方面还应考虑企业的对外投资的风险承受程度。在考虑了这些因素的影响后，再对对外投资形式进行选择，以便企业能够获得更为客观的收益。

总之，合理分配企业对内投资和对外投资的资金，在保证企业内部经营运转良好的情况下，加强对外投资，筹措企业发展所需的资金。加强对企业投筹资决策、资金的运营效果、盈利收入的管理控制。

基于企业生命周期的企业财务管理目标体系如表 5-1 所示。

表 5-1　基于企业生命周期的企业财务管理目标体系

目标	生命周期	具体目标
企业 价值 最大	初创期	筹资数量最大化
	成长期	筹资数量最大化 利润最大化 资产净利率最大化
	成熟期	权益报酬率最大化

2. 保障企业成熟期人力资本安全性的对策

进入成熟期后，企业需要大量知识型人才，需要在人力资本的管理上加强企业的各方面管理，创建良好的企业内部环境。

1)用成功的企业绩效来吸引外部人才

创新是当今经济发展的主题，创新的主体就是人才。高技术人才的稀缺性使得企业在竞争激烈的市场上使尽浑身解数来吸引需要的人才。当下企业一般采用高薪物质奖励和远期事业激励作为与其他企业竞争的手段来吸引人才。然而，对人才依赖性最强的我国高新技术企业绝大部分都还在初创和成长阶段，特别是大量的中小企业，其本身的资金运转都很脆弱，基本上不可能采用薪酬物质激励在人才竞争上与国外大型科技型企业较量。为了弥补这种先天的不足，同时达到吸引外部人才的目的，我国中小型的高新技术企业通常会在保证一定的薪酬激励的情况下，着重利用企业的预期发展趋势、高利润高绩效增长以及极具晋升空间的职位来吸引核心技术人才。与此同时，企业也会采取一些如期权、股票等与企业绩效相关联的激励方式来吸引人才，这使得外部人才能获得更为丰厚的物质奖励，同时还能提升员工的存在感和积极性。此外，企业也应把自身所处的内外部风险情况的信息及时告知员工，使之能够将自身的前途与企业的前途、自身的风险与企业所处的风险联系起来，提高员工对企业的认同感。另外，在人才的选择上要具有弹性，要突破原有的企业界限和思想上的禁锢，建立一支适应企业内外部环境变化的更具功能性、弹性的组织团队。

2)丰富人力资本的投资方式，加大对人力资本的投资力度

高新技术企业具有更新周期短、变化快、时效性强的特点。往往今天的高新技术转瞬之间就变成“明日黄花”。高新技术企业要想在行业中持续保持技术领先地位，就必须不断地推陈出新，这就使得高新技术企业尤为重视人才的“保鲜”，即对现有人才的培训和开发，加大对员工的培养力度，使得员工能够在“干中学”的过程中创新技术。企业要为员工打造“学习型组织”，按照彼得・圣吉的定义，学习型组织是具有学习理念、学习功能、不断创新的组织。企业要营造一种学习和交流的文化氛围，创造空间和正规的学习机制，为所有员工的学习提供便利，鼓励他们改革创新，适应技术不断变革的要求，增强员工在不同的技术环境和组织环境中的适应能力，拓展人力资源的价值转换空间。西奥多・W. 舒尔茨也讲过：“劳动者成为资本的拥有者不是因为公司的所有权扩展到了民间，而是由于劳动者挖掘了具有经济价值的知识和技能，这种知识和技能在很大程度上是投资的结果。”企业对人力资本的投资能够在一定程度上保持技术的创新性，有助于企业在竞争中获得优势。

3)建立有效的环境机制

有效的环境机制是人力资本安全最根本的保证。一方面，企业可以通过精简繁冗的组织结构层次来加强创新设想的传递效率；另一方面，企业可以设立专项的创新基金，将其作为创新项目的资金支持。加强合作意识，忽视合作意味着放弃进行资源的优化组合，可能造成技术、人才、资金、时间等各种资源的浪费，使企业承受更大的风险。

4)实行“知识型员工”自主的弹性工作制

“知识型员工”是价值增值创造的主体，企业应该给予他们自主选择工作内容、工作方式和工作时间的空间。这是因为这类员工极具专业性，他们对自己的工作最熟悉，并且他们的工作在一定程度上都有排他性，所以，只有增强他们对本身工作的兴趣，才能激励他们更好地做好各项本职工作。由此，企业应尽可能地为知识型员工创造稳定自由又富有个性化的工作环境；丰富工作内容，实行弹性工作制，给予员工在工作时间和工作地点灵活选择的权利；积极开展多样化的业余拓展活动，提高员工对工作的喜爱程度。与此同时，企业也不能本末倒置，仍要对员工进行绩效考核，加强对员工的管理控制，最终达到促进企业不断向前发展的战略目标。

5)重视沟通与协调工作，营造互相尊重的企业文化氛围

知识密集型的员工大多数具有高智力、高学历的特点。他们往往希望得到企业应有的尊重和理解，他们不仅仅追求物质利益，还注重精神层面的奖励和满足。由于这类人才是管理层与被管理层之间的“润滑剂”，企业更应扩大对人力资

本的投资规模，并不断地丰富人力资本的投资形式，这能够在很大程度上增强他们对企业的归属感。同时，企业应构建内部民主环境机制，使人才之间的沟通与协调更具常规化，构建平等自由的文化氛围。

3. 保障企业成熟期技术资本安全性的对策

1)技术创新

技术创新是指企业通过更新自身的生产、经营管理模式以及采用创新技术、工艺，提升原有产品的使用性能，开发投产新产品，以此来更大程度地占据市场，增加企业绩效和价值的一种行为。企业以盈利为目标，通过进行产品生产、流通或向市场提供服务来实现其价值。企业是技术创新的主体，市场是技术创新的极大推动力。富有竞争力的产品和服务是创造企业利润、进行技术革新的最重要的手段。面对竞争压力剧增的市场，为避免成为市场竞争和优胜劣汰中的牺牲者，企业必须时刻保持技术上的领先地位，不断地推出新产品、新服务，提高旧产品的性能和服务的质量，从而保持并继续占有更多的市场份额。提高市场份额和追求超额利润是企业家们追求的亘古不变的目标，技术的创新就是能实现这一目标的最有利的方式。因此，技术创新是企业提升价值的内在动力。当企业发展到成熟期后，各种经营活动趋于稳定，企业家很容易滋生满足现状、功成名就的心态，陶醉于成功之中，骄傲自满，不思进取。对于企业来说，由于其风险极高，应该时刻保持技术创新，每年必须保留适量的 R&D 费用。

2)技术创新过程中应注意的问题

技术创新的风险性很高。在创新活动的进行中成功与失败往往是相生相伴的，往往一项创新活动的成功就意味着企业的成功，它很有可能给企业带来极大的经济效益，并为以后的创新行为带来激励和示范的作用，促进企业创新能持续良性发展。同样，一项创新活动的失败，会让企业承受巨大的沉没成本和经济负担，同时也会使创新人员遭受挫折，从而损害以后的创新积极性，这些都有可能使企业从此退出市场竞争舞台。企业要对科研人员实行奖励等措施，调动科技人员技术创新的积极性。首先，企业应该为员工创造自由、鼓励个性存在的科研氛围，人才在这样的环境中能够感受到归属感，能够更好地发挥聪明才智，更具进行技术创新的积极性；其次，企业应该在注重激发员工积极创新的同时，给员工提供更多的自身发展空间，通过开展不同领域的培训、不同阶段的培养计划，促进员工自身能力的提升，使员工能够更好地为企业服务；最后，企业还应加强员工间的沟通交流，通过开展丰富的拓展活动，提升员工之间的协作能力和团结意识。企业还应采取物质与精神激励相结合的人力资本激励机制，使各种创新人才都能得到不同层次的激励发展。

在成熟期，企业容易犯过分保守，满于现状，忽视竞争对手的错误。企业应继续推进坚持技术创新、制度创新、管理创新的经营管理方法。原有的技术和产品已经不能满足顾客的需求，企业只有不断开发新技术、推出新产品，全力保持可持续发展，才能避免进入衰退期。

5.2　立足企业流程控制实施企业资本流动安全性及效率性管理

5.2.1　企业资本流动安全性管理

根据企业安全性的重点，构建企业资本流动安全性管理控制流程图，如图5-2所示。

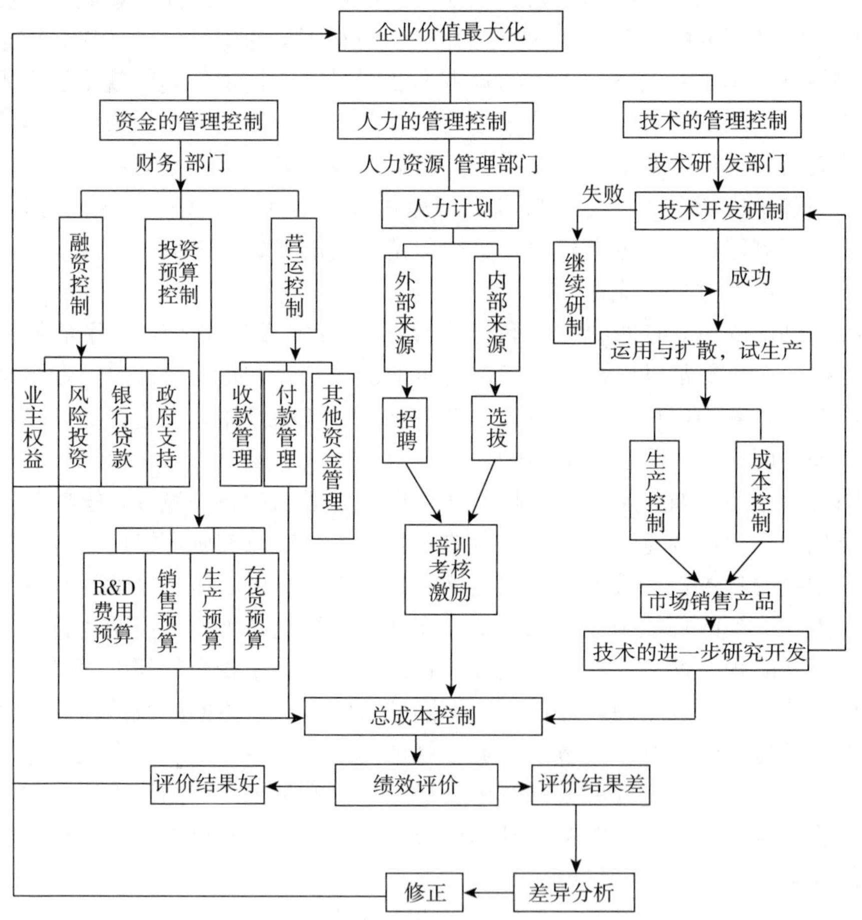

图5-2　企业资本流动安全性管理控制流程图

根据企业不同生命周期的特点，运用管理控制论对资金、技术和人才进行管理。资金、技术和人才是影响资本流动安全性的重要因素，对它们的管理控制也是环环相扣的，不可以忽视任何一个方面。初创期的企业，重点是资金的筹集、人力资源的开发、技术的开发研究。成长期的企业，重点是资金的筹集与运用、人力资源的管理、技术的运用与扩散。成熟期的企业，重点是资金的运用、人力资源的激励、技术创新能力再造；建立企业管理控制绩效指标，以评价企业的管理控制绩效；结合企业特点，制作企业管理控制流程图。

5.2.2　企业资本流动效率性管理

根据本章所述内容，可对企业各成长阶段资金需求量、资金的来源以及各阶段风险对资金需求的影响和各阶段企业资本流动效率性用图 5-3、表 5-2 和表 5-3 加以总结。

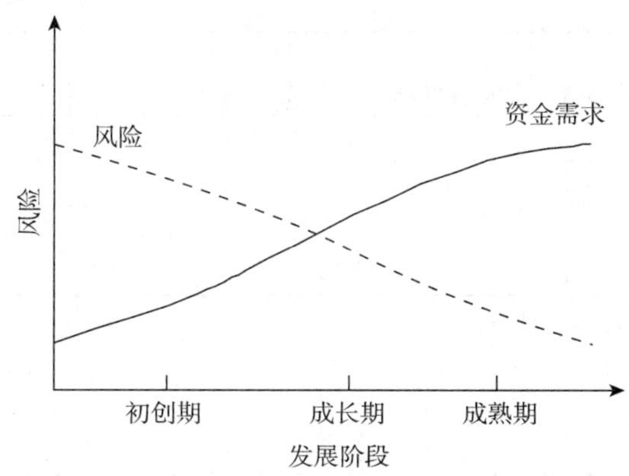

图 5-3　企业各发展阶段风险和资金需求量的关系

表 5-2　企业各发展阶段资本流动效率性分析表

发展阶段	主要目标	资本流动与企业的活动	资金需求特征	融资主体
初创期	技术及产品研发	可行性技术研究，技术开发，样品的研制和试验，寻找企业家，为创建企业做先期研究和准备；筹集研究和开发所需的资金；准备翔实的信息，制订经营计划，产品小规模推向市场，销售逐渐扩大，确定技术和商业上的可能性	资金需求量逐渐增加，主要用于技术的开发，投资风险大，资金来源主要是自有资金	创业者自筹及政府支持

续表

发展阶段	主要目标	资本流动与企业的活动	资金需求特征	融资主体
成长期	开拓产品市场，拓宽融资渠道	企业规模迅速扩大，经营稳定性不强，工艺技术的开发取代产品技术开发，并开始开发第二代产品，扩大对营销技术的开拓和创新，加快产品的更新换代，寻求筹措债务比重小、权益成本比重大的过渡性融资，如可转换债券、资本性长期债券等，提高企业自身的管理能力	逐渐引入风险投资，外部投资者介入，投资风险仍然较高，资金需求量很大	风险投资、政府担保信贷、银行信贷
成熟期	扩大生产，降低成本，占领市场	技术基本完善，生产销售规模稳定，不断进行技术创新，加强生产经营管理，股票公开上市，进入资本市场，调整企业的财务结构和经营机制	资金需求量大，投资风险相对较小，可以通过上市进行股票融资	风险投资退出，股票融资和银行信贷

表 5-3 企业各发展阶段与资金需求分布(单位:%)

发展阶段	技术及产品	人力资本	生产及设备	营销
初创期	40	30	20	10
成长期	20	25	30	25
成熟期	10	20	35	35

资料来源:《企业融资策略与方法》

5.3 构建企业资本流动效率性激励约束系统

5.3.1 企业资本流动效率性的激励系统

1. 企业资本流动激励系统概述

对企业经营者(即企业资本流动的指挥者、安排者)的激励系统是建立在管理学激励理论(以人的需求为基础)和经济学理论(经济行为分析)基础之上的，企业经营者从事资本流动的内驱力是实现自我享受收益的最大化，只有建立起使其自我利益与所有者收益最大化一致的激励系统，才能有效地激励经营者为提高企业资本流动效率而努力工作。

1)激励系统内容

在企业资本流动过程中，不同利益主体应该采取不同的激励系统。本书研究内容针对的是企业资本流动管理者(即企业经营者)的激励系统，激励系统内容主要包括物质激励、职位消费、股权激励和精神激励(非物质激励)。

(1)物质激励。年薪制是一种以年为单位确定经营者报酬的制度，是世界各国普遍采用的一种经营者报酬机制，但具体实施方法各有不同。随着我国国有企业改革的不断深化，年薪制也随之发展起来。实行年薪制的最重要的两个意义在于，一是以公开的方式使得经营者的较高收入合法化；二是合法化的高收入会刺激职位竞争的加剧，有助于提升经营者的素质。

(2)职位消费。职位消费，也称在职消费或职务消费，是指经营者在任职期内为行使经营者管理职能所消耗的费用。职位消费包括经营者的各种福利、办公费用(办公用品、电话费、办公设备折旧等)、交通费用(小车折旧、司机收入、油耗、过桥过路费及车辆管理费用等)、招待费用(经营者以公款举行的所有宴请、公关、联谊等费用)、培训费用(经营者参加各种培训、学习班及参观、考察费用)、信息费用(经营者为获得各种信息如参加订货会、信息发布会等所耗费用)和企业资本经营管理者以公款进行的其他消费。

(3)股权激励。股权激励包括持股、期股、股票期权三种形式。经营者持股有广义和狭义两种，广义持股是指经营者以各种形式持有本公司股票，狭义持股是指经营者享有股东的权利，与资产所有者以约定的价格购买数额一定的本公司股票，并且规定取得的收益可以在当年足额兑现的一种激励方式；期股不同于持股的激励形式，它是在任期内给予公司经营者的一种以既定价格获取本公司股票的一种激励方式。经营者可以按既定价格获取适当比例既定的公司股份。期间公司经营者只有分红、转让等有限权利。期股的收益不能在当年马上兑现获取，需要在未来长期中不断获得。股票期权是经营者在未来既定时期以签约时的股票价格购买既定数量本公司股票的权利。在行权前，股票期权持有人不享有任何权利；行权后，经营者可以获取行权价与市场价之间的差额收益。经营者具有在任何时间均可出售行权所得股票的权利。

(4)精神激励。一般情况下，人们对自己人生目标的追求往往受两个因素的制约：一是利益；二是评价。前者通过物质激励来完成，后者则需要精神激励来满足。精神激励的方式有很多，主要包括：建立统一等级奖励的评价标准，通过对经营者的绩效考核，对取得不同成绩的经营者进行奖励，在适当的时间给予对企业价值有突出贡献的经营者适当的晋升机会，使他们能够在实现公司价值的同时也实现个人价值的提升，受到企业和社会的认可。另外，政府应该在鼓励企业家贡献企业价值的同时，实现对国家价值的创造，对于那些为企业和国家都贡献巨大的企业家，政府应通过大众媒体宣传他们所做出的贡献，提升他们的社会名誉，并适当地给予相应的奖励，扩大社会影响。

2)激励系统的时代特征

企业经营者的激励系统应以人为本，突出人力资本价值。企业经营者的才能具有其自身的稀缺性，它对企业的生存发展起着至关重要的作用。优秀的企业经营者在一定程度上会影响整个社会的发展方向。经营者作为企业的“掌门人”，在整个企业的资本运营过程中处于举足轻重的地位，他们具有决策企业资本经营模式、决定企业营销模式、制定和参与企业内部管理以及制定企业基本管理政策制度等重要职能。根据委托代理理论，为了协调经营者与所有者之间的矛盾、最大限度地活跃经营者创造企业价值的积极性，科学合理的人力资本激励机制的健全就显得尤为重要。有效的激励系统可以高效地利用各种人力资本、信息资本、技术资本、财务资本、物质资本，以期达到企业的经济效益和社会效益。

2. 构建激励系统的原则

有效的激励系统必须兼顾两种使命，它既能有效调动经营者的积极性，又能防止经营者不顾风险、盲目追求利益的不负责任的行为。

1)科学性原则

经营者激励系统的有效性主要受以下四个影响因素的制约：第一，劳动行为回报率。它是指经营者为企业付出劳动所获得的有形或无形的激励回报。劳动行为回报率越高，意味着经营者通过努力工作可以得到的激励回报就越多，企业的经营者激励效果就越明显。第二，经营者绩效考核的准确性。它是指经营者在一定期间为企业创造绩效有效计量的准确程度。对经营者绩效考核越准确，就越能更为精确地度量经营者这项人力资本的价值，能够更好地满足经营者的需求，进而激励其更好地为公司创造价值。第三，经营者劳动行为对激励因素的敏感度。它是指企业的不同激励方式影响经营者行为的可能程度。第四，经营者对风险的态度。对于喜好风险的经营者，企业应制定更为大胆、更具诱惑力的激励方式，这样能在很大程度上增强激励的效果。

2)监督性原则

企业应该将资本经营者行为纳入完善的监督评价体系中。这样一方面能够准确地计量资本经营者的劳动行为能为企业带来的经济效益和价值，更好地制定激励方式，满足资本经营者的需求，提高其继续为企业创造更多价值的积极性；另一方面也能合理地监督资本经营者的行为，避免资本经营者给企业带来不利风险。

3)长短期激励相结合的原则

经营者任职期间做出的经营决策正确与否，必须通过其经营后果进行检验，而其经营后果往往需要经过几年乃至几十年才能体现出来。若单纯根据当年利润来决定对经营者的奖励，势必造成资本流动追逐短期目标和眼前利润，而对具有十分广阔发展前景的长期资本流动裹足不前。为了激励经营者做出有利于企业可持续发展的长远资本流动决策，既需要对他们的短期业绩进行奖励，更需要对他们的长期业绩提供持续性的奖励。

4)激励系统中的和谐与统一原则

激励系统的和谐指的是要在物质层面给予资本经营者足够的激励，同时不能忽略精神层面或是一些隐性的激励因素，要使有形激励与隐形激励相结合，互相配合，相互统一，在整个企业的激励系统中，形成物质与精神、收益与风险的和谐与统一。

3. 完善企业资本流动效率性激励系统的途径

对企业经营者实施物质激励，涉及企业所处行业、所处地区经济环境、经营规模等问题，针对我国目前企业激励机制运行的现状，无论在内容上还是形式上，都有极大的完善空间。

1)完善企业经营者年薪制

基本年薪应该根据资本经营规模、所处境况、本地区的生活水平，并参照同行业及相类似企业的薪酬水平等多种因素，采用加权平均的方法合理确定，公式如下：

$$\mathrm{sb}=\mathrm{Avg}\times \sum R_i K_i$$

其中，sb 表示基本年薪；Avg 表示行业高管基薪平均值；K_1 表示规模系数；K_2 表示本行业排名系数；K_3 表示地区生活水平系数；K_4 表示资本经营难度系数；R_i 表示各个因素的权重系数，$\sum R_i = 1$ 。

行业高管基薪平均值(Avg)参照本行业近两年的高管基薪的平均值计算。规模系数(K_1)按照企业规模大小——资产数额确定。本行业排名系数(K_2)考虑目标企业在本行业所处的地位确定。地区生活水平系数(K_3)考虑本地的物价水平、生活水平确定。资本经营难度系数(K_4)考虑目标企业的实际情况、所处环境的固有经营难度确定。各个因素的权重系数(R_i)用于调整上述因素对基本收入的影响程度。由于基本收入以企业所处行业高管基薪平均值为基准，所以在确定上述调整系数时，本企业的情况需要与所处行业的平均水平进行比较：如果企业资本规模大于行业平均水平，则规模系数大于 1；反之，规模系数小于 1。其余三个系数也是同理。另外，上述四个因素对基本收入影响程度的权重，每年可按物价水平的变动与经济增长等情况做适当调整。

2)规范在职消费

为了充分发挥职位消费对企业资本经营者的激励作用，应对目前的职位消费加以改进。

(1)明确界定职位消费层次。对不同企业规模以及业绩可以享受的职位消费层次进行明确界定，企业经营绩效差时，加强监控其职务消费；随着资本流动效率的提高，企业家享受的职务消费层次也会逐渐提高。

(2)职位消费货币化制度。将职位消费从暗贴改为明贴。为了扼制经营者职位消费居高不下的趋势，可以根据年度计划预期的销售或利税额把经营者的各种职位消费预定一个基本比例，再将所需的现金打入经营者的个人账户，并取消这些费用的公款列支，这样不仅降低了国家和企业的成本，同时又提高了经营者的货币收入。此外，随着企业所有者放宽经营自主权，经营者的地位也相应地得以提升，与之而来的职位消费也有所扩大。只有采用明贴的形式，才能避免过高的监督成本，有利于加强控制和监督，同时也加强了激励作用。

3)适时启动股票期权激励计划

随着规范股票期权激励的法律逐步完善，实施股票期权激励计划的条件已经具备。修订后的《中华人民共和国公司法》《中华人民共和国证券法》和 2006 年出台的《上市公司股权激励规范意见》拓宽了股票来源：规定可以以发行新股、预留和回购三种方式向激励对象实施股权激励计划；上市公司新发行的股票可以自留(即库存)股份，从而使预留和增发成为可能；在我国实施股票期权计划的股票可以从二级市场上回购获得，也可以在股票发行时预留期权额度。《中华人民共和国税法》也对实施股票期权激励形成初步规范的税收政策，公司和个人往往能够享受到税收的优惠，极大地促进了股票期权制度的推行。例如，从个人所得税角度看，股权激励在执行时有些可享受优惠，计入税前列支成本，减少了激励的成本，增加了经营者的实际收入。2007 年 1 月 1 日开始实施的《企业会计准则》也对股票期权激励的实施所涉及的一些会计问题做了比较详细的规定，给企业的会计工作以可循的原则和依据。上述一系列政策和法规的出台，为企业经营者实施股票期权激励计划提供了平台。

4)构建多种长期激励手段并用的报酬机制

长期激励是报酬机制的主要手段，除年薪收入占有绝对大的比重外，针对实际情况可通过以下几种方法解决经营者长期激励不足的问题。

(1)风险抵押。风险抵押既然是“抵押”，其数额就应当与经营者的年薪数额相适应。所以从风险抵押功能以及经营者的承受能力方面考虑，将风险抵押金数额定为经营者年薪收入的 1 倍左右是适宜的。这意味着，经营者玩忽职守将可能为之付出一年薪酬的代价(需追究行政或刑事责任者另当别论)。虽然与企业的损失相比是不成比例的，但与经营者享有的企业剩余索取权是相称的，因而符合责任权利对等原则。风险抵押金的做法可以避免经营者为完成当期考核的利润指标而忽略企业长远发展的短期行为问题。

(2)延期支付风险收益。在经营者任职期间将其当期部分风险收益延期支付，逐年累积并且将这部分积累收入与经营者任期目标和企业资本流动增值紧密挂钩。在经营者达到并超过任期目标或资本流动增值的一定水平之后，按一定比例加倍支付经营者积累的风险收入。目的在于促使经营者在保证企业持续发展能力的基础上，让其一部分风险收入与企业资产一同增值。这种办法不仅在一定程度上可以校正年薪制的短期化倾向，增加中长期激励，而且操作简便，适合各种组织形式的企业。

(3)高额养老金计划。退休后的待遇问题在很大程度上影响着经营者资本流动的心态。在位时的贡献与退休后待遇所造成的不平衡心态是“59 岁现象”产生的重要原因之一。为了刺激经营者行为的长期性，避免“最后捞一把，不捞白不捞”的现象，对于不能采取经营者持股的企业，有必要对他们实施相对高额的退休金计划，尤其是一直兢兢业业、克己奉公、没有管理腐败行为、在未来几年内将退休的经营者，应该承诺提供较高的退休金计划，保证他们在退休后能够有相当体面的生活。

5)完善企业资本流动精神激励的主要措施

当前存在很多因素影响和决定经营者的事业心和成就欲望，从现代企业制度建立的需要，以及经营者精神激励实施状况两方面来分析，对经营者进行精神激励可采取以下措施。

(1)推广企业文化激励。当前企业文化没有得到充分的重视，有些企业甚至根本没有真正的企业文化。建立符合企业发展阶段的企业文化，能作为一种后备的隐形力量在企业管理制度缺乏效用的时候对经营者行为起到激励或约束作用。另外，企业应敢于承认员工的等级、能力、收益存在差异。但是一些企业中事实上并非如此。以黑龙江省为例，大多数企业资本经营者年薪收入高出普通员工 8～10 倍。如果企业畏手畏尾，不采取富有差距的层级工资，不能满足经营者的物质需求，使他们对企业的贡献不能得到合理的回报，经营者很可能通过非法手段来获取物质满足。就我国国有企业的高管来说，他们在位期间可能为国家创造了几十亿元甚至几百亿元的收入，然而他们个人收入的分配比例仅为这些收入的十万分之一甚至更小。然而，国外发达国家国有企业的高管的年薪收入却是该国所有职业的佼佼者，他们的平均薪酬可能达到国家首脑薪金的 3.74 倍，是中产阶级的 11.93 倍，是一般职员的 60 倍。相比之下，我们的国有企业政企不分的畸形特征，使得大多数国有企业的经营者有着既是政府官员又是企业管理者的双重身份，这就决定了他们的薪金收入被一种“奉献精神”大打折扣。但是，随着市场经济的不断发展，国有企业政企分家大势所趋，靠着这种政治觉悟来激励经营者也逐渐地失去了效用，只有采取富有差距性的层级薪酬制度，才能真正做到科学合理地激励经营者为实现企业的战略目标而努力奋斗。

(2)建立等级评价制度。在资本重新组合的过程中，对于以往经营业绩较高、能力较强的优秀经营者，应该给予他们优质资本集中经营，赋予他们信任，为其创造更为广阔的发展机遇，激励企业经营者更好地接受挑战，更好地为企业创造价值。

(3)人力资本激励。人力资本是企业的一种核心资源，企业通过对其进行反复的投资而取得回报。一般意义而言，人力资本是指员工自身拥有的能为企业创造价值和增值价值的一种知识和技能。人力资本激励的目的就在于通过满足经营者物质和精神的需求，促进经营者不断提高管理企业的能力，更好地为企业获得利润。经营者以其特有的经营管理才能帮助所有者管理企业，实现资本流动的保值增值。经营者在为企业创造财富的过程中，能够获得个人的贡献回报，其管理才能也能得到肯定，这不但是企业经营者的个人目标也是其行为反馈于企业价值创造的内在动力。企业经营者在创造企业价值中应该将实现个人目标与实现企业战略目标统一起来。这样在实现企业战略目标的过程中，在企业经营者的管理才能得到肯定和个人价值得到实现的同时，也会给企业经营者带来声誉上的激励。反之，如果经营者所在的企业因为经营者的决策失误而破产倒闭，则企业经营者不但个人的目标和价值无法实现，就连声誉也会随之受到严重的影响。换言之，只有将经营者利益与企业的目标统一起来，才能在实现彼此价值时达到双赢。

(4)改革企业财物分配制度和人事任免制度。现阶段的国家人事任免制度对企业家的年龄有了明确的限制。然而越来越多的 59 岁现象以及临退休的高管被竞争对手返聘的情况表明：人力资本的使用时间不应以年龄作为衡量标准。培养一名优秀富有经验的企业管理者的周期很长，也许需要 10 年甚至更长的时间。如果仅仅采取片面的以年龄为标准的人事任免制度有可能造成优质人力资本的流失，这将会给企业带来巨大的损失。因此，为了保持人力资本的效用，避免优质人力资源的流失，企业一方面应该通过提高高管人才对于剩余利润的分配比率、标准的奖励制度、给予管理者更多的控制权和管理空间来留住优秀的人才；另一方面，采用灵活的人事任免制度，不能单方面以年龄“60 岁”作为更换高管人才的决定依据，应该根据企业经营者的身体状况及其对企业价值创造的贡献潜力重新评估其价值，消除经营者的不安心理，增强其归属感。

(5)为经营者发挥才智创造良好环境。大部分国有企业都处在市场竞争中的不利位置，这与他们采取传统战略、陈旧的经营手段等多方面原因有关。为了解决这个一直困扰国有企业的问题，在国家层面上应该给予企业完善的制度支持和相应的政策倾斜；在企业内部层面，应该加强内部成本控制、严格把控产品质量、推行丰富的市场营销手段、鼓励新技术的开发和使用。只有这样，才能为企业的经营者提供良好的发挥才智的内外部环境。

(6)大力宣传经营者业绩，提高其社会知名度和行业声誉。对于业绩贡献突出的经营者，企业的所有者应当适时给予企业经营者精神激励，提升他们的声誉。同时，整个社会公众也应创建尊重杰出企业家的社会风气，大力宣传他们为企业乃至整个社会做出的巨大贡献。

(7)加强职业道德教育，树立正确的政绩观。我国现阶段不断建设的是具有中国特色的社会主义市场经济，作为市场的主体，企业的发展也要符合中国特色的特征。道德，是具有中国特色的社会主义企业的一个重要精神激励。只有加强企业管理者的道德素养，使其树立正确的政绩观，才能培养企业经营者终身献身企业的社会使命感和人生信仰，将自身的发展与企业的发展相协调，最终实现自身和企业价值的提升。对企业资本流动高度负责，以企业发展作为最高的职业追求，这是经营者优秀职业道德的典型体现，也是实现经营者精神激励的最终目标。社会和政府的相关部门也应积极为经营者创造良好的能力发挥空间，只有这样，才能协调各方面的发展，为企业培养出一个具有崇高信仰、极具开拓精神和创新能力的杰出管理团队。

5.3.2 企业资本流动效率性的约束系统

1. 企业资本流动效率性约束系统的内容

对于企业经营者约束系统及分类，理论界讨论得比较少，本书认为可以从约束性质、约束机理和约束形式几个方面来讨论。

1)约束性质分类

约束性质分类是指按其达到的效果来分，其可分为监督约束和激励约束。监督约束是指通过建立和完善相关的法律、法规以及企业的经营者内部约束的规章制度来对经营者的行为进行的约束。它主要涵盖法律、会计、中介、国家和企业所有者等方面的约束。激励约束是通过有形和无形、物质与精神激励相结合的方式来约束经营者行为。按其内容来看，具体包括报酬约束、控制权约束、声誉约束等。

2)约束机理分类

约束机理分类是指按约束主体分类，其可分为市场约束和非市场约束。市场约束是指通过对产品、资本、经理市场的控制来约束经营者行为；非市场约束与市场约束相对，指的是通过报酬、会计核算、所有者分配等一系列企业的内部的有关规章和制度的建立来约束经营者行为。

3)约束形式分类

约束形式分类是指按其自身约束机制分类，其可分为内部约束和外部约束。内部约束是指通过企业内部的管理制度、政策措施、财务管理等来约束经营管理者的行为，主要包括内部控制约束、“三会一层”约束和会计部门约束。外部约束是指通过宏观政策和措施来约束经营者行为，主要包括金融市场的约束、资本市场的约束、经理市场的约束、产品市场的约束、银行及债权人的约束、中介机构的约束、国家审计机关的约束和国家法律的约束等。

2. 企业资本流动效率性约束系统原则

科学的企业资本流动效率性约束系统，首先能适应企业资本流动效率性约束系统的特殊性，有明确的企业资本流动效率性约束系统市场化的目标设计；其次要对企业资本流动效率性约束系统运作的一系列基础条件和制度安排进行原则性规范。

1)企业资本流动效率性约束系统的特殊性分析

当前占我国企业主体的国有企业资本的真正所有者是全体人民，这个权利主体与一般所有者在对资本经营者行为约束上存在根本的差别：全体人民由于自身无法直接对企业资本流动进行控制和管理，所有只能通过授权政府或公司代理人来代替他们对资本流动进行管理运作。这些授权的代理人虽然有权对资本进行管理，但是他们却不能真正控制资本的流动。为了解决这个特殊的矛盾，就需要加强对企业经营者的约束管理，最终达到国有资产保值增值的目标。

2)企业资本流动效率性约束系统市场化的目标设计

本书关于企业资本流动效率性约束问题的分析，是建立在安全的企业资本流动和宽松的市场条件下的。而新型约束体系的建设必须以市场经济的运行机制和现代企业运行制度和法则为依据，建立与市场运行相兼容的约束体系。

为了从整体上焕发企业的运营活力，企业应建立资本流动约束系统，这不仅可以提高企业资本流动的安全，而且可以保障资本流动的效率和效益水平。企业面临着提高其经营管理绩效的要求。随着市场经济的不断发展进步，开放了国有企业垄断经营的一些领域，如金融、通信和水电领域等，资本关系多元化逐渐成为趋势，国家转变了对国有企业的宏观间接调控的方式，对国有企业采取政府直接管理的方式逐渐缩减。企业资本流动效率性约束系统走向市场化已是大势所趋。

3)企业资本流动效率性约束系统的一般原则

建立科学的约束系统，需要与之相适应的制度基础，因此，要完成对企业资本流动效率性约束系统的研究，首先要对该约束系统运作的一系列基础条件和制度安排进行原则性规范。

(1)资本保值增值和维护所有者权益的原则。企业资本流动效率性约束系统的最终目标就是维护资产所有者权益，实现企业资本的保值增值。为了保护企业资本的安全完整，该约束系统必须把实现维护所有者权益和资本保值增值作为企业的奋斗目标。

(2)两权相分离的原则。即法人财产权与出资者所有权、经营权与法人财产权相分离的原则。这个原则决定了出资人享有部分所有者的权利，这个部分是由出资人的出资额度的高低决定的。当企业破产时，出资人不会承担无限责任，只会按出资额度对企业承担有限责任。

针对国有企业，还有以下两个原则：①国家统筹和政府分级监管的原则。在国有企业资本的所有权归全民所有的前提下，由政府对企业资本流动进行分级监督和管理。国有资产具有基数巨大、区域分布分散的特征，全部由中央行政部门集中管理几乎是不可能的，所以就要坚持在国家所有的前提下，交由中央政府和地方政府代表国家履行出资人义务，享有所有者权利，对企业资本流动实施分级监管。②国家的管理者和所有者职能的分开。两大职能的适当分开有利于建立新型国有资产监督体系。国家对国有企业的双重的经济职能，既体现在权责上，也体现在机构上，只有使国有资产监督管理部门具有独立监管的权利，才能够促使国有资产行使统一的专业化管理。

3. 企业资本流动效率性约束系统的完善途径

企业资本流动效率性约束系统应为多层次、全方位、多重机构组合而成的一个有机的体系。有效的企业资本流动效率性约束系统应该能避免监督重复和空白，实现各个监督主体之间相互协调制衡，对企业资本运营的各个方面进行全方位、综合化、系统性的监督，完善资本流动效率的约束系统，最终实现企业资产的保值增值。

1)加强风险抵押约束

年薪制主要是指企业为其经营者提供较高的年薪，以激发他们的创造性和积极性。但是年薪制也有一定的缺陷，即经营者不仅对其经营成果要承担盈利义务，同时也要为其经营成果承担负亏责任，所以本书大胆提出了风险抵押约束系统。风险抵押约束机制就是要求经营者在履职之前自己先拿出一部分现金作为风险抵押，如果企业按照要求在一两年之内效益明显好转，则返还经营者的抵押现金，同时给经营者以高薪回报；相反，如果经营不善，则以之前的抵押金弥补企业的亏损。在这种激励约束下，只有那些有真正学识、精通资本经营管理的人才敢经营企业，那些滥竽充数者只能望而却步。

2)加强对经营者的企业内部约束

企业内部约束是指企业实行自我约束和控制机制以提高工作质量和效率，实现资本流动过程中保值增值的目标。完善的公司治理结构、内部控制和内部审计制度、内部审计以及职工代表大会的监督是企业内部约束系统的重要组成。完善的公司治理结构首先要明确规定股东大会、董事会、监事会和经理层的职责，使其相互协调、约束，消除经营者掌握超级信息的局面，避免其逆向选择和道德风险行为的存在，解决了代理人的问题，维护了企业各相关利益者的利益。内部审计和内部控制制度是企业进行自我监督和约束的重要内容。它们的完善可以规范企业内部利益主体的行为，促进企业目标的实现，这也是公司治理结构能够更为有效地带动这个企业的运营发展的原因。此外，企业的职工也是企业的产权主体之一，他们通过自身人力资本的投入，为企业创造了价值，所以他们也有对企业进行管理和监督的权利。在企业中，能够代表员工利益的就是职工代表大会。职工工会是员工自愿组成的一个群众性组织，它是员工行使其管理和监督权利的机构，为劳动者维护其正当的权益和企业资本流动的保值增值进行民主管理和监督。

3)实施产权约束

随着市场经济的发展，产权约束对于企业的作用也日益重要。作为产权约束内容的一部分，资本出资人和出资机构对于企业的约束尤为重要。我国由于历史原因而形成的各自行政隶属关系的局面，使得产权约束非常薄弱，此时实行国有产权代表制度就显得十分必要。国有产权代表制度在企业内部出现了国家股的人格代表，由其代表行使国家出资人的权力，规范股东会和董事会的运作，确保企业资本流动实现增值保值，避免了企业经营者一人身兼数职的现象，明确规定他们的职责、权力和利益及相互协调、相互制衡的关系，以形成产权对经营者强有力的约束。

4)推广职业风险约束

在经营权和管理权分离的条件下，职业风险机制是将经营者的职业安全与企业资本流动的保值增值状况联系起来，将经营者的前途命运与企业的生死存亡联系起来，使经营者为实现企业资本保值增值而努力的重要约束系统。构建职业风险机制，通过建立经理人市场，并形成和培育一个能够流动的具有较高素质的优秀经营层来实现，使企业资本流动经营者的选择多样化和市场化。

5)完善法律制度约束

法律制度是规范经营者行为的准则，目前的法律制度还不完善，约束系统的法律和制度为其建立和完善提供了保障作用。首先，在制定并完善相应法律制度的同时，要加强相应法律的执行力度，提高办案质量和效率，加强对腐败渎职行为的惩处力度，提高经营者的违约成本；其次，完善企业财务审计制度，及时发现经营者隐形收入的渠道，切实防范企业内部财务舞弊问题的发生。

5.4 强化企业资本流动安全性与效率性的外部支持系统

5.4.1 保障企业资本流动安全性的外部支持系统

在知识经济与全球经济一体化的背景下，科学技术快速发展，市场竞争加剧，使企业处于变幻莫测的环境之中。环境对企业的各种活动有着重要的影响，分析外部环境，利用有利的因素提高企业的应变能力，对于不利的因素，企业采取有效手段，尽量减少对企业的负面影响。外部环境具体包括政治、经济、法律、科技、社会、自然等诸方面，这些环境因素相互交织、相互作用、相互制约，构成一个有机整体，成为企业赖以生存和发展的土壤、阳光和空气。本书在分析企业外部环境支持体系的同时，明确企业为了能够更好更快地达到管理控制目标，需要什么样的外部支持系统。企业外部环境框架如图 5-4 所示。

1. 法律和政策环境

在促进企业发展的外部环境中，法律和政策环境是最基本的。在市场经济中

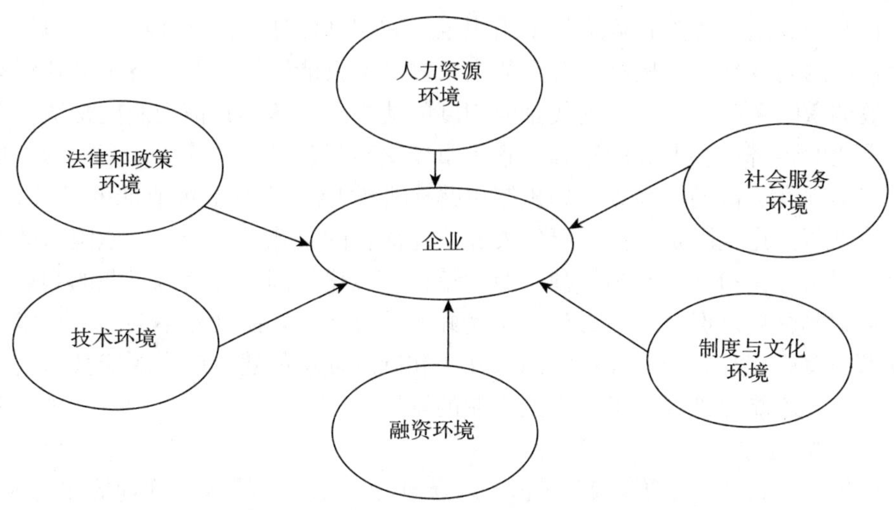

图 5-4　企业外部环境框架

政府不参与企业各方面的管理，而是制定法律制度，确定游戏规则，执行经济政策。完善的法律和政策环境不仅为企业的生存和发展提供法律保障，也为其他外部环境的实施提供保障。法律的制定和完善将有助于维护市场公平竞争的秩序，为市场上的每一个经济主体提供良好、平等的法律环境，切实保护好企业和个人的财产权利。政策环境对企业的影响很大，如金融、财政、税收、外贸等方面的经济政策。

对于企业来说，政府最主要的职能是制定法律制度和维护法律的公正执行。企业对法律法规体系的要求较高，健全、合理、稳定的法律是企业良好发展的重要保障。在政策环境方面，各国为促进企业的发展，尤其是经济发达国家，曾尝试过各种经济政策，如财政税收政策、金融政策、产业政策、外贸外资政策等，都会不同程度地影响企业的成长。我国政府十分重视企业的发展，先后出台了一系列的政策，鼓励和扶持企业的发展。

2. 制度与文化环境

现代企业是建立在知识和技术创新的基础上的，这是现代企业与传统企业最大的区别。这并不意味着只要投入足够的资金和人力，就能保证企业的技术创新和快速成长。我国著名学者吴敬琏指出：一个国家、一个地区高新技术产业发展的快慢，不是决定于政府给了多少钱，调了多少人，研制出多少技术，而是决定于是否有一套有利于创新活动开展和人的潜能充分发挥的制度安排、社会环境和文化氛围。美国学者 A. 萨克森尼安在 1994 年出版的《地区优势：128 公路地区与硅谷》一书中做出了关于美国这两个主要高新技术产业基地发展差异的社会文化因素的比较分析，它们存在的制度环境和文化背景不同才造成了上述结果。

良好的制度环境为企业提供了组织依托和制度保证。制度环境主要包括产权制度、信用制度和市场机制。合理的产权制度不仅能够为企业的技术创新活动提供有效的激励系统，还可为现代企业制度的建立奠定基础；信用制度是适合企业发展需要的经济组织形成的基础，它是市场交易正常进行的前提；宽松的市场准入、市场制度、市场体系等市场机制也是企业健康成长所不可或缺的环境条件。良好的创新文化氛围是企业健康发展和快速成长的灵魂。一个地区或国家的价值观念、团队合作精神、开拓精神、敬业精神等文化氛围，都会对企业的创业、成长产生重要影响。但也应当看到，制度并不是万能的，制度更不会高于技术。科学技术的发展有其自身的规律，国家立法和制度环境的建设应当顺应技术发展的规律要求，才能促进各种组织类型企业的发展。

3. 人力资源环境

任何一个企业的发展，都是土地、劳动力、资本、技术、管理等多种资源、多种生产要素综合作用的结果。现代企业是知识密集、技术密集和人力密集，不断创新，并以追求利润最大化为目的的经济组织。人力资源对于企业的发展起着至关重要的作用，因为人是知识和技术的创作者和传播者。影响企业发展的人力资源环境主要是指一个国家或地区科研人才的储备、科技人员的素质和人才政策环境等方面。

企业的发展主要靠人力资本，其所处国家或地区科研人员的数量和质量对企业的影响极大。科研人才的储备主要是指该地区科学家、工程师或技术人员等可获得的程度。科研人员质量的好坏主要是看其是否能够创造、传播和应用知识。人力资本还需要好的人才政策环境，对其加以开发、管理和激励。目前，我国缺乏大量的科研技术人才，更需要良好的人才政策环境以创造人才和留住人才。想要留住更多的人才，必须为他们提供良好的科研条件、生活环境、薪酬待遇和发展空间等。

4. 技术环境

如果没有高校、科研机构、R&D投入，没有技术的转移和技术扩散等技术环境，企业是得不到发展的。高校、科研机构、R&D投入等直接影响技术创新活动的数量、效率和水平，技术的转移和技术的扩散影响科技成果转化为现实生产力的速度和效率。良好的技术开发环境为企业提供技术上的支持与帮助。技术环境分为内部技术研发环境和外部技术研发环境，本节研究的是外部技术研发环境，即可能提供知识创造和技术创新的基础力量，其包括高校的数量、国家和地方科研机构的数量、国家或区域整体R&D投入水平等方面。企业通常与高校、科研机构合作开发技术，企业提供资金，高校、科研机构提供知识。因此，企业与高校和科研机构的合作交流程度、技术转移能力的强弱等对于企业来说是很重要的。我国中关村内的企业与高校的联系比较紧密，也为我国其他地区企业发展提供了典范。

5. 融资环境

企业在发展过程中风险由大到小，收益由小到大，在创业期需要投入大量资金进行技术开发，这就要求企业外部有一个良好的融资环境。资本市场的发达程度和资本市场融资机制的完善程度才是决定融资环境的关键。融资结构的构成、融资渠道的多少，对企业资金的获得影响很大。目前在国外，企业的融资渠道有金融机构、风险投资基金、股票市场、二板市场及企业债券等。在这些方式中企业运用的直接融资方式占的比重较大，其一般运用发行股票、债券，美国高达50%，我国利用的相对较少，仅有10%左右。目前我国企业主要以金融机构贷款为主，融资渠道比较狭窄。

我国还没有建立起适应企业发展的资本市场运作机制，强有力的多元化的投资主体和顺畅的资本退出途径有待进一步完善，这就导致风险投资业在我国发展比较缓慢，吸引国外资金数量受限。需要政府的大力支持和相应的配套服务，进一步拓宽融资渠道、提供灵活多样的融资方式，积极营造一个良性的、健康的融资环境。

6. 社会服务环境

社会服务环境是能影响企业成长，影响企业素质和效益的社会化服务体系，主要是指各种中介机构，如融资服务系统、咨询机构、教育培训服务系统、信息网络服务系统、基础设施、律师事务所和会计师事务所等。社会服务环境越健全完善，企业的发展就越无后顾之忧，企业就会越快地发展起来。社会服务环境是多方面、全方位的，它的健全与改善更是需要全社会的共同努力。

5.4.2　强化企业资本流动效率性的外部支持系统

1. 宏观环境

1)培育完善的资本市场体系

调整市场结构，扩大市场规模。企业资本流动中的并购、托管和股权转让等都是以资本市场为依托而进行的产权交易，开展资本流动需要以完整而发达的资本市场作为必要的条件，可以从以下几方面来实现资本市场的完善：丰富金融交易工具，开设新的交易品种，构建有层次的投资结构，增加投资者的选择余地。例如，拓宽大额可转让存单、期权、认股权证等金融工具的交易市场；债权可以通过国家投资基金由政府投入国有企业的资金转化而成，在企业中以基金的形式出现，这样一方面可以通过投资基金的交叉控股防止使用行政方式重组国有资产问题的出现；另一方面可以使得国有企业资本金充足。扩大开放，引进外资，逐步实现资本的完全市场化。

培育健全的市场主体，规范主体行为。资本市场主体主要是上市公司，提高上市公司的质量是最重要的，当前，提高上市公司的质量应紧紧抓住经营者素质、法人治理结构和科学管理三个方面。第一，提高经营者素质。公司领导由优秀的企业家担任，企业家进入人才市场，充分发挥其本身的作用，主要由市场选择和市场竞争两个方面表现，从而实现市场选择机制和淘汰机制的形成，不断提高自身素质，促使经营者努力搞好经营管理。第二，建立法人治理结构。法人治理结构所形成的相互制衡机制，有助于防止决策的失误和腐败的发生，但是建立健全的法人治理结构需要经历一个漫长的过程，要把加强约束和激励作为首要任务，并且从以下两方面入手：一是制定公司高层管理人员的自律制度，强化年度考核和岗位审计；二是提高公司经营者的社会地位，保障其合法权益。第三，增强科学管理。现代企业制度的一个重要方面是科学管理，包含内部管理制度上的改革和激励机制、约束机制的形成，增强科学管理，要注意学习国外的科学管理经验，提高经营活动的预见性和主动性。加强质量管理、成本管理和资金管理。提高上市公司质量的同时也就培育了机构投资者，有利于改变我国资本市场上个人投资者所占比重过大的状况。

对于券商规模过小的问题，应引导他们合并重组，形成规模。中国加入世界贸易组织(WTO)时在金融服务领域做出的承诺是首先放开证券业，最主要的表现就是外资券商进入中国证券市场的中介领域，最初通过与内资券商共同发起设立中外合作基金或中外合营证券公司的形式参与瓜分市场。据预测，在未来10年内，外资将占领中国证券市场近五分之一的天下。内资券商将不仅面对国内同行的竞争，而且会体会到来自国外投资银行竞争的残酷性。这同样要求国内券商开展合并重组，增强竞争能力。2000年年底，证监会宣布对券商增资扩股不再设限，表明了管理层适度放松管制、加快国内券商增强资本金实力的意图，因此，国内券商应加快合并步伐，构建大型证券机构和金融控股公司。

对于我国机构投资者过少的问题，应积极发展各个类型的基金建设，鼓励基金投资，其好处在于：省时省力、专家管理、风险分散并且可以享受规模投资的好处。

加强市场监管，完善法规体系。2001年9月4日，网易正式被美国纳斯达克市场停牌。纳斯达克对上市公司监管力度大并且严格依照美国证监会的法律法规，这值得我国的资本市场监管机构学习。要想真正培育出一个健康成长的证券市场，投资者永远应该被置于资本市场的优先保护地位，因此，加强市场监管应加大对违规上市公司和中介机构的惩戒力度，严格执行退市制度。

法律是监管必不可少的依据，若要加大监管就要立法先行，加大立法进度。培育完善的法规体系，应在《中华人民共和国证券法》实施的基础上，加快制定一些配套的实施细则，用法律界定违法犯罪的具体内容与对象。同时《中华人民共和国期货法》《中华人民共和国期权法》等法规应尽快出台，以规范资本秩序，打击资本犯罪，为资本市场稳健运行保驾护航。同时，还要采取一系列有效措施强化上市公司规范治理：实施上市公司监管信息系统，以强化对上市公司的持续动态监管；建立重大事件及时报告制度和突发事件紧急处置预案制度，以强化上市公司监管的快速反应机制和风险及时处理机制；在对上市公司的规范运作情况和风险状况进行定性定量分析的基础上，建立上市公司分类监管制度，对不同类别的公司采取不同的监管措施，以增强上市公司监管的针对性和有效性；要拟定具体的监管实施细则，拓展监管的广度与深度，构建监管体系要做到集中、统一、严密、高效、有力，确保资本市场的积极稳妥发展。

2)消除传统体制的影响

实现国家对国有股的减持。国有股减持问题一直是近几年的热门话题，1999 年年底，“黔轮胎”“中国嘉陵”国有股减持试点时，市场不认同的一个主要原因就是定价时每股收益指标确定得不合理。国务院于 2001 年 6 月 12 日发布了《减持国有股筹集社会保障资金管理暂行办法》，自 7 月 25 日至 9 月 30 日，共有 15 家企业发行新股并按 10%的比例“捆绑”减持国有股。令人想不到的是，此政策的出台让市场上顿时产生巨大争论，股市出现了大幅度的下跌，上证指数跌幅达到 30%，在短短 4 个月内从 2 245 点高点跌落至 1 600 点以下。从惨痛的事实可以看出，现行国有股减持方案是失败的、行不通的：据统计，3 个月的国有股“捆绑”减持中套现累计不足 10 亿元，国有股价值的实际贬值严重，股票市值更是已整整跌去 3 000 亿元。随后，2001 年 10 月 22 日，证监会宣布国有股暂停减持。国有股减持失败的一个很重要的原因，就是国有股减持的定价按发行新股的价格确定，使广大中小投资者觉得利益受到了侵害。减持的方式有很多种，如与新股发行和增发捆绑配售、国有股转为优先股方式、国有股配售方式、发行可换股债券方式、协议转让等，只要妥善地解决配售价格问题，防止协议转让中的内幕交易和贪污腐败以及减持中的其他非市场行为，采用这些方法都可以达到国有股减持的目的。由于我国的市盈率不够合理，确定配售价格不应该过多参照市盈率，而应以低于新股发行时的价格出售。

针对这种情况，证监会于 2005 年 4 月 29 日发布了《关于上市公司股权分置改革试点有关问题的通知》，从此股权分置改革正式启动。首批股权分置改革的试点公司有三一重工、紫江企业、清华同方和金牛能源。除清华同方外，其他三家上市公司顺利通过股权分置改革，实现全流通。证监会于 2005 年 9 月 4 日颁布了《上市公司股权分置改革管理办法》，这标志着股权分置改革即将转入积极稳妥地全面铺开的新阶段。截至 2006 年 12 月 31 日，累计完成或进入股改程序的公司数已达 1 303 家，总市值约为 60 504.47 亿元，约占沪、深 A 股总市值的 98.55%，股权分置改革已取得决定性胜利。

2011 年以来，在地方政府和国有资产监督管理委员会控股的 652 家上市公司中，已有 89 家公司发布了减持公告，累计减持金额达到 119.72 亿元，而 2010 年同期仅为 77.59 亿元，同比增长 54.29%。对于是全体上市公司等比例减持，还是逐个减持一步到位的问题，不能一刀切，不同的公司应该因地制宜，一些上市公司可以考虑彻底退出或一步到位。例如，对于总股本和国有股规模都不太大、所属行业不是特别敏感、业绩也不太好的上市公司，可以实行各个击破的政策。这样有两方面好处：一是改善上市公司的股权结构和治理结构；二是调整国有经济的战略。

明确市场定位。正确的市场定位应该是：政资分开，塑造资本流动的真正主体；提供资本流动的政策扶持，推动资本流动的健康发展。实现明确的市场定位，应做到：逐步建立产权关系清晰、权责分明的国有资产管理体制。要求政府以自身双重身份经济职能的分离为突破口，规范政府社会管理机构的行为，真正落实国有资产管理机构的国有资产所有权管理的职能，逐步削弱和消除社会经济管理机构对资本流动活动的直接干预。只有如此，才能真正解决国有资产投资主体虚位的问题；政府的行政职能应集中在制定相关政策、培育中介机构、完善社会保障体系和采取有力措施打破地区所有制和部门所有制导致的"条块"分割上，尽快建立统一的国内资本市场，形成相关的法规政策体系，为企业的资本流动活动提供环境支持。

3)培育和完善中介机构

规范中介机构行为，培育投资理财专家。首先，严加管理会计师事务所、律师事务所、评级机构和资产评估机构，并加大惩戒力度。不正规且经常造假的中介机构屡禁不止的原因就是造假的利润太高，成本太低，一旦造假被抓到之后，也就是经济上的处罚、资格上的吊销。被抓到的概率太低，被抓到以后的处罚也太轻，所以成本很低。在国外，如果一个会计师造假被发现，这个会计师本人会被终身吊销营业资格。例如，某会计师在普华任职期间发生问题而被开除，则其无法再到其他事务所任职，因为这个终生的烙印已经被刻上，他有可能还要入狱，而且行业协会要通报此人，他将永远没有办法再从事这项工作。这样做的目的就是让违规者出局，而且是永久性出局。对于已经严重存在信用危机的中介机构，仅靠道德约束和行业自律是远远不够的，最直接、最有效的方法是加大对违规行为的惩罚力度，使其不敢违规。另外，要健全投资顾问机制，培育投资理财专家。"大众投资、专家理财"是社会经济的发展趋势，专业的股票投资顾问机构与专家熟悉上市公司的财务状况，能全面、客观地研究上市公司的盈利能力与成长性，为投资者提供优质、有效的投资服务，因此，应扶持投资理财顾问公司的健康发展。目前，当务之急是提高投资咨询人才的全面素质(包括道德素质和业务素质)，成立监督评价组织，建立竞争机制，使各咨询机构的工作能得到客观的评价和回报，同时要严格界定并强化中介机构的职责。

大力发展投资银行。投资银行是资本市场最重要的高级媒体与组织者，是投资者与筹资者有效沟通、精诚合作的高能通道，具有特殊的中介作用。在资本市场的运行机制中，要想使资本市场得以正常运转必须通过投资银行这个最重要、最活跃的分子进行企业改良与重组的运作。中国投资银行业必须进行现有机构与业务的整合，加紧在本土培养国际化人才，加强业务创新，进一步加强中国投资银行业风险控制管理。只有这样，才能切实提高中国投资银行业的竞争能力，以促进中国资本市场的良性发展。

2. 微观环境

1)营造必要的企业内部环境

首先，企业管理者要做到：不断加强思想道德建设，完善自身的业务水平，充分利用现代知识武装自己；建立正确的风险观念、资本流动理念和竞争观念；不能只局限于现状，还要不断提高创新。

其次，提高员工的“主人翁”地位，加强民主管理，健全激励机制。要提高对人员管理的重视程度：定期安排职工的培训，使全员在文化和技术方面得到提高；使每个人的特长和优势要得到充分的发挥，加强团队精神的培训。

最后，还要注意提高企业的财务管理能力：灵活调节融资渠道的选择性，提高产品生产效率，使产品成本达到最低，进一步增强企业的竞争能力，优化企业的内部资本结构，直接降低资金成本以提高盈利能力；以科学的角度进行投资、扩大经营规模、拓宽经营项目或是兼并其他企业，要定期对资本流动项目进行考核。

2)深思熟虑、规范操作

资本流动前的准备要充分。资本流动常常会触及企业的巨额资产，有时甚至关系到整个企业的生死存亡，务必要慎之又慎。对于资本流动的理念问题，要增强领导层的自律能力。领导层作为企业资本流动行为的决策者，其意志的正确与否直接决定了资本流动行为是否合理。针对领导层不能自觉地把企业的长远利益和投资者的利益放在首位，而是为了短期目标而开展一些虚假的资本流动的情况，一般来说，企业内部往往无法进行有效控制，最好的解决办法是加强外部有关机构的监管，对假资本流动施以重罚。

企业进行资本流动前的可行性论证时，要做到以下几点：谨慎估计本企业的容纳、消化能力；正确评价企业的抗风险能力；分析新行业的进入壁垒；考察企业的资金筹集能力；制订资本流动计划。企业只有在具备必要的经济实力、消化能力和抗风险能力后，才能考虑制订资本流动计划，然后进入资本流动的具体工作。草率、盲目、无计划的资本流动必然失败。

重视资本流动中的具体工作。首先是目标企业的选择，其应根据企业资本流动的目的来决定。如果企业需要的仅仅是某些资产或对方企业的某一生产线，则可以将资本流动的对象定为对方企业的子公司或分公司；如果企业希望以较低的成本完成并购，则可以选择那些规模不大、债务负担较轻的企业；如果企业是为了通过资本流动走强强联合之路，则目标企业就必须具备一定的实力和规模；如果是为了进入新的行业，则那些在该行业已形成一定影响并占据一定市场份额的企业无疑是最佳选择(表 5-4)。

表 5-4 资本流动目标与选择企业对照表

资本流动目标	目标企业选择
获得某些资产或某一生产线	子公司或分公司
成本较低	规模不大、债务负担较轻的企业
强强联合	具有一定的实力和规模的企业
进入新行业	在该行业已形成一定影响并占据一定市场份额的企业

规避资本流动过程中的运营风险时要做到：①拓宽融资渠道，多方筹集资金，如与外商合资吸纳国外资金、选择资金需要量少的资本流动方式(如租赁、联合等)、实行职工持股定向募集资金等。②运作规范。国家为规范资本市场行为，对很多资本流动活动都进行了规范和制约，如收购行为、关联方交易、重大资产转让等，企业在资本流动中，应遵循相关法规和游戏规则，必要时可以聘请熟悉国家法规的专家、学者做顾问；若操作过程不规范，很可能影响既定目标的实现，严重时甚至会导致资本流动行为无效，不但会影响企业的正常经营行为，还会影响企业的形象和声誉。

资本流动后的整合工作要到位。企业资本流动后(如并购后)的整合会涉及企业生产经营的各个方面，包括管理、业务、人事和企业文化等。

(1)管理整合。管理整合是指并购企业根据并购后企业的新情况制定更规范的管理制度，采取更有效的管理方法，重新确定组织机构，以求得管理上的协同效应和一体化。企业在发生资本流动尤其是并购后，由于历史背景的变迁、产权结构的调整、使用法律规范的不同，企业与并购前相比在管理内容、管理重点、管理方式上都有较大差异。这就要求并购企业根据管理环境和管理对象的变化，不断调整管理内容和重点，重建管理理念、管理方法和管理模式。例如，北大方正入驻延中后，不仅将“延中实业”更名为“方正科技”，更将先进的管理理念、管理方式注入延中，使企业效益明显提升。这种管理的整合很多时候表现为并购企业用自己的管理模式代替被并购企业的原有模式，尤其是在强弱联合的企业并购活动中，体现得更为明显。通常强势企业之所以强势，不仅只是因为资金、资产上有优势，在管理上也有一套行之有效的管理体制，在并购过程中，强势企业将自身先进的管理模式输入被并购企业，可以使被并购的企业管理得到强化，提高资产运转效率，实现企业的低成本扩张，提高社会资源整体的利用效率。

同时管理协调还体现在管理层结构的调整上。并购后企业规模显著缩小的，应压缩管理机构，精简人员，减少费用支出；规模显著扩大的，应提高企业管理的水平，留住被并购企业的关键管理人员和吸收新人员的加盟，否则企业的管理机构仍停留在原来的水平上，则可能难以负担沉重的负荷。我国很多企业都进行过资产重组，但是获得成功的不多，这种不尽如人意的后果与这些企业无视自身管理能力、盲目追求扩大规模不无关系。美国的《收购天地》杂志研究了 537 个公司的数据，这些公司都是在一个五年的时间范围内至少有过一次收购，40%以上的回应者仅用“有些成功”或“不成功”来描述他们的收购成就。对于不理想的收购，最频繁提到的原因便是，被收购企业没有按预期的那样得到有力的管理，一些重要的管理人员离开企业。

(2)业务整合。业务整合是指并购后的企业协调采购、产品开发、生产、营销形成一个高效合理的购、产、销体系的活动。并购行为发生后，并购方应重新调整资产配置，对于目标企业的那些不良及闲置资产，应尽快出售，以便回笼资金，增加生产资金，同时要对目标企业注入优质资产，使其尽早走出困境，避免受到不良资产的污染。同时调整产品结构，重新安排产品的研究开发和生产投入，统一企业的供销系统，把目标企业的供销业务纳入并购方统一管理，重新安排供销渠道，对目标企业原来的供应商、客户等通过各种有效途径向其说明企业的经营思想和政策的稳定性，消除其顾虑，使他们与并购后的企业继续合作。

(3)人事整合。在知识经济年代，人力资本在企业中的作用越来越突出，企业的资本流动是对企业资产的一个重新配置和优化组合过程，企业生产经营的一个关键性要素就是人力资本，人力资本对提高企业重组后的生产力效率有着极大的作用，通过人力资本的重组可以实现企业人员的集约化发展，充分挖掘人力资本潜力。合理安置和吸引保留那些最优秀和忠实的人才，使其在其位谋其政，专业对口，发挥专长，人尽其才，减少人员重组摩擦，这就是企业进行资本流动的目标。在企业进行人力资本流动时，要注意将企业的环境、员工的态度和企业发展目标融合在一起，考虑人力资本的群体性特征，采取适当措施，营造和谐向上的工作氛围。运营人力资本，优化人员配置，将会给企业带来一支忠诚高效的职工队伍，因此，并购企业对于目标企业的人力资源，应积极加强与他们的沟通，取得他们感情上的认同，使他们建立起对新领导的信任感。

(4)企业文化整合。在企业的组织体系中，企业文化占据着核心的地位，产生不同的企业文化主要是由于不同企业在价值观念、经营理念、工作作风等方面存在差异，这种文化通过对有形制度和物质系统的作用而决定整个企业的运作效率。优势的企业文化，对外可以形成独特的企业形象定位，产生品牌效应，拓展市场和增加产品附加值；对内则可以形成强大凝聚力，发挥维系和激励员工的作用，有助于协调员工的心理和行为，使他们从根本上保持组织的一致性。企业重组后，企业间的文化会有很大的抵触、摩擦，严重时会发生冲突，会使得企业管理成本增加、重组的效果受影响，甚至破财。例如，日本松下电器公司对MCA公司的兼并就能很真实地说明这个问题。松下电器是个传统的日本企业，沉稳庄重，强调实际，不喜冒险，而MCA公司则是一种才思敏捷、注重娱乐而又无拘无束的自由式企业文化，松下电器公司在并购MCA公司后，也曾试图用自己的企业文化同化MCA公司，结果却是白白浪费时间，最后只得将MCA公司卖给西格纳姆公司，企业文化的整合在企业重组中的重要作用可见一斑。在强弱企业的并购中，一般是强势企业通过文化输出的方式向弱势企业注入优秀文化，而在强强联合中，则需要原企业文化经历由解构到重构的过程，使不同文化由摩擦到相容，最后融合形成一个新的企业文化。

5.4.3 加速企业资本流动安全性与效率性的环境优化整合

1. 提供操作规范和公平公正的市场环境

(1)尽快健全规范资本和产权交易市场，规范交易行为。政府相关部门要进一步健全完善产权交易法规，使企业产权交易过程中有法可依，公平公开规范操作；建立服务于产权交易市场的中介机构，使产权交易逐步向专业化职业化发展。

(2)全面加快企业的行业规范、企业标准和规则体系建设。企业要重点做好商业网点规划建设、展览业管理和立法工作。要针对目前部分业态、商业经营的无序竞争现象，抓紧制订商业信用体系建设实施方案。

(3)要大力发展现代中介组织，完善生产性服务业体系。积极引导发展信息咨询、广告代理和咨询服务等现代中介组织，扩大规模，提高档次。重点加快连锁、会展、物流、外资、拍卖和百货等各类行业协会的组建和完善工作，逐步将政府的行业管理职能让渡给中介组织，发挥行业自治、自律和规范的作用，开展公开、公正和公平的竞争，避免恶性竞争，形成对生产性服务业的社会化管理机制。

2. 政府降低地域市场壁垒与集团化的政策催化

企业要打破地区界限，加快集团化建设，通过提高集约化程度和流通效率，进一步发展区域性的跨国公司和民营大集团。集团化建设需要降低或取消区域性市场壁垒，主要以政府调控为基础，并采取适当的催化政策。一是利益催化。对企业实施一些优惠政策(主要从金融和税收两方面)，并鼓励企业的兼并行为以促进企业走向集中。二是压力催化。为了使企业有强劲的发展动力，政府可以结合政策和法规对企业形成一定压力，促使企业更好地走集团化和规模化道路。三是协调催化。如果企业在联合、兼并时遇到困难，这时政府可以“协调人”身份进行调节。

3. 适度提高进入市场壁垒并适度限制大型企业规模

鉴于近几年来企业之间的过度竞争，为了防止企业开发的无序状况，政府可以制定适度抬高壁垒的政策，即将企业进入市场的门槛提高，以控制大型企业的数量。这样可以提高企业整体的规模质量，将那些自身效率和素质低下的企业淘汰，并良好地控制规模极度扩张。不过如果没有把握好提高的“度”，会对企业的发展产生反作用，提高企业规模结构的高效率更难以实现。第一，合理测定连锁经营企业的最高数量，避免过度竞争。第二，不同的地区要实施不同的规划，制定有关政策，指导促进企业的合理发展。第三，政府应当建立新大中型企业的审议与批准制度，使购买力水平与消费结构、大型企业的数量与城市规模相适应。

第 6 章

企业资本流动安全性与效率性的实证

6.1 企业资本流动安全性测度

6.1.1 数据来源说明

1. GK 公司基本状况介绍

1)GK 公司企业属性界定

GK(集团)股份有限公司(简称 GK 公司)于 1993 年成立，是采取定向募集方式设立的股份有限公司，注册资本 8 000 万元。该公司于 1997 年经证监会批准发行人民币普通股 A 股 5 000 万股，发行价格为 5.78 元，发行后总股本13 000 万元。1999 年配股 2 756 万股。

公司主要从事高新技术产品的开发、生产、销售；提供技术咨询、技术服务；开发区内土地管理，进行基础设施配套建设和物业管理；通过代理开展对外贸易、国内贸易；从事政策允许的劳务性服务。高新技术产品的开发、生产、销售为主营业务，公司属于典型的科技型企业。

2)GK 公司的经营状况

2008 年 GK 公司出现了大幅亏损(－12 495.36 万元)，公司陷入严重的危机之中。公司董事会认为：GK 公司亏损的主要原因是“按照证监会巡检整改通知的要求，调整了应收账款账龄计算的方法，以及按照国家计提 8 项减值准备会计政策的规定计提坏账、减值准备，导致公司 2008 年业绩出现大幅亏损，亏损的直接原因是财务亏损。2008 年度公司主导产业经营状况正常，并出现较好的发展态势”。其实不然，GK 公司自上市以来，业绩一直不佳，而且公司的收益率自 2005 年以来一直处于下滑之中(表 6-1)。很明显，公司管理不善，业绩的持续下降是造成公司大幅亏损的根本原因，“证监会的要求”只不过是块遮羞布而已。

表 6-1　GK 公司经营状况表

日期	资产总计/万元	主营业务收入/万元	净利润/万元	净资产收益率/%	股东权益比率/%	总股本/万股
2008-12-31	157 854.51	24 013.06	−12 495.36	−20.99	29.59	26 156
2008-06-30	167 146.52	13 384.85	1 355.20	1.85	20.11	26 156
2007-12-31	164 639.08	22 385.76	2 047.32	2.83	19.74	26 156
2007-06-30	132 373.54	12 367.68	1 354.34	1.85	22.62	26 156
2006-12-31	123 665.08	39 506.99	5 682.03	7.91	22.83	26 156
2006-06-30	96 982.87	26 658.63	4 876.91	8.78	19.75	13 000
2005-12-31	92 810.00	30 694.92	5 642.64	11.14	20.13	13 000
2005-06-30	86 630.51	8 438.45	1 447.54	3.00	15.31	13 000

2009 年 1～3 季度，公司继续大幅度亏损(1 季度净利润：−5 559.728 1 万元，2 季度−5 791.185 8 万元，3 季度−6 307.518 3 万元)，这显然是过去业绩下滑的继续。公司不得不正视自己的根本问题：经营管理不善。为此自 2009 年下半年开始，公司针对存在的资金沉淀、资本收益率低的问题，制定了“以清收欠款和盘活存量资产为突破口”的工作目标，清收欠款、盘活存量资产的工作取得了显著的成效。公司在盘活存量资产方面进一步理顺了与控股股东在资产方面的关系。同时还加大了应收账款的管理和催收力度，建立了目标责任制，公司领导亲自带头，指标层层分解，落实到人，并定期总结和分析收款工作，取得了较好的效果。年报显示，2009 年 GK 公司共计回笼资金近 8 000 万元，其中，清理呆死资金近 4 000 万元，盘活资产 1 000 余万元，不仅使公司实现了扭亏为盈(年末净利润 650.250 591 万元)，还有力地促进了公司整体经营工作的开展。2009 年，公司还加大了新产品新技术的开发力度，加快产品的更新换代。同时，加快公司管理制度的建设，对公司存在的问题进行了总结并提出了整改措施，在其年报中也进行了相应的披露，可见公司真正意识到了自己的问题。

2010 年由于受到大豆原材料价格上涨及销售淡季的影响，公司再次出现亏损−91.122 928 万元，但比 2009 年同期减亏 5 468.61 万元，可见公司的整改措施还是起到了效果，2 季度报告显示公司利润为 19.470 3 万元，3 季度报告显示公司利润为 31.449 3 万元。当然，公司经营也存在很多的问题，包括公司的管理体制、人员结构、研发水平、销售渠道和资产获利能力等，对此，公司已制订了相关计划。总的来说，公司实现了调整，业绩有所回升。

以下将运用本书的分析方法，对 GK 公司进行企业资本流动安全性预警模型的实证分析，以提供一个安全性预警的个案分析范例。

2. 原始指标数据的取得

原始数据即根据 GK 公司经营资料计算，没有经过预测处理和无量纲化处理的原始数据。这些数据的取得是借助企业的支持、网络查询和专家咨询，通过收集大量的原始资料并经过筛选而确定的。指标计算分析的过程中，本书对 GK 公司资料的收集采用的方法及所用资料的种类包括以下几个方面，鉴于原始资料的庞杂性，本书在此不一一列举，只给出根据原始资料计算的指标结果，原始资料在 GK 公司可以查到。

(1)查阅公司的有关文件。包括公司提供的财务报告、员工情况说明、组织手册、管理规章、业务流程图、员工考核与奖惩制度统计资料、公司内部控制制度的建设情况等材料。

(2)了解公司生产情况。包括对企业生产车间的考察与调研、参与公司管理制度的设计与改进、与公司员工访谈等。

(3)网上资料的收集。包括对外财务报告(上海证券交易所网站)、公司公告、有关公司的外部分析材料等。

(4)专家分析。包括咨询曾参与 GK 公司经营管理活动的人员、咨询有关的企业管理专家、咨询有关定量定性分析的数量处理专家等。

通过以上的方法和途径，收集到了 GK 公司大量的第一手资料，进行归类整理并结合本书的研究需要，对这些原始资料进行了分析处理，逐步向指标数据过渡，从而获得 GK 公司的原始指标数据，指标计算的间隔为“半年”，本书资料的收集始于 2005 年年初结束于 2010 年 9 月，将相关指标原始数据整理计算后得到表 6-2，以后的计算依赖此表。指标包含的内容及计算办法见 3.3 节的指标说明。

表 6-2 GK 公司安全性预警指标原始数据表

二级指标	05.2	05.4	06.2	06.4	07.2	07.4	08.2	08.4	09.2	09.4	10.2
A_{11}企业员工中技术人员比重/%	22.40	20.15	19.50	19.80	20.24	21.02	21.50	22.75	19.20	15.21	18.90
A_{12}研发投入占年收入的比重/%	15.20	17.72	2.90	13.50	13.89	35.00	13.14	49.19	6.86	12.48	12.34
A_{13}现有研发仪器设备及条件	85	80	75	70	85	80	80	85	80	80	80
A_{21}产品更新速度	80	85	70	75	70	85	70	85	65	70	75

续表

二级指标	05.2	05.4	06.2	06.4	07.2	07.4	08.2	08.4	09.2	09.4	10.2
A_{22}工艺水平	70	75	70	80	75	85	70	85	70	70	75
A_{23}产品积压率/%	1.24	18.10	0	54.83	0	51.37	0	0	0	0	0
A_{31}销售额增长率/%	−29.52	4.21	215.92	33.57	−53.57	−43.34	8.22	7.27	−22.83	−5.25	35.18
A_{32}市场竞争力及销售渠道广度	70	75	85	75	80	70	75	85	65	65	85
A_{33}销售人员素质	85	80	85	70	60	65	70	70	65	80	85
A_{41}内部控制制度质量	60	65	65	60	65	50	50	50	60	75	75
A_{42}高层管理人员素质	80	70	80	70	75	65	80	80	75	80	85
A_{43}管理人员稳定性	70	85	70	30	10	5	50	80	60	50	70
A_{51}债务保障率(倍数)	8.25	10.76	27.51	−38.43	1 630.48	12.95	8.99	24.83	−74.82	21.83	−110.52
A_{52}资产收益率/%	1.67	3.14	5.03	4.59	1.02	1.24	0.81	−7.92	−3.90	0.45	0.01
A_{53}资产负债率/%	45.20	44.17	40.83	40.25	42.95	53.02	53.08	59.24	60.77	56.58	54.79
A_{54}营运资本资产比率/%	35.32	33.31	37.12	47.26	52.40	51.75	55.99	45.02	43.71	40.77	43.83
A_{55}流动比率(倍数)	1.78	1.79	1.96	2.83	3.47	3.20	3.87	2.96	2.97	2.65	3.02
A_{61}国家经济政策	80	85	85	80	90	80	85	85	85	90	90
A_{62}企业投资抉择与产业政策适应性	70	65	70	50	80	65	60	70	80	80	75

注：(1)对于没有标明单位的指标单位统一为 100 分制。计算时的基本标准为：优秀 90、良好 70、平均值 50、较低值 30、较差值 10，具体分值在二者之间计算，档值为 5 分

(2)05.2 表示 2005 年第 2 季度末的半年数据，05.4 表示 2005 年第 4 季度末的半年数据，每半年为一个时期，以此类推

(3)10.2 表示 2010 年 6 月数据

6.1.2 分析方法及模型

1. 指标数据的灰预测

本书 3.4 节已经分析，需要进行灰预测分析的指标包括以下 9 个指标：A_{11} 企业员工中技术人员比重(%)、A_{12}研发投入占年收入的比重(%)、A_{23}产品积压率(%)、A_{31}销售额增长率(%)、A_{51}债务保障率(倍数)、A_{52}资产收益率(%)、A_{53}资产负债率(%)、A_{54}营运资本资产比率(%)、A_{55}流动比率(倍数)。GK 公司灰预测指标原始数据值 x 表如表 6-3 所示。

表 6-3 GK 公司灰预测指标原始数据值 x 表

二级指标	A_{11}企业员工中技术人员比重/%	A_{12}研发投入占年收入的比重/%	A_{23}产品积压率/%	A_{31}销售额增长率/%	A_{51}债务保障率(倍数)	A_{52}资产收益率/%	A_{53}资产负债率/%	A_{54}营运资本资产比率/%	A_{55}流动比率(倍数)
05.2	22.40	15.20	1.24	−29.52	8.25	1.67	45.20	35.32	1.78
05.4	20.15	17.72	18.10	4.21	10.76	3.14	44.17	33.31	1.79
06.2	19.50	2.90	0	215.92	27.51	5.03	40.83	37.12	1.96
06.4	19.80	13.50	54.83	33.57	−38.43	4.59	40.25	47.26	2.83
07.2	20.24	13.89	0	−53.57	1 630.48	1.02	42.95	52.40	3.47
07.4	21.02	35.00	51.37	−43.34	12.95	1.24	53.02	51.75	3.20
08.2	21.50	13.14	0	8.22	8.99	0.81	53.08	55.99	3.87
08.4	22.75	49.19	0	7.27	24.83	−7.92	59.24	45.02	2.96
09.2	19.20	6.86	0	−22.83	−74.82	−3.90	60.77	43.71	2.97
09.4	15.21	12.48	0	−5.25	21.83	0.45	56.58	40.77	2.65
10.2	18.90	12.34	0	35.18	−110.52	0.01	54.79	43.83	3.02

注：此表数据来源于表 6-2

灰预测值求取的步骤如下：

利用式(3-1)进行级比检验，很容易发现各指标级比 $\sigma(m)$不满足覆盖要求，即 $\sigma(m)\notin(e^{-\frac{2}{n+1}}, e^{\frac{2}{n+1}})$，需要对数据进行平移变换处理。

运用式(3-2)～式(3-4)计算各指标的平移值 Q，本书设计的小数 ε=0.035。计算结果见表 6-4。

表 6-4 各指标的平移值计算结果表(单位:%)

二级指标	A_{11}企业员工中技术人员比重	A_{12}研发投入占年收入的比重	A_{23}产品积压率	A_{31}销售额增长率	A_{51}债务保障率
05.2	—	—	—	—	—

续表

二级指标	A_{11}企业员工中技术人员比重	A_{12}研发投入占年收入的比重	A_{23}产品积压率	A_{31}销售额增长率	A_{51}债务保障率
05.4	44.14	54.28	463.61	959.50	60.96
06.2	−0.93	420.53	517.14	5 832.94	451.06
06.4	−11.23	289.36	1 511.74	5 176.43	1 922.43
07.2	−7.67	−2.75	1 566.57	2 543.28	46 052.66
07.4	1.27	568.14	1 416.34	335.63	46 202.19
08.2	−7.79	611.43	1 467.71	1 464.92	104.15
08.4	12.96	980.81	0	19.87	427.74
09.2	82.23	1 202.57	0	882.83	2 921.96
09.4	98.79	148.09	0	507.54	2 739.60
10.2	86.53	−8.34	0	1 119.96	3 891.95
Q	98.79	1 202.57	1 566.57	5 832.94	46 202.19

二级指标	A_{52}资产收益率	A_{53}资产负债率	A_{54}营运资本资产比率	A_{55}流动比率	
05.2	—	—	—	—	
05.4	38.86	−14.74	24.12	−1.50	
06.2	48.97	54.60	71.74	2.90	
06.4	7.98	−23.68	242.45	22.03	
07.2	100.98	34.19	94.46	14.82	
07.4	5.05	234.69	−33.18	4.51	
08.2	11.48	−51.37	65.15	15.27	
08.4	257.35	116.76	268.41	23.04	
09.2	118.76	−17.06	−6.28	−2.68	
09.4	123.84	63.13	43.23	6.49	
10.2	12.56	−3.65	43.60	7.55	
Q	257.35	234.69	268.41	23.04	

根据表 6-4 计算的平移值 Q，分别对表 6-3 的指标数据进行平移，平移方法为原指标值加上平移值，即 $A_{ij}+Q_j$，结果如表 6-5 所示。

表 6-5　平移后各指标值结果表(单位:%)

二级指标	A_{11}企业员工中技术人员比重	A_{12}研发投入占年收入的比重	A_{23}产品积压率	A_{31}销售额增长率	A_{51}债务保障率
05.2	121.19	1 217.77	1 567.81	5 803.42	4 6210.44

续表

二级指标	A_{11}企业员工中技术人员比重	A_{12}研发投入占年收入的比重	A_{23}产品积压率	A_{31}销售额增长率	A_{51}债务保障率
05.4	118.94	1 220.29	1 584.67	5 837.15	46 212.95
06.2	118.29	1 205.47	1 566.57	6 048.86	46 229.70
06.4	118.59	1 216.07	1 621.40	5 866.51	46 163.76
07.2	119.03	1 216.46	1 566.57	5 779.37	47 832.67
07.4	119.81	1 237.57	1 617.94	5 789.60	46 215.14
08.2	120.29	1 215.71	1 566.57	5 841.16	46 211.18
08.4	121.54	1 251.76	1 566.57	5 840.21	46 227.02
09.2	117.99	1 209.43	1 566.57	5 810.11	46 127.37
09.4	114.00	1 215.05	1 566.57	5 827.69	46 224.02
10.2	117.69	1 214.91	1 566.57	5 868.12	46 091.67
二级指标	A_{52}资产收益率	A_{53}资产负债率	A_{54}营运资本资产比率	A_{55}流动比率	
05.2	259.02	279.89	303.73	24.82	
05.4	260.49	278.86	301.72	24.83	
06.2	262.38	275.52	305.53	25.00	
06.4	261.94	274.94	315.67	25.87	
07.2	258.37	277.64	320.81	26.51	
07.4	258.59	287.71	320.16	26.24	
08.2	258.16	287.77	324.40	26.91	
08.4	249.43	293.93	313.43	26.00	
09.2	253.45	295.46	312.12	26.01	
09.4	257.80	291.27	309.18	25.69	
10.2	257.36	289.48	312.24	26.06	

对上述各列的数值建立相应的灰预测模型，经过检验发现级比偏差很小，$x^{(0)}$的级比都满足$\sigma(m)\in(e^{-\frac{2}{n+1}}, e^{\frac{2}{n+1}})$的要求。

对表 6-5 的数据进行各列的累加生成，方法逐步累加，如指标 A_{11}：05.2＝121.19，05.4＝121.19＋118.94，06.2＝121.19＋118.94＋118.29，以此类推。计算结果见表 6-6。

表 6-6　各指标值累加生成结果表(单位:%)

二级指标	A_{11}企业员工中技术人员比重	A_{12}研发投入占年收入的比重	A_{23}产品积压率	A_{31}销售额增长率	A_{51}债务保障率
05.2	121.19	1 217.77	1 567.81	5 803.42	46 210.44
05.4	240.13	2 438.06	3 152.48	11 640.56	92 423.40
06.2	358.42	3 643.53	4 719.05	17 689.42	138 653.10
06.4	477.01	4 859.59	6 340.46	23 555.93	184 816.86
07.2	596.04	6 076.05	7 907.03	29 335.30	232 649.54
07.4	715.85	7 313.62	9 524.97	35 124.89	278 864.68
08.2	836.14	8 529.33	11 091.54	40 966.05	325 075.86
08.4	957.68	9 781.09	12 658.11	46 806.26	371 302.88
09.2	1 075.67	10 990.52	14 224.68	52 616.36	417 430.26
09.4	1 189.67	12 205.57	15 791.25	58 444.05	463 654.28
10.2	1 307.36	13 420.47	17 357.83	64 312.17	509 745.95
二级指标	A_{52}资产收益率	A_{53}资产负债率	A_{54}营运资本资产比率	A_{55}流动比率	
05.2	259.02	279.89	303.73	24.82	
05.4	519.51	558.76	605.45	49.65	
06.2	781.89	834.28	910.98	74.65	
06.4	1 043.82	1 109.23	1 226.64	100.52	
07.2	1 302.19	1 386.87	1 547.45	127.03	
07.4	1 560.78	1 674.59	1 867.61	153.27	
08.2	1 818.94	1 962.36	2 192.01	180.18	
08.4	2 068.37	2 256.29	2 505.44	206.18	
09.2	2 321.82	2 551.76	2 817.56	232.19	
09.4	2 579.62	2 843.03	3 126.74	257.88	
10.2	2 836.97	3 132.52	3 438.97	283.94	

依据表 6-6 的数据按照灰预测 GM(1, 1)建模的要求分别计算如下数据：$z^{(1)}(k)=0.5(x^{(1)}(k)+x^{(1)}(k-1))$;$C=\sum_{k=2}^{n}z^{(1)}(k)$;$D=\sum_{k=2}^{n}x^{(0)}(k)$;$E=\sum_{k=2}^{n}z^{(1)}(k)\cdot x^{(0)}(k)$;$F=\sum_{k=2}^{n}z^{(1)}(k)^2$ 。经过计算得到如表 6-7 所示的参数计算表格。

表 6-7 灰预测模型参数计算表(一)(单位:%)

参数	A_{11}企业员工中技术人员比重	A_{12}研发投入占年收入的比重	A_{23}产品积压率	A_{31}销售额增长率	A_{51}债务保障率
C	7 160.89	73 156.47	94 872.40	351 236.62	2 782 849.00
D	1 186.17	12 202.71	15 790.01	58 508.75	463 535.50
E	847 251.58	89 313 084.90	149 418 027.98	2 051 187 669.72	128 852 765 282.06
F	6 296 787.18	658 501 961.00	1 106 252 140.82	15 150 122 354.79	952 194 865 468.32
参数	A_{52}资产收益率	A_{53}资产负债率	A_{54}营运资本资产比率	A_{55}流动比率	
C	15 544.93	16 883.38	18 671.22	1 535.93	
D	2 577.96	2 852.62	3 135.25	259.12	
E	3 990 666.24	4 867 161.42	5 867 146.55	40 002.95	
F	29 626 066.90	35 244 231.20	43 094 458.80	292 099.16	

由表 6-7，根据式(3-11)、式(3-12)计算 GM(1，1)模型的参数 a、b，得表 6-8。

表 6-8 灰预测模型参数计算表(二)(单位:%)

参数	A_{11}企业员工中技术人员比重	A_{12}研发投入占年收入的比重	A_{23}产品积压率	A_{31}销售额增长率	A_{51}债务保障率
a	0.001 8	−0.000 3	0.001 9	0.001 4	0.000 8
b	119.934 7	1 217.755 7	1 596.745 0	5 898.988 9	46 576.110 0
b/a	65 174.857 8	−3 542 338.600 0	853 740.800 0	4 306 338.000 0	58 239 093.000 0
$x^{(0)}(1)-\frac{b}{a}$	−65 053.667 8	3 543 556.364 0	−852 173.000 0	−4 300 534.500 0	−58 192 882.000 0
参数	A_{52}资产收益率	A_{53}资产负债率	A_{54}营运资本资产比率	A_{55}流动比率	
a	0.003 1	−0.007 6	−0.001 6	−0.003 6	
b	262.562 4	272.493 2	310.517 6	25.354 6	
b/a	85 624.134 3	−36 029.307 0	−192 812.400 0	−6 986.312 7	
$x^{(0)}(1)-\frac{b}{a}$	−85 365.115 7	36 309.201 6	19 311 6.131 0	7 011.132 7	

根据式(3-13)及式(3-14)，可以得到灰预测模型的定义型和白化型，运用这两个公式可以计算指标累加后的序列预测值，见表 6-9。

表 6-9　各指标累加后的序列预测值结果表(单位:%)

二级指标	A_{11}企业员工中技术人员比重	A_{12}研发投入占年收入的比重	A_{23}产品积压率	A_{31}销售额增长率	A_{51}债务保障率
05.2	119.60	1 218.38	1 592.32	5 887.07	46 520.55
05.4	119.38	1 218.80	1 589.35	5 878.95	46 483.36
06.2	119.16	1 219.22	1 586.38	5 870.90	46 446.20
06.4	118.94	1 219.64	1 583.41	5 862.86	46 409.07
07.2	118.72	1 220.06	1 580.46	5 854.84	46 371.97
07.4	118.51	1 220.48	1 577.50	5 846.82	46 334.90
08.2	118.29	1 220.90	1 574.56	5 838.82	46 297.85
08.4	118.07	1 221.32	1 571.61	5 830.83	46 260.84
09.2	117.85	1 221.74	1 568.68	5 822.84	46 223.86
09.4	117.64	1 222.16	1 565.75	5 814.87	46 186.91
10.2	119.60	1 218.38	1 592.32	5 887.01	46 520.55
二级指标	A_{52}资产收益率	A_{53}资产负债率	A_{54}营运资本资产比率	A_{55}流动比率	
05.2	261.37	275.65	311.26	25.49	
05.4	260.57	277.74	311.76	25.58	
06.2	259.77	279.85	312.26	25.68	
06.4	258.97	281.98	312.76	25.77	
07.2	258.18	284.12	313.27	25.86	
07.4	257.39	286.27	313.77	25.96	
08.2	256.60	288.45	314.28	26.05	
08.4	255.82	290.64	314.79	26.15	
09.2	255.03	292.84	315.29	26.24	
09.4	254.25	295.07	315.80	26.34	
10.2	261.37	275.65	311.26	25.49	

对表 6-9 的数据进行平移还原，即 $\hat{A}_{ij}-Q_j$ ，便得到了经过灰预测模型处理后的安全性预警指标的灰预测值，见表 6-10。

表 6-10　各指标预测值 $\hat{x}$ 结果表(单位:%)

二级指标	A_{11}企业员工中技术人员比重	A_{12}研发投入占年收入的比重	A_{23}产品积压率	A_{31}销售额增长率	A_{51}债务保障率	A_{52}资产收益率	A_{53}资产负债率	A_{54}营运资本资产比率	A_{55}流动比率
05.2	22.40	15.20	1.24	−29.52	8.25	1.67	45.20	35.32	1.78

续表

二级指标	A_{11}企业员工中技术人员比重	A_{12}研发投入占年收入的比重	A_{23}产品积压率	A_{31}销售额增长率	A_{51}债务保障率	A_{52}资产收益率	A_{53}资产负债率	A_{54}营运资本资产比率	A_{55}流动比率
05.4	20.81	15.82	25.75	54.07	318.35	4.02	40.96	42.85	2.45
06.2	20.59	16.23	22.78	46.01	281.16	3.22	43.05	43.35	2.54
06.4	20.37	16.65	19.81	37.96	244.00	2.42	45.16	43.85	2.64
07.2	20.15	17.07	16.84	29.93	206.87	1.63	47.28	44.36	2.73
07.4	19.94	17.49	13.88	21.90	169.77	0.83	49.42	44.86	2.82
08.2	19.72	17.91	10.93	13.89	132.70	0.04	51.58	45.37	2.92
08.4	19.50	18.33	7.98	5.88	95.66	−0.75	53.75	45.87	3.01
09.2	19.28	18.75	5.04	−2.11	58.65	−1.53	55.94	46.38	3.11
09.4	19.06	19.17	2.11	−10.09	21.67	−2.32	58.15	46.89	3.20
10.2	18.85	19.59	−0.83	−18.06	−15.28	−3.10	60.37	47.39	3.30

对表 6-10 的结果进行预测模型精度检验，检验时利用式(3-19)～式(3-21)，结果如表 6-11 所示。

表 6-11 预测值精度检验表(单位:%)

二级指标	A_{11}企业员工中技术人员比重	A_{12}研发投入占年收入的比重	A_{23}产品积压率	A_{31}销售额增长率	A_{51}债务保障率
ε(avg)	0.000 7	0.009 5	0	0.020 0	0.077 4
p^0	99.934 0	99.048 4	100	97.995 2	92.259 4
二级指标	**A_{52}资产收益率**	**A_{53}资产负债率**	**A_{54}营运资本资产比率**	**A_{55}流动比率**	
ε(avg)	0.321 2	0.000 7	0.001 3	0.001 7	
p^0	67.875 6	99.925 2	99.868 6	99.832 4	

从表 6-11 中可以看出，预测数据都通过了检验，因此，建立的灰预测模型是有效的。尽管如此，但将表 6-10 与表 6-3 进行比较，发现差异较大，为了提高预测的精度，对两表数值的差异(即残差)再次建立灰预测模型。残差的计算方法为 $x-\hat{x}$，各指标值残差值 ε 表见表 6-12。

表 6-12 各指标值残差值 ε 表(单位:%)

二级指标	A_{11}企业员工中技术人员比重	A_{12}研发投入占年收入的比重	A_{23}产品积压率	A_{31}销售额增长率	A_{51}债务保障率
05.2	0.000	0.000	0.000	0.000	0.000

续表

二级指标	A_{11}企业员工中技术人员比重	A_{12}研发投入占年收入的比重	A_{23}产品积压率	A_{31}销售额增长率	A_{51}债务保障率
05.4	−0.662	1.905	−7.652	−49.859	−307.592
06.2	−1.092	−13.334	−22.777	169.910	−253.653
06.4	−0.572	−3.153	35.023	−4.393	−282.433
07.2	0.087	−3.182	−16.843	−83.496	1 423.607
07.4	1.085	17.508	37.486	−65.240	−156.823
08.2	1.784	−4.771	−10.931	−5.665	−123.712
08.4	3.252	30.859	−7.983	1.388	−70.831
09.2	−0.081	−11.891	−5.041	−20.719	−133.470
09.4	−3.854	−6.691	−2.105	4.843	0.162
10.2	0.053	−7.251	0.827	53.244	−95.236
二级指标	A_{52}资产收益率	A_{53}资产负债率	A_{54}营运资本资产比率	A_{55}流动比率	
05.2	0.000	0.000	0.000	0.000	
05.4	−0.879	3.213	−9.539	−0.661	
06.2	1.812	−2.220	−6.230	−0.584	
06.4	2.169	−4.908	3.407	0.193	
07.2	−0.605	−4.333	8.044	0.740	
07.4	0.408	3.597	6.890	0.376	
08.2	0.768	1.500	10.625	0.952	
08.4	−7.174	5.486	−0.851	−0.052	
09.2	−2.368	4.826	−2.668	−0.137	
09.4	2.765	−1.570	−6.115	−0.552	
10.2	3.106	−5.583	−3.563	−0.277	

类似于表 6-3 的原始数据，将表 6-12 的数据进行残差的灰预测，并进行检验，最后得到的残差灰预测值见表 6-13。

表 6-13　各指标值残差灰预测值 $\hat{\varepsilon}$ 表(单位：%)

二级指标	A_{11}企业员工中技术人员比重	A_{12}研发投入占年收入的比重	A_{23}产品积压率	A_{31}销售额增长率	A_{51}债务保障率
05.2	0.000	0.000	0.000	0.000	0.000
05.4	0.007	−0.007	0.032	−0.137	0.477
06.2	0.005	−0.006	0.025	−0.106	0.371
06.4	0.004	−0.004	0.018	−0.076	0.266

续表

二级指标	A_{11}企业员工中技术人员比重	A_{12}研发投入占年收入的比重	A_{23}产品积压率	A_{31}销售额增长率	A_{51}债务保障率
07.2	0.002	−0.002	0.011	−0.045	0.160
07.4	0.001	−0.001	0.004	−0.014	0.055
08.2	−0.001	0.001	−0.003	0.017	−0.051
08.4	−0.002	0.002	−0.010	0.047	−0.157
09.2	−0.004	0.004	−0.017	0.078	−0.262
09.4	−0.005	0.006	−0.024	0.109	−0.368
10.2	−0.007	0.007	−0.031	0.139	−0.473
二级指标	A_{52}资产收益率	A_{53}资产负债率	A_{54}营运资本资产比率	A_{55}流动比率	
05.2	0.000	0.000	0.000	0.000	
05.4	−0.014	−0.037	−0.034	−0.006	
06.2	−0.010	−0.029	−0.027	−0.005	
06.4	−0.007	−0.020	−0.019	−0.003	
07.2	−0.004	−0.012	−0.011	−0.002	
07.4	−0.001	−0.003	−0.004	−0.001	
08.2	0.002	0.005	0.004	0.001	
08.4	0.005	0.014	0.011	0.002	
09.2	0.008	0.022	0.019	0.003	
09.4	0.011	0.031	0.026	0.005	
10.2	0.014	0.039	0.034	0.006	

各指标值残差灰预测值 $\hat{\varepsilon}$ 精度检验表如表 6-14 所示。

表 6-14 各指标值残差灰预测值 $\hat{\varepsilon}$ 精度检验表

二级指标	A_{11}企业员工中技术人员比重	A_{12}研发投入占年收入的比重	A_{23}产品积压率	A_{31}销售额增长率	A_{51}债务保障率
ε (avg)	0.010	0.001	0.001	0.001	0.001
p^0	98.992	99.900	99.896	99.900	99.900
二级指标	A_{52}资产收益率	A_{53}资产负债率	A_{54}营运资本资产比率	A_{55}流动比率	
ε (avg)	0.001	0.001	0.001	0.001	
p^0	99.900	99.899	99.899	99.898	

残差灰预测值也通过了精度检验。

至此，将表 6-10 与表 6-13 合并，再次提高表 6-14 的灰预测值精度，得到最终的指标值灰预测值(表 6-15)(保留三位小数)。

表 6-15　指标值最终灰预测值($\hat{x}+\hat{\varepsilon}$)表

二级指标	A_{11}企业员工中技术人员比重	A_{12}研发投入占年收入的比重	A_{23}产品积压率	A_{31}销售额增长率	A_{51}债务保障率	A_{52}资产收益率	A_{53}资产负债率	A_{54}营运资本资产比率	A_{55}流动比率
05.2	22.400	15.200	1.240	−29.520	8.250	1.670	45.200	35.320	1.780
05.4	20.819	15.808	25.784	53.932	318.829	4.005	40.920	42.815	2.445
06.2	20.597	16.228	22.802	45.904	281.534	3.208	43.021	43.323	2.539
06.4	20.376	16.649	19.825	37.887	244.269	2.414	45.138	43.834	2.634
07.2	20.156	17.070	16.854	29.881	207.033	1.621	47.271	44.345	2.728
07.4	19.935	17.491	13.888	21.886	169.828	0.831	49.420	44.856	2.823
08.2	19.715	17.912	10.928	13.902	132.651	0.044	51.585	45.369	2.919
08.4	19.496	18.333	7.973	5.929	95.504	−0.741	53.768	45.882	3.014
09.2	19.277	18.755	5.024	−2.033	58.388	−1.524	55.966	46.397	3.110
09.4	19.058	19.176	2.081	9.984	21.300	−2.304	58.181	46.911	3.207
10.2	18.840	19.598	−0.858	−17.925	−15.757	−3.082	60.412	47.427	3.303

注：(1)对于没有标明单位的指标单位统一为 100 分制

(2)05.2 表示 2005 年第 2 季度末的数据，05.4 表示 2005 年第 4 季度末的数据

在前面章节已经分析，对于百分制的指标本来就是通过专家分析统计的方法预测估计的指标值，因此，这类指标不需要再进行预测，可以直接通过专家预测取得。GK 公司此类指标的预测值也就是表 6-2(GK 公司安全性预警指标原始数据表)的定性指标数值。将其与表 6-15 合并，就得到了完整的 GK 公司安全性预警指标预测值，见表 6-16。

表 6-16　GK 公司安全性预警指标预测值

二级指标	05.2	05.4	06.2	06.4	07.2	07.4
A_{11}企业员工中技术人员比重/%	22.400	20.819	20.597	20.376	20.156	19.935
A_{12}研发投入占年收入的比重/%	15.200	15.808	16.228	16.649	17.070	17.491
A_{13}现有研发仪器设备及条件(100 分制)	85.000	80.000	75.000	70.000	85.000	80.000
A_{21}产品更新速度(100 分制)	80.000	85.000	70.000	75.000	70.000	85.000

续表

二级指标	05.2	05.4	06.2	06.4	07.2	07.4
A_{22}工艺水平（100分制）	70.000	75.000	70.000	80.000	75.000	85.000
A_{23}产品积压率/%	1.240	25.784	22.802	19.825	16.854	13.888
A_{31}销售额增长率/%	−29.520	53.932	45.904	37.887	29.881	21.886
A_{32}市场竞争力及销售渠道广度(100分制)	70.000	75.000	85.000	75.000	80.000	70.000
A_{33}销售人员素质（100分制）	85.000	80.000	85.000	70.000	60.000	65.000
A_{41}内部控制制度质量（100分制）	60.000	65.000	65.000	60.000	65.000	50.000
A_{42}高层管理人员素质（100分制）	80.000	70.000	80.000	70.000	75.000	65.000
A_{43}管理人员稳定性（100分制）	70.000	85.000	70.000	30.000	10.000	5.000
A_{51}债务保障率(倍数)	8.250	318.829	281.534	244.269	207.033	169.828
A_{52}资产收益率/%	1.670	4.005	3.208	2.414	1.621	0.831
A_{53}资产负债率/%	45.200	40.920	43.021	45.138	47.271	49.420
A_{54}营运资本资产比率/%	35.320	42.815	43.323	43.834	44.345	44.856
A_{55}流动比率（倍数）	1.780	2.445	2.539	2.634	2.728	2.823
A_{61}国家经济政策（100分制）	80.000	85.000	85.000	80.000	90.000	80.000
A_{62}企业投资抉择与产业政策适应性（100分制）	70.000	65.000	70.000	50.000	80.000	65.000

二级指标	08.2	08.4	09.2	09.4	10.2	
A_{11}企业员工中技术人员比重/%	19.715	19.496	19.277	19.058	18.840	
A_{12}研发投入占年收入的比重/%	17.912	18.333	18.755	19.176	19.598	
A_{13}现有研发仪器设备及条件(100分制)	80.000	85.000	80.000	80.000	80.000	
A_{21}产品更新速度（100分制）	70.000	85.000	65.000	70.000	75.000	

续表

二级指标	08.2	08.4	09.2	09.4	10.2	
A_{22}工艺水平（100分制）	70.000	85.000	70.000	70.000	75.000	
A_{23}产品积压率/%	10.928	7.973	5.024	2.081	−0.858	
A_{31}销售额增长率/%	13.902	5.929	−2.033	−9.984	−17.925	
A_{32}市场竞争力及销售渠道广度(100分制)	75.000	85.000	65.000	65.000	85.000	
A_{33}销售人员素质（100分制）	70.000	70.000	65.000	80.000	85.000	
A_{41}内部控制制度质量（100分制）	50.000	50.000	60.000	75.000	75.000	
A_{42}高层管理人员素质（100分制）	80.000	80.000	75.000	80.000	85.000	
A_{43}管理人员稳定性（100分制）	50.000	80.000	60.000	50.000	70.000	
A_{51}债务保障率(倍数)	132.651	95.504	58.388	21.300	−15.757	
A_{52}资产收益率/%	0.044	−0.741	−1.524	−2.304	−3.082	
A_{53}资产负债率/%	51.585	53.768	55.966	58.181	60.412	
A_{54}营运资本资产比率/%	45.369	45.882	46.397	46.911	47.427	
A_{55}流动比率(倍数)	2.919	3.014	3.110	3.207	3.303	
A_{61}国家经济政策（100分制）	85.000	85.000	85.000	90.000	90.000	
A_{62}企业投资抉择与产业政策适应性（100分制）	60.000	70.000	80.000	80.000	75.000	

对表 6-15 进行分析，发现其数据存在明显的变化规律，即要么呈上升趋势要么呈下降趋势，这就表明灰预测实质上是一种趋势预测，尽管在灰预测系统理论中，不能找到这样的结论，但在所有灰预测系统理论的理论分析与实例研究中都有同样的结果。由于灰预测体现为一种趋势预测，因此，其预测结果必然将不合理的极大变异指标数据进行分解，从而体现企业数据稳定变动状态，预测企业未来的发展趋势。事实上，按照单变量分析的方法，就可以根据以上表格的预测数据进行企业安全性预警分析。例如，GK 公司 2008 年业绩很差，主要是由其产品销路不畅(积压率在两位数)、销售增长放缓而现金流量低(公司也承认收账不力)、资产收益率低引起的，而且存在乘数效应的影响。资产收益率表现为连

续下降的趋势，尽管企业于2007年就开始加大了收账力度，但现金回笼的效果并不好，加之销售不畅继续恶化，使得GK公司的经营状况逐步恶化。为此，GK公司不得不于2009年年初制定详细的应收账款管理政策和盘活存量资产提高资产收益率以及加大新产品新技术开发力度的政策，这些政策还是很有效的，后面的综合分析将对此进行论述。

2. 指标权重的确定

尽管可以进行单指标的分析，但是由于存在正负相反方向的变动趋势，因此，需要对这两种趋势进行综合分析。这就涉及了权重的设计问题。本书选用层次分析法求得权重。

1)判断矩阵的建立

根据企业的特点和GK公司现有的资料，同时咨询有关的企业管理专家，逐步设定了相应指标的判断矩阵，如表6-17～表6-23所示。

表6-17 判断矩阵(一)

A	A_1	A_2	A_3	A_4	A_5	A_6
A_1技术状态	1.000	1.500	6.000	8.000	2.000	1.500
A_2产品状况	0.667	1.000	4.000	3.000	2.500	2.000
A_3营销水平	0.167	0.250	1.000	1.200	1.500	0.400
A_4管理素质	0.125	0.333	0.833	1.000	1.000	0.600
A_5财务状况	0.500	0.400	0.667	1.000	1.000	0.300
A_6政策影响	0.667	0.500	2.500	1.667	3.333	1.000

表6-18 判断矩阵(二)

A_1	A_{11}	A_{12}	A_{13}
A_{11}企业员工中技术人员比重	1.000	0.600	2.000
A_{12}研发投入占年收入的比重	1.667	1.000	1.500
A_{13}现有研发仪器设备及条件	0.500	0.667	1.000

表6-19 判断矩阵(三)

A_2	A_{21}	A_{22}	A_{23}
A_{21}产品更新速度	1.000	2.000	3.000
A_{22}工艺水平	0.500	1.000	3.000
A_{23}产品积压率	0.333	0.333	1.000

表6-20 判断矩阵(四)

A_3	A_{31}	A_{32}	A_{33}
A_{31}销售额增长率	1.000	0.400	0.500

续表

A_3	A_{31}	A_{32}	A_{33}
A_{32}市场竞争力及销售渠道广度	2.500	1.000	2.500
A_{33}销售人员素质	2.000	0.400	1.000

表 6-21　判断矩阵(五)

A_4	A_{41}	A_{42}	A_{43}
A_{41}内部控制制度质量	1.000	2.000	3.000
A_{42}高层管理人员素质	0.500	1.000	0.800
A_{43}管理人员稳定性	0.333	1.250	1.000

表 6-22　判断矩阵(六)

A_5	A_{51}	A_{52}	A_{53}	A_{54}	A_{55}
A_{51}债务保障率	1.000	2.000	3.000	4.500	4.500
A_{52}资产收益率	0.500	1.000	0.900	1.200	1.100
A_{53}资产负债率	0.333	1.111	1.000	1.500	2.000
A_{54}营运资本资产比率	0.222	0.833	0.667	1.000	2.500
A_{55}流动比率	0.222	0.909	0.500	0.400	1.000

表 6-23　判断矩阵(七)

A_6	A_{61}	A_{62}
A_{61}国家经济政策	1	0.5
A_{62}企业投资抉择与产业政策适应性	2.5	1

2)权重的计算

本书采用“和法”进行层次分析法权重的计算，每个判断矩阵首先按列归一化，然后按行相加，得到一个列向量，对此向量归一化即得权重向量 $\boldsymbol{\omega}=(\omega_1,\omega_2,\cdots,\omega_n)^{\mathrm{T}}$ 。然后计算最大特征根 λ ，进行一致性检验。如果不能通过，则重新分析指标中的指标重要性判断问题，再次计算检验。下面以表 6-20 判断矩阵(四)的计算为例计算各指标的单层次权重。判断矩阵(四)指标列向量值求和表如表 6-24 所示。

表 6-24　判断矩阵(四)指标列向量值求和表

A_3	A_{31}	A_{32}	A_{33}
A_{31}销售额增长率	1.000	0.400	0.500
A_{32}市场竞争力及销售渠道广度	2.500	1.000	2.500
A_{33}销售人员素质	2.000	0.400	1.000
$A_{31}+A_{32}+A_{33}$	5.500	1.800	4.000

列向量归一化得表 6-25。

表 6-25 判断矩阵(四)指标列向量值归一化表

A_3	A_{31}	A_{32}	A_{33}
A_{31}销售额增长率	0.182	0.222	0.125
A_{32}市场竞争力及销售渠道广度	0.454	0.556	0.625
A_{33}销售人员素质	0.364	0.222	0.250
$A_{31}+A_{32}+A_{33}$	1.000	1.000	1.000

按行向量相加得表 6-26。

表 6-26 判断矩阵(四)指标列向量值归一化表

A_3	A_{31}	A_{32}	A_{33}	$\sum$
A_{31}销售额增长率	0.182	0.222	0.125	0.529
A_{32}市场竞争力及销售渠道广度	0.454	0.556	0.625	1.635
A_{33}销售人员素质	0.364	0.222	0.250	0.836
$A_{31}+A_{32}+A_{33}$	1.000	1.000	1.000	3.000

得到向量$\widetilde{\boldsymbol{W}}_{A_{3j}}=(0.529, 1.635, 0.836)^{\mathrm{T}}$，将此向量归一化得到权重向量：

$$\widetilde{\boldsymbol{W}}_{A_{3j}}=(0.176, 0.545, 0.279)^{\mathrm{T}}$$

将原判断矩阵向量(表 6-20)乘以权重向量$\widetilde{\boldsymbol{W}}_{A_{3j}}$，得到向量$\boldsymbol{\lambda}_i$：

$$\boldsymbol{\lambda}_i=(0.534, 1.682, 0.849)^{\mathrm{T}}$$

因此，最大特征根就为

$$\lambda=0.534+1.682+0.849=3.065$$

故一致性检验的$\mathrm{CR}=\dfrac{\mathrm{CI}}{\mathrm{RI}}=\dfrac{3.065-3}{2\times 0.58}=0.056<0.10$。

因此，$\boldsymbol{\lambda}_i=(0.534, 1.682, 0.849)^{\mathrm{T}}$可以作为本层次的指标权重。通过相同的办法计算其他几个判断矩阵的权重及检验系数，结果如表 6-27 所示。

表 6-27 指标单层次权重及检验表

指标	权重向量	CR 检验值
$(A_1, A_2, A_3, A_4, A_5, A_6)$	$\boldsymbol{W}_{A_j}=(0.339, 0.248, 0.077, 0.072, 0.085, 0.180)^{\mathrm{T}}$	0.05<0.10
(A_{11}, A_{12}, A_{13})	$\boldsymbol{W}_{A_{1j}}=(0.342, 0.434, 0.225)^{\mathrm{T}}$	0.066<0.10
(A_{21}, A_{22}, A_{23})	$\boldsymbol{W}_{A_{2j}}=(0.525, 0.334, 0.142)^{\mathrm{T}}$	0.056<0.10
(A_{31}, A_{32}, A_{33})	$\boldsymbol{W}_{A_{3j}}=(0.176, 0.545, 0.279)^{\mathrm{T}}$	0.056<0.10

续表

指标	权重向量	CR 检验值
(A_{41}，A_{42}，A_{43})	$W_{A_{4j}}$ =(0.547，0.225，0.228)^T	0.046<0.10
(A_{51}，A_{52}，A_{53}，A_{54}，A_{55})	$W_{A_{5j}}$ =(0.441，0.155，0.171，0.138，0.094)^T	0.042<0.10
(A_{61}，A_{62})	$W_{A_{6j}}$ =(0.310，0.690)^T	0.000<0.10

求解各个指标的最终权重，如：

$W_{A_{11}}$ =0.339×0.342=0.116；$W_{A_{42}}$ =0.072×0.225=0.016，如此就得到了 19 个指标的综合权重，如表 6-28 所示。

表 6-28　指标综合权重表

一层指标	一层权重	二层指标	二层权重	综合权重
A_1 技术状态	0.339	A_{11}企业员工中技术人员比重(%)	0.342	0.116
		A_{12}研发投入占年收入的比重(%)	0.434	0.147
		A_{13}现有研发仪器设备及条件(100 分制)	0.225	0.076
A_2 产品状况	0.248	A_{21}产品更新速度(100 分制)	0.525	0.130
		A_{22}工艺水平(100 分制)	0.334	0.083
		A_{23}产品积压率(%)	0.142	0.035
A_3 营销水平	0.077	A_{31}销售额增长率(%)	0.176	0.014
		A_{32}市场竞争力及销售渠道广度(100 分制)	0.545	0.042
		A_{33}销售人员素质(100 分制)	0.279	0.021
A_4 管理素质	0.072	A_{41}内部控制制度质量(100 分制)	0.547	0.039
		A_{42}高层管理人员素质(100 分制)	0.225	0.016
		A_{43}管理人员稳定性(100 分制)	0.228	0.016
A_5 财务状况	0.085	A_{51}债务保障率(倍数)	0.441	0.037
		A_{52}资产收益率(%)	0.155	0.013
		A_{53}资产负债率(%)	0.171	0.015
		A_{54}营运资本资产比率(%)	0.138	0.012
		A_{55}流动比率(倍数)	0.094	0.008
A_6 政策影响	0.180	A_{61}国家经济政策(100 分制)	0.310	0.056
		A_{62}企业投资抉择与产业政策适应性(100 分制)	0.690	0.124
权重和为 1				1.000

6.1.3　GK 公司资本流动安全性的测度

1. 隶属函数建立

在求出权重与预测值后，就可以将指标进行综合，本书采用模糊识别的方法进行企业的安全性评价，因此，需要计算模糊函数的隶属度，也就是需要确定隶属函数。如前所述，企业的指标数据存在少数据的特点，而且预警系统体系庞杂，因而本书对最后的预测指标进行无量纲化，同时尽力把指标值限定在[0，1]范围内，并同向变动，即指标都上升时对企业是有利的。在无量纲化处理的支持下，就可以通过统计分析的办法大致确定企业总体上指标变动多大的幅度会对企业产生何种影响。

本书通过GK公司资料的分析和国内其他一些企业的资料分析，发现基本存在四个分割点(0，5，10，20)，可以大致界定企业发展的四种状态，即危机、半危机、半安全和安全。根据正态分布的特征，可以将这四个分割点作为各个区间隶属函数的中心点，即 a 值。按照式(3-26)，便可以建立各个状态的隶属函数。此时还需要借助于企业资料分析确定 b 值，但 a 的确定是核心，它决定了函数分布的起始位置与左右的跨度，而 b 值决定函数的峰度，按照概率论的原理，正态分布函数曲线的峰度由数值的标准差决定，因此，b 值应该是标准差类的指标变异参数。由于企业的安全状态最终会体现到企业的业绩上，故本书选取资产收益率指标作为 b 值确定的参考指标。收集国内部分企业的资产收益率指标后，从大到小排序，然后均分为四段，求取各自的方差，经过专家分析和GK公司的检验，证实是可行的。具体隶属函数的形式如下。

1)危机区

此区域属于偏小型隶属函数区，隶属函数的曲线呈现下降趋势，下降到了一定值后，下降与否对于企业来说已经没有实际意义了，即企业处于破产边缘，此时界定企业为危机必然事件，即隶属度为1，因此，隶属函数的形式如下：

$$\mu(y)=\begin{cases}1, & y\leqslant 0\\ \mathrm{e}^{-0.06(y-0)^2}, & y>0\end{cases} \tag{6-1}$$

2)半危机区

此区域位于危机与安全的中间偏左，是典型正态分布，隶属函数的曲线呈现“杯形”状态，尽管这种状态不是很明显，但放大后则是一个标准正态分布。因此，隶属函数的形式如下：

$$\mu(y)=\mathrm{e}^{-0.04(y-5)^2} \tag{6-2}$$

3)半安全区

此区域位于危机与安全的中间偏右，是典型正态分布，隶属函数的曲线呈现“杯形”状态，尽管这种状态不是很明显，但放大后则是一个标准正态分布。因此，隶属函数的形式如下：

$$\mu(y)=\mathrm{e}^{-0.03(y-10)^2} \tag{6-3}$$

4)安全区

此区域属于偏大型隶属函数区，隶属函数的曲线呈现上升趋势，上升到了一定值后，上升与否对于企业来说已经不重要了，即企业处于绝对安全区，此时界定企业为安全必然事件，即隶属度为 1，因此，隶属函数的形式如下：

$$\mu(y)=\begin{cases}e^{-0.02(y-20)^2}, & y<20 \\ 1, & y\geqslant 20\end{cases} \tag{6-4}$$

将这四个区的函数放到一起就构成了图 6-1。

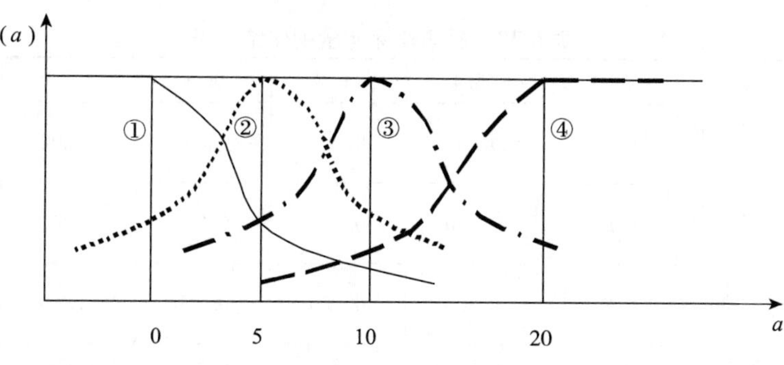

图 6-1　GK 公司安全性识别隶属函数图

2)隶属函数可行性检验

从图 6-1 中可以看出，四个隶属函数存在交叉重叠部分，这是模糊函数的重要特征，即“亦此亦彼”，这就摆脱了概率论“一因一果”的因果决定性和“非此即彼”的精确性，体现了事物属性判断的随机性与不分明性。对上面隶属函数的可行性还可以进行检验，结果如表 6-29 所示。

表 6-29　安全性预警隶属函数效果检验表

指标上升值/%	危机区①	半危机区②	半安全区③	安全区④
1	0.604 5	0.338 5	0.056 5	0.000 5
3	0.349 4	0.510 9	0.137 9	0.001 9
5	0.130 7	0.586 0	0.276 8	0.006 5
7	0.031 1	0.500 5	0.448 4	0.020 0
10	0.001 6	0.244 3	0.664 1	0.089 9
13	0.000 0	0.063 6	0.627 8	0.308 6
15	0.000 0	0.016 7	0.430 5	0.552 8
17	0.000 0	0.002 9	0.215 2	0.781 8
19	0.000 0	0.000 4	0.082 4	0.917 2
19	0.000 0	0.000 1	0.047 4	0.952 5
22	0.000 0	0.000 0	0.000 0	1.000 0

表 6-29 中数据表明，随着上升值的加大，隶属度开始向右移动，逼近 1，实际上两侧的值都不可能等于 1，只能是逼近，令其为 1 是从企业实际出发的。因此，以上的隶属函数具有有效性。

在指标灰预测值、指标权重、安全性识别隶属函数已经确定以后，即可进行模糊识别与判断。判断中需要做以下几项工作。

(1)将各指标的预测值进行无量纲化。利用第 3 章的无量纲化方法计算，结果见表 6-30，再进一步计算各指标的环比变动值表，如表 6-31 所示。

表 6-30 预测指标无量纲化结果表

二级指标	05.2	05.4	06.2	06.4	07.2	07.4
A_{11}企业员工中技术人员比重	0.224	0.208	0.206	0.204	0.202	0.199
A_{12}研发投入占年收入的比重	0.920	0.930	0.937	0.944	0.951	0.958
A_{13}现有研发仪器设备及条件	0.850	0.800	0.750	0.700	0.850	0.800
A_{21}产品更新速度	0.800	0.850	0.700	0.750	0.700	0.850
A_{22}工艺水平	0.700	0.750	0.700	0.800	0.750	0.850
A_{23}产品积压率	0.988	0.742	0.772	0.802	0.831	0.861
A_{31}销售额增长率	−0.295	0.539	0.459	0.379	0.299	0.219
A_{32}市场竞争力及销售渠道广度	0.700	0.750	0.850	0.750	0.800	0.700
A_{33}销售人员素质	0.850	0.800	0.850	0.700	0.600	0.650
A_{41}内部控制制度质量	0.600	0.650	0.650	0.600	0.650	0.500
A_{42}高层管理人员素质	0.800	0.700	0.800	0.700	0.750	0.650
A_{43}管理人员稳定性	0.700	0.850	0.700	0.300	0.100	0.050
A_{51}债务保障率	0.928	0.001	0.112	0.223	0.334	0.445
A_{52}资产收益率	0.017	0.040	0.032	0.024	0.016	0.008
A_{53}资产负债率	1.000	1.000	1.000	1.000	1.000	1.000
A_{54}营运资本资产比率	1.000	1.000	1.000	1.000	1.000	1.000
A_{55}流动比率	0.927	0.852	0.820	0.789	0.757	0.726
A_{61}国家经济政策	0.800	0.850	0.850	0.800	0.900	0.800
A_{62}企业投资抉择与产业政策适应性	0.700	0.650	0.700	0.500	0.800	0.650

续表

二级指标	08.2	08.4	09.2	09.4	10.2	
A_{11}企业员工中技术人员比重	0.197	0.195	0.193	0.191	0.188	
A_{12}研发投入占年收入的比重	0.965	0.972	0.979	0.986	0.993	
A_{13}现有研发仪器设备及条件	0.800	0.850	0.800	0.800	0.800	
A_{21}产品更新速度	0.700	0.850	0.650	0.700	0.750	
A_{22}工艺水平	0.700	0.850	0.700	0.700	0.750	
A_{23}产品积压率	0.891	0.920	0.950	0.979	1.009	
A_{31}销售额增长率	0.139	0.059	−0.020	−0.100	−0.179	
A_{32}市场竞争力及销售渠道广度	0.750	0.850	0.650	0.650	0.850	
A_{33}销售人员素质	0.700	0.700	0.650	0.800	0.850	
A_{41}内部控制制度质量	0.500	0.500	0.600	0.750	0.750	
A_{42}高层管理人员素质	0.800	0.800	0.750	0.800	0.850	
A_{43}管理人员稳定性	0.500	0.800	0.600	0.500	0.700	
A_{51}债务保障率	0.556	0.667	0.778	0.889	0.504	
A_{52}资产收益率	0.000	−0.007	−0.015	−0.023	−0.031	
A_{53}资产负债率	0.968	0.925	0.881	0.836	0.792	
A_{54}营运资本资产比率	0.993	0.984	0.975	0.965	0.956	
A_{55}流动比率	0.694	0.662	0.630	0.598	0.566	
A_{61}国家经济政策	0.850	0.850	0.850	0.900	0.900	
A_{62}企业投资抉择与产业政策适应性	0.600	0.700	0.800	0.800	0.750	

注：(1)数据来源于表 6-15

(2)所有指标单位均被抽象掉，指标无单位

(3)05.2 表示 2005 年第 2 季度末的数据，05.4 表示 2005 年第 4 季度末的数据

表 6-31 预测指标环比变动值表(单位:%)

二级指标	05.2	05.4	06.2	06.4	07.2	07.4
A_{11}企业员工中技术人员比重	—	−7.060	−1.064	−1.073	−1.083	−1.093
A_{12}研发投入占年收入的比重	—	1.101	0.753	0.748	0.743	0.738
A_{13}现有研发仪器设备及条件	—	−5.882	−6.250	−6.667	21.429	−5.882
A_{21}产品更新速度	—	6.250	−17.640	7.143	−6.667	21.429
A_{22}工艺水平	—	7.143	−6.667	14.286	−6.250	13.333
A_{23}产品积压率	—	−24.850	4.018	3.856	3.706	3.567
A_{31}销售额增长率	—	−282.700	−14.880	−17.460	−21.130	−26.750
A_{32}市场竞争力及销售渠道广度	—	7.143	13.333	−11.760	6.667	−12.500
A_{33}销售人员素质	—	−5.882	6.250	−17.640	−14.280	8.333
A_{41}内部控制制度质量	—	8.333	0.000	−7.692	8.333	−23.070
A_{42}高层管理人员素质	—	−12.500	14.286	−12.500	7.143	−13.330
A_{43}管理人员稳定性	—	21.429	−17.640	−57.140	−66.660	−50.000
A_{51}债务保障率	—	−99.940	21 859.000	99.465	49.826	33.229
A_{52}资产收益率	—	139.820	−19.900	−24.770	−32.830	−48.730
A_{53}资产负债率	—	0.000	0.000	0.000	0.000	0.000
A_{54}营运资本资产比率	—	0.000	0.000	0.000	0.000	0.000
A_{55}流动比率	—	−8.088	−3.680	−3.834	−4.001	−4.183
A_{61}国家经济政策	—	6.250	0.000	−5.882	12.500	−11.110
A_{62}企业投资抉择与产业政策适应性	—	−7.143	7.692	−28.570	60.000	−18.750

二级指标	08.2	08.4	09.2	09.4	10.2	
A_{11}企业员工中技术人员比重	−1.103	−1.113	−1.123	−1.134	−1.145	
A_{12}研发投入占年收入的比重	0.732	0.727	0.722	0.717	0.713	
A_{13}现有研发仪器设备及条件	0.000	6.250	−5.882	0.000	0.000	
A_{21}产品更新速度	−17.640	21.429	−23.520	7.692	7.143	
A_{22}工艺水平	−17.640	21.429	−17.640	0.000	7.143	

续表

二级指标	08.2	08.4	09.2	09.4	10.2	
A_{23}产品积压率	3.437	3.317	3.205	3.099	3.001	
A_{31}销售额增长率	−36.480	−57.350	−134.200	391.110	79.529	
A_{32}市场竞争力及销售渠道广度	7.143	13.333	−23.520	0.000	30.769	
A_{33}销售人员素质	7.692	0.000	−7.143	23.077	6.250	
A_{41}内部控制制度质量	0.000	0.000	20.000	25.000	0.000	
A_{42}高层管理人员素质	23.077	0.000	−6.250	6.667	6.250	
A_{43}管理人员稳定性	900.000	60.000	−25.000	−16.660	40.000	
A_{51}债务保障率	24.922	19.934	16.608	14.231	−43.230	
A_{52}资产收益率	−94.750	−1 800.000	105.550	51.193	33.755	
A_{53}资产负债率	−3.171	−4.507	−4.755	−5.030	−5.337	
A_{54}营运资本资产比率	−0.671	−0.940	−0.950	−0.961	−0.972	
A_{55}流动比率	−4.381	−4.598	−4.837	−5.101	−5.394	
A_{61}国家经济政策	6.250	0.000	0.000	5.882	0.000	
A_{62}企业投资抉择与产业政策适应性	−7.692	16.667	14.286	0.000	−6.250	

注：(1)此表计算数据来源于表 6-30

(2)05.2 表示 2005 年第 2 季度末的数据，05.4 表示 2005 年第 4 季度末的数据

(2)将表 6-31 中的各个变动值代入式(6-1)～式(6-4)，得到 4 个隶属度值，19 个指标则会得到四组，每组 19 个隶属度值(表 6-32)。

(3)将上述隶属度表乘上各自的权重(权重见表 6-28)，就得到了加权的安全区间隶属度表(表 6-33)。

(4)将加权的隶属度值按照区间累加，如 06.4 期的危机区的累计隶属度＝危机区 A_{11}＋危机区 A_{12}＋……＋危机区 A_{62}，最后得到一个 10×4 的矩阵，即表6-34。

(5)将综合隶属度表(表 6-34)归一化，得到企业安全性模糊识别表(一)(表 6-35)，将危机区与半危机区隶属度合并得到危机合并区，半安全区与安全区隶属度合并得到安全合并区，即可得到企业安全性模糊识别表(二)(表 6-36)。按照最大隶属度原则的要求，即可预测特定时期企业的安全性状态。

表 6-32 预警指标安全性模糊识别隶属度表(一)

指标	A_{11}企业员工中技术人员比重				A_{12}研发投入占年收入的比重				A_{13}现有研发仪器设备及条件			
隶属区间	①	②	③	④	①	②	③	④	①	②	③	④
05.4	1.000	0.000	0.000	0.000	0.930	0.368	0.050	0.000	1.000	0.000	0.000	0.000
06.2	1.000	0.000	0.000	0.000	0.967	0.368	0.050	0.000	1.000	0.000	0.000	0.000
06.4	1.000	0.000	0.000	0.000	0.967	0.368	0.050	0.000	1.000	0.000	0.000	0.000
07.2	1.000	0.000	0.000	0.000	0.967	0.368	0.050	0.000	0.000	0.000	0.000	1.000
07.4	1.000	0.000	0.000	0.000	0.968	0.368	0.050	0.000	1.000	0.000	0.000	0.000
08.2	1.000	0.000	0.000	0.000	0.968	0.368	0.050	0.000	1.000	0.000	0.000	0.000
08.4	1.000	0.000	0.000	0.000	0.969	0.368	0.050	0.000	0.096	0.368	0.050	0.000
09.2	1.000	0.000	0.000	0.000	0.969	0.368	0.050	0.000	1.000	0.000	0.000	0.000
09.4	1.000	0.000	0.000	0.000	0.970	0.368	0.050	0.000	1.000	0.000	0.000	0.000
10.2	1.000	0.000	0.000	0.000	0.970	0.368	0.050	0.000	1.000	0.000	0.000	0.000

指标	A_{21}产品更新速度				A_{22}工艺水平				A_{23}产品积压率			
隶属区间	①	②	③	④	①	②	③	④	①	②	③	④
05.4	0.096	0.368	0.050	0.000	0.047	0.368	0.050	0.000	1.000	0.000	0.000	0.000
06.2	1.000	0.000	0.000	0.000	1.000	0.000	0.000	0.000	0.380	0.368	0.050	0.000
06.4	0.047	0.368	0.050	0.000	0.000	0.368	0.050	0.000	0.410	0.368	0.050	0.000
07.2	1.000	0.000	0.000	0.000	1.000	0.000	0.000	0.000	0.439	0.368	0.050	0.000
07.4	0.000	0.000	0.000	1.000	0.000	0.368	0.050	0.000	0.466	0.368	0.050	0.000
08.2	1.000	0.000	0.000	0.000	1.000	0.000	0.000	0.000	0.492	0.368	0.050	0.000
08.4	0.000	0.000	0.000	1.000	0.000	0.000	0.000	1.000	0.517	0.368	0.050	0.000
09.2	1.000	0.000	0.000	0.000	1.000	0.000	0.000	0.000	0.540	0.368	0.050	0.000
09.4	0.029	0.368	0.050	0.000	1.000	0.000	0.000	0.000	0.562	0.368	0.050	0.000
10.2	0.047	0.368	0.050	0.000	0.047	0.368	0.050	0.000	0.583	0.368	0.050	0.000

指标	A_{31}销售额增长率				A_{32}市场竞争力及销售渠道广度				A_{33}销售人员素质			
隶属区间	①	②	③	④	①	②	③	④	①	②	③	④
05.4	1.000	0.000	0.000	0.000	0.047	0.368	0.050	0.000	1.000	0.000	0.000	0.000
06.2	1.000	0.000	0.000	0.000	0.000	0.368	0.050	0.000	0.096	0.368	0.050	0.000
06.4	1.000	0.000	0.000	0.000	1.000	0.000	0.000	0.000	1.000	0.000	0.000	0.000
07.2	1.000	0.000	0.000	0.000	0.069	0.368	0.050	0.000	1.000	0.000	0.000	0.000
07.4	1.000	0.000	0.000	0.000	1.000	0.000	0.000	0.000	0.016	0.368	0.050	0.000
08.2	1.000	0.000	0.000	0.000	0.047	0.368	0.050	0.000	0.029	0.368	0.050	0.000

续表

指标	A_{31}销售额增长率				A_{32}市场竞争力及销售渠道广度				A_{33}销售人员素质			
隶属区间	①	②	③	④	①	②	③	④	①	②	③	④
08.4	1.000	0.000	0.000	0.000	0.000	0.368	0.050	0.000	1.000	0.000	0.000	0.000
09.2	1.000	0.000	0.000	0.000	1.000	0.000	0.000	0.000	1.000	0.000	0.000	0.000
09.4	0.000	0.000	0.000	1.000	1.000	0.000	0.000	0.000	0.000	0.000	0.000	1.000
10.2	0.000	0.000	0.000	1.000	0.000	0.000	0.000	1.000	0.096	0.368	0.050	0.000

指标	A_{41}内部控制制度质量				A_{42}高层管理人员素质				A_{43}管理人员稳定性			
隶属区间	①	②	③	④	①	②	③	④	①	②	③	④
05.4	0.016	0.368	0.050	0.000	1.000	0.000	0.000	0.000	0.000	0.000	0.000	1.000
06.2	1.000	0.000	0.000	0.000	0.000	0.368	0.050	0.000	1.000	0.000	0.000	0.000
06.4	1.000	0.000	0.000	0.000	1.000	0.000	0.000	0.000	1.000	0.000	0.000	0.000
07.2	0.016	0.368	0.050	0.000	0.047	0.368	0.050	0.000	1.000	0.000	0.000	0.000
07.4	1.000	0.000	0.000	0.000	1.000	0.000	0.000	0.000	1.000	0.000	0.000	0.000
08.2	1.000	0.000	0.000	0.000	0.000	0.000	0.000	1.000	0.000	0.000	0.000	1.000
08.4	1.000	0.000	0.000	0.000	1.000	0.000	0.000	0.000	0.000	0.000	0.000	1.000
09.2	0.000	0.000	0.000	1.000	1.000	0.000	0.000	0.000	1.000	0.000	0.000	0.000
09.4	0.000	0.000	0.000	1.000	0.069	0.368	0.050	0.000	1.000	0.000	0.000	0.000
10.2	1.000	0.000	0.000	0.000	0.096	0.368	0.050	0.000	0.000	0.000	0.000	1.000

指标	A_{51}债务保障率				A_{52}资产收益率				A_{53}资产负债率			
隶属区间	①	②	③	④	①	②	③	④	①	②	③	④
05.4	0.000	0.000	0.000	1.000	0.000	0.000	0.000	1.000	1.000	0.000	0.000	0.000
06.2	1.000	0.000	0.000	0.000	1.000	0.000	0.000	0.000	1.000	0.000	0.000	0.000
06.4	1.000	0.000	0.000	0.000	1.000	0.000	0.000	0.000	1.000	0.000	0.000	0.000
07.2	1.000	0.000	0.000	0.000	1.000	0.000	0.000	0.000	1.000	0.000	0.000	0.000
07.4	1.000	0.000	0.000	0.000	1.000	0.000	0.000	0.000	1.000	0.000	0.000	0.000
08.2	1.000	0.000	0.000	0.000	1.000	0.000	0.000	0.000	1.000	0.000	0.000	0.000
08.4	1.000	0.000	0.000	0.000	1.000	0.000	0.000	0.000	1.000	0.000	0.000	0.000
09.2	1.000	0.000	0.000	0.000	0.000	0.000	0.000	1.000	1.000	0.000	0.000	0.000
09.4	1.000	0.000	0.000	0.000	0.000	0.000	0.000	1.000	1.000	0.000	0.000	0.000
10.2	1.000	0.000	0.000	0.000	0.000	0.000	0.000	1.000	1.000	0.000	0.000	0.000

续表

指标	A54营运资本资产比率				A55流动比率			
隶属区间	①	②	③	④	①	②	③	④
05.4	1.000	0.000	0.000	0.000	1.000	0.000	0.000	0.000
06.2	1.000	0.000	0.000	0.000	1.000	0.000	0.000	0.000
06.4	1.000	0.000	0.000	0.000	1.000	0.000	0.000	0.000
07.2	1.000	0.000	0.000	0.000	1.000	0.000	0.000	0.000
07.4	1.000	0.000	0.000	0.000	1.000	0.000	0.000	0.000
08.2	1.000	0.000	0.000	0.000	1.000	0.000	0.000	0.000
08.4	1.000	0.000	0.000	0.000	1.000	0.000	0.000	0.000
09.21.000	0.000	0.000	0.000	1.000	0.000	0.000	0.000	
09.41.000	0.000	0.000	0.000	1.000	0.000	0.000	0.000	
10.21.000	0.000	0.000	0.000	1.000	0.000	0.000	0.000	
指标	A61国家经济政策				A62企业投资抉择与产业政策适应性			
隶属区间	①	②	③	④	①	②	③	④
05.4	0.096	0.368	0.050	0.000	1.000	0.000	0.000	0.000
06.2	1.000	0.000	0.000	0.000	0.029	0.368	0.050	0.000
06.4	1.000	0.000	0.000	0.000	1.000	0.000	0.000	0.000
07.2	0.000	0.368	0.050	0.000	0.000	0.000	0.000	1.000
07.4	1.000	0.000	0.000	0.000	1.000	0.000	0.000	0.000
08.2	0.096	0.368	0.050	0.000	1.000	0.000	0.000	0.000
08.4	1.000	0.000	0.000	0.000	0.000	0.368	0.050	0.000
09.2	1.000	0.000	0.000	0.000	0.000	0.368	0.050	0.000
09.4	0.125	0.368	0.050	0.000	1.000	0.000	0.000	0.000
10.2	1.000	0.000	0.000	0.000	1.000	0.000	0.000	0.000

注：(1)此表计算数据来源于表 6-30

(2)05.2 表示 2005 年第 2 季度末的数据，05.4 表示 2005 年第 4 季度末的数据

(3)①②③④分别代表四个企业安全性状态区间

表 6-33　预警指标安全性模糊识别加权隶属度表(一)

指标	A_{11}企业员工中技术人员比重				A_{12}研发投入占年收入的比重				A_{13}现有研发仪器设备及条件			
隶属区间	①	②	③	④	①	②	③	④	①	②	③	④
05.4	1.000	0.000	0.000	0.000	0.930	0.368	0.050	0.000	1.000	0.000	0.000	0.000
06.2	1.000	0.000	0.000	0.000	0.967	0.368	0.050	0.000	1.000	0.000	0.000	0.000
06.4	1.000	0.000	0.000	0.000	0.967	0.368	0.050	0.000	1.000	0.000	0.000	0.000

续表

指标	A_{11}企业员工中技术人员比重				A_{12}研发投入占年收入的比重				A_{13}现有研发仪器设备及条件			
隶属区间	①	②	③	④	①	②	③	④	①	②	③	④
07.2	1.000	0.000	0.000	0.000	0.967	0.368	0.050	0.000	0.000	0.000	0.000	1.000
07.4	1.000	0.000	0.000	0.000	0.968	0.368	0.050	0.000	1.000	0.000	0.000	0.000
08.2	1.000	0.000	0.000	0.000	0.968	0.368	0.050	0.000	1.000	0.000	0.000	0.000
08.4	1.000	0.000	0.000	0.000	0.969	0.368	0.050	0.000	0.096	0.368	0.050	0.000
09.2	1.000	0.000	0.000	0.000	0.969	0.368	0.050	0.000	1.000	0.000	0.000	0.000
09.4	1.000	0.000	0.000	0.000	0.970	0.368	0.050	0.000	1.000	0.000	0.000	0.000
10.2	1.000	0.000	0.000	0.000	0.970	0.368	0.050	0.000	1.000	0.000	0.000	0.000

指标	A_{21}产品更新速度				A_{22}工艺水平				A_{23}产品积压率			
隶属区间	①	②	③	④	①	②	③	④	①	②	③	④
05.4	0.096	0.368	0.050	0.000	0.047	0.368	0.050	0.000	1.000	0.000	0.000	0.000
06.2	1.000	0.000	0.000	0.000	1.000	0.000	0.000	0.000	0.380	0.368	0.050	0.000
06.4	0.047	0.368	0.050	0.000	0.000	0.368	0.050	0.000	0.410	0.368	0.050	0.000
07.2	1.000	0.000	0.000	0.000	1.000	0.000	0.000	0.000	0.439	0.368	0.050	0.000
07.4	0.000	0.000	0.000	1.000	0.000	0.368	0.050	0.000	0.466	0.368	0.050	0.000
08.2	1.000	0.000	0.000	0.000	1.000	0.000	0.000	0.000	0.492	0.368	0.050	0.000
08.4	0.000	0.000	0.000	1.000	0.000	0.000	0.000	1.000	0.517	0.368	0.050	0.000
09.2	1.000	0.000	0.000	0.000	1.000	0.000	0.000	0.000	0.540	0.368	0.050	0.000
09.4	0.029	0.368	0.050	0.000	1.000	0.000	0.000	0.000	0.562	0.368	0.050	0.000
10.2	0.047	0.368	0.050	0.000	0.047	0.368	0.050	0.000	0.583	0.368	0.050	0.000

指标	A_{31}销售额增长率				A_{32}市场竞争力销售渠道广度				A_{33}销售人员素质			
隶属区间	①	②	③	④	①	②	③	④	①	②	③	④
05.4	1.000	0.000	0.000	0.000	0.047	0.368	0.050	0.000	1.000	0.000	0.000	0.000
06.2	1.000	0.000	0.000	0.000	0.000	0.368	0.050	0.000	0.096	0.368	0.050	0.000
06.4	1.000	0.000	0.000	0.000	1.000	0.000	0.000	0.000	1.000	0.000	0.000	0.000
07.2	1.000	0.000	0.000	0.000	0.069	0.368	0.050	0.000	1.000	0.000	0.000	0.000
07.4	1.000	0.000	0.000	0.000	1.000	0.000	0.000	0.000	0.016	0.368	0.050	0.000
08.2	1.000	0.000	0.000	0.000	0.047	0.368	0.050	0.000	0.029	0.368	0.050	0.000
08.4	1.000	0.000	0.000	0.000	0.000	0.368	0.050	0.000	1.000	0.000	0.000	0.000
09.2	1.000	0.000	0.000	0.000	1.000	0.000	0.000	0.000	1.000	0.000	0.000	0.000
09.4	0.000	0.000	0.000	1.000	1.000	0.000	0.000	0.000	0.000	0.000	0.000	1.000
10.2	0.000	0.000	0.000	1.000	0.000	0.000	0.000	1.000	0.096	0.368	0.050	0.000

续表

指标	A_{41}内部控制制度质量				A_{42}高层管理人员素质				A_{43}管理人员稳定性			
隶属区间	①	②	③	④	①	②	③	④	①	②	③	④
05.4	0.016	0.368	0.050	0.000	1.000	0.000	0.000	0.000	0.000	0.000	0.000	1.000
06.2	1.000	0.000	0.000	0.000	0.000	0.368	0.050	0.000	1.000	0.000	0.000	0.000
06.4	1.000	0.000	0.000	0.000	1.000	0.000	0.000	0.000	1.000	0.000	0.000	0.000
07.2	0.016	0.368	0.050	0.000	0.047	0.368	0.050	0.000	1.000	0.000	0.000	0.000
07.4	1.000	0.000	0.000	0.000	1.000	0.000	0.000	0.000	1.000	0.000	0.000	0.000
08.2	1.000	0.000	0.000	0.000	0.000	0.000	0.000	1.000	0.000	0.000	0.000	1.000
08.4	1.000	0.000	0.000	0.000	1.000	0.000	0.000	0.000	0.000	0.000	0.000	1.000
09.2	0.000	0.000	0.000	1.000	1.000	0.000	0.000	0.000	1.000	0.000	0.000	0.000
09.4	0.000	0.000	0.000	1.000	0.069	0.368	0.050	0.000	1.000	0.000	0.000	0.000
10.2	1.000	0.000	0.000	0.000	0.096	0.368	0.050	0.000	0.000	0.000	0.000	1.000

指标	A_{51}债务保障率				A_{52}资产收益率				A_{53}资产负债率			
隶属区间	①	②	③	④	①	②	③	④	①	②	③	④
05.4	0.000	0.000	0.000	1.000	0.000	0.000	0.000	1.000	1.000	0.000	0.000	0.000
06.2	1.000	0.000	0.000	0.000	1.000	0.000	0.000	0.000	1.000	0.000	0.000	0.000
06.4	1.000	0.000	0.000	0.000	1.000	0.000	0.000	0.000	1.000	0.000	0.000	0.000
07.2	1.000	0.000	0.000	0.000	1.000	0.000	0.000	0.000	1.000	0.000	0.000	0.000
07.4	1.000	0.000	0.000	0.000	1.000	0.000	0.000	0.000	1.000	0.000	0.000	0.000
08.2	1.000	0.000	0.000	0.000	1.000	0.000	0.000	0.000	1.000	0.000	0.000	0.000
08.4	1.000	0.000	0.000	0.000	1.000	0.000	0.000	0.000	1.000	0.000	0.000	0.000
09.2	1.000	0.000	0.000	0.000	0.000	0.000	0.000	1.000	1.000	0.000	0.000	0.000
09.4	1.000	0.000	0.000	0.000	0.000	0.000	0.000	1.000	1.000	0.000	0.000	0.000
10.2	1.000	0.000	0.000	0.000	0.000	0.000	0.000	1.000	1.000	0.000	0.000	0.000

指标	A_{54}营运资本资产比率				A_{55}流动比率			
隶属区间	①	②	③	④	①	②	③	④
05.4	1.000	0.000	0.000	0.000	1.000	0.000	0.000	0.000
06.2	1.000	0.000	0.000	0.000	1.000	0.000	0.000	0.000
06.4	1.000	0.000	0.000	0.000	1.000	0.000	0.000	0.000
07.2	1.000	0.000	0.000	0.000	1.000	0.000	0.000	0.000
07.4	1.000	0.000	0.000	0.000	1.000	0.000	0.000	0.000

续表

指标	A_{54}营运资本资产比率				A_{55}流动比率			
08. 2	1. 000	0. 000	0. 000	0. 000	1. 000	0. 000	0. 000	0. 000
08. 4	1. 000	0. 000	0. 000	0. 000	1. 000	0. 000	0. 000	0. 000
09. 2	1. 000	0. 000	0. 000	0. 000	1. 000	0. 000	0. 000	0. 000
09. 4	1. 000	0. 000	0. 000	0. 000	1. 000	0. 000	0. 000	0. 000
10. 2	1. 000	0. 000	0. 000	0. 000	1. 000	0. 000	0. 000	0. 000

指标	A_{61}国家经济政策				A_{62}企业投资抉择与产业政策适应性			
隶属区间	①	②	③	④	①	②	③	④
05. 4	0. 096	0. 368	0. 050	0. 000	1. 000	0. 000	0. 000	0. 000
06. 2	1. 000	0. 000	0. 000	0. 000	0. 029	0. 368	0. 050	0. 000
06. 4	1. 000	0. 000	0. 000	0. 000	1. 000	0. 000	0. 000	0. 000
07. 2	0. 000	0. 368	0. 050	0. 000	0. 000	0. 000	0. 000	1. 000
07. 4	1. 000	0. 000	0. 000	0. 000	1. 000	0. 000	0. 000	0. 000
08. 2	0. 096	0. 368	0. 050	0. 000	1. 000	0. 000	0. 000	0. 000
08. 4	1. 000	0. 000	0. 000	0. 000	0. 000	0. 368	0. 050	0. 000
09. 2	1. 000	0. 000	0. 000	0. 000	0. 000	0. 368	0. 050	0. 000
09. 4	0. 125	0. 368	0. 050	0. 000	1. 000	0. 000	0. 000	0. 000
10. 2	1. 000	0. 000	0. 000	0. 000	1. 000	0. 000	0. 000	0. 000

注：(1)此表计算数据来源于表 6-32

(2)05. 2 表示 2005 年第 2 季度末的数据，05. 4 表示 2005 年第 4 季度末的数据

(3)①②③④分别代表四个企业安全性状态区间

表 6-34　综合隶属度表

时期	危机区①	半危机区②	半安全区③	安全区④
05. 4	0. 598	0. 183	0. 025	0. 067
06. 2	0. 776	0. 142	0. 019	0. 000
06. 4	0. 768	0. 145	0. 020	0. 000
07. 2	0. 626	0. 123	0. 017	0. 200
07. 4	0. 743	0. 105	0. 014	0. 130
08. 2	0. 834	0. 111	0. 015	0. 033
08. 4	0. 515	0. 156	0. 021	0. 229
09. 2	0. 803	0. 113	0. 015	0. 053
09. 4	0. 703	0. 141	0. 019	0. 088
10. 2	0. 659	0. 159	0. 022	0. 085

表 6-35 企业安全性模糊识别表(一)

时期	危机区①	半危机区②	半安全区③	安全区④
05.4	0.685	0.209	0.028	0.077
06.2	0.828	0.151	0.020	0.000
06.4	0.823	0.156	0.021	0.000
07.2	0.648	0.128	0.017	0.207
07.4	0.749	0.106	0.014	0.131
08.2	0.840	0.112	0.015	0.033
08.4	0.559	0.169	0.023	0.249
09.2	0.816	0.115	0.015	0.054
09.4	0.739	0.149	0.020	0.092
10.2	0.713	0.172	0.023	0.092

表 6-36 企业安全性模糊识别表(二)

时期	危机合并区=①+②	安全合并区=③+④
05.4	0.894	0.105
06.2	0.979	0.020
06.4	0.979	0.021
07.2	0.776	0.224
07.4	0.855	0.145
08.2	0.952	0.048
08.4	0.728	0.272
09.2	0.931	0.069
09.4	0.888	0.112
10.2	0.885	0.115

6.1.4 实证检验结论及解释

1. 实证检验结论及分析

通过以上大量的计算，最终得到了模糊识别的隶属度表(表 6-34～表 6-36)，按照最大隶属度原则，并结合 GK 公司的业绩资料，得出以下几个结论性的意见。

1)GK 公司近年来一直处于危机经营中

按照最大隶属度原则，可以发现危机区的隶属度远大于其他区，因此，可以判定企业处于危机经营中。这种状态在 GK 公司管理层的有关材料中可以得到验证。GK 公司自 2005 年以来，已经意识到了企业运行的状态，做出了关系公司生存的两个重大决策——加强应收账款管理和盘活存量资产，并起到了一定的效果(危机隶属度由 0.828 降至 0.648)。但 2009 年由于市场原材料成本的大幅上涨，GK 公司上述措施的效果受到影响，公司的安全性状态再度恶化(危机隶属度由 0.559 升至 0.816)。

2)公司的经营业绩没有很好地反映公司的安全性状态

前面分析说明，GK 公司出现重大亏损的年份是 2008 年。然而，预警模型却表明 GK 公司 2008 年年底的安全状态得到改善，甚至是历年来最好的(0.559)。如果从业绩评价的角度分析企业的安全性，则 2008 年第 4 季度企业处于绝对的危机中(财务危机预警模型的结论刚好如此)，但本书分析发现 2008 年年底企业的安全性状态良好，二者的结论大相径庭。其实 GK 公司 2008 年的财务危机是以往企业安全性运营隐患的延续。GK 公司的资产存在两个十分突出的问题，即资金回笼慢和资产收益率低。2006 年上半年企业销售额较同期上升了 215.95%，产品没有积压，但销售款项收不回来，债务保障倍数成倍上涨，至年底企业销售出现了阻塞现象，产品开始积压，且净现金流量出现了负值，这无疑使得公司雪上加霜。为了摆脱困境，公司于 2006 年进行大幅度的措施改革，同时加大新产品的开发力度，积极培育新的利润增长点。尽管 2007 年公司销售遇到了巨大的困难(销售额下降、债务保障率达到了 4 位数)，但企业依然没有处于高危机中，安全性危机区隶属度仅为 0.776。新产品投入市场后还没有形成规模效应，必然使得企业的安全性开始恶化，至 2008 年年初公司出现了严重的安全性危机(危机区隶属度为 0.952)。幸好公司及时地发现了这种苗头，并进行了大幅度的整改，可以说效果十分明显。尽管 2008 年年底由于会计政策的变化，企业利润率大幅下降，但企业的核心业务处于良性发展中，因此，虽然表面上企业处于大幅亏损中，但企业的安全性却得到了改善(危机区隶属度降为 0.728)。所以，GK 公司的经营危机属于长期累积的结果，如果公司的两大关键问题得不到解决，公司的安全性就会存在问题。分析发现：凡是这两个问题解决得好的年份，尽管企业亏损，但公司安全性依然处于改善中，一旦有丝毫的闪失，则公司安全性会迅速恶化。从表 6-34 中可以发现，公司安全性改善的速度远远慢于恶化的速度，这就验证了为何在隶属函数参数设定中的最后一个分割点设为 20 而不是 15，这就是企业发展的加速效应。

3)灰预测模糊识别模型更适合企业资本流动安全性的评价

通过实际资料的分析发现，灰预测理论及模糊识别的方法运用于企业的安全性识别有很高的准确率，而且不受企业财务业绩片面变化的影响，更何况财务业绩还常受会计政策的影响而出现信息失真现象。因此，灰预测模糊识别模型从适用性上要优于其他的财务预警模型。GK 公司如果采用财务危机预警模型，预测的结果与企业实际状况将会产生很大的偏差，2007 年第 2 季度与 2008 年第 4 季度的资料最能说明问题。

2. GK 公司应对安全性的措施

通过以上灰预测模糊识别模型的分析，可以发现企业的应收账款和资产收益率是影响企业安全性的关键性因素，要解决GK公司面临的安全性危机，必须重点解决这两个问题。

1)加大企业收账的力度，尽快回笼资金

在前面分析中已经提到，若企业收取现金与企业的销售存在较好的配套性，应收账款的额度一般不是很大。否则，企业经营就会陷入困境，因为这些企业的研发等再投资需要的资金量较大，一般占企业销售收入的5%～15%，如果资金收不回来，企业根本无法继续进行大规模的技术研发，就会失去科技领先的优势。GK公司每年的R&D投入较大，平均在15%以上，有的年份甚至达到了30%以上。这样大规模的再投入必然要求企业资金的快速周转，然而GK公司的资金周转速度却很慢，这就必然使得GK公司运营存在很大的安全隐患。所以，加快企业收账、回笼资金的力度，将有利于缓解GK公司的经营危机。

2)努力提高企业的资产收益率

尽管GK公司每年都进行较大规模的再投资，但是企业的投资回报却很低，并自2006年以来出现了下降趋势，甚至出现了负值。科技型企业的主要特点在于高投入、高风险、高回报。对于GK公司而言，高投入、高风险的特点是具备的，但是高投入却没有得到高回报。企业的资产收益率比众多的传统企业都要低很多，这是一个十分让人费解的问题。通过调研分析发现，GK公司的资产收益率低下的重要原因在于企业技术研发的速度太慢，尤其是研发成果转化的速度更慢。一般企业研发成果转化的周期不能超过半年，但GK公司许多研发项目周期都在一年以上，这样的转化速度很难让企业新的虚拟利润增长点变为现实的利润增长点，这是由企业的技术风险决定的。因此，要提高GK公司的资产收益率必须努力提高研发成果应用转化的速度，缩短周期。

3)提高企业技术人员的比重

借鉴美国学者D. 戴曼斯库(D. Dimancescu)的观点，他指出："一个企业的工作人员中要有40%～60%具有学位的工程师、科研人员和高中毕业后经过两年以上技术训练的精巧技术人员；同时，这些企业用于研究与发展的再投资一般在销售收入的5%～15%，这个比例比非企业要高2～5倍。"在R&D投入上GK公司远大于这个比例，但其技术人员比例却很小，自2005年以来，GK公司的技术人员基本都维持在20%左右，这还不到戴曼斯库提出的40%～60%的一半，差距十分明显。至于其所提到的"学位"问题，在GK公司中已经没有意义。这种员工构成状况是造成GK公司研发转化速度慢、企业资产收益率低的重要因素。因此，改变企业员工构成状况，提高员工的素质是GK公司面临的重要问题。

4)注意高层管理人员的稳定性

与加快员工调整对应的企业管理人员改革应该注意"稳定性"。GK公司自上市以来，高层管理人员的变动一直比较频繁，这对GK公司的稳定发展是不利的。分析发现，凡是稳定性较好的年份，企业的安全性状态较好，一旦出现重大的高层变动，企业的安全性就会出现问题，而且这种影响存在滞后性，如公司 2007 年的高层人事变动造成了公司在接下来的连续三个季度危机隶属度呈现上升趋势。事实上，保持企业高层管理人员的稳定性只是表面问题，核心是要保持企业发展策略的稳定性，使企业的发展处于平稳状态。

总之，加快企业员工的调整，尽快引进高技术人才和优秀管理人才，同时加快企业的收账速度，这是提高 GK 公司安全性的根本措施，这些措施的实行不能仅仅看企业利润的变化，更重要的是要关注企业安全性状态的变化。对于企业生存和发展而言，企业运行的高安全性比表面的浮华业绩重要得多。

6.2　企业资本流动效率性计算

6.2.1　数据的选取及整理

1. 样本数据的选取

便捷抽样不能用统计公式精准确定需要的样本量。而本书所运用的抽样方式却又是便捷抽样，所以为了确定样本量，本书内容着重考虑了以下几个方面：首先，在麦金尼《跨国公司财务控制系统——实证调查》中采用了 25 个样本量对 2004 年美国跨国企业的业绩进行评价；其次为时间和资金，研究中样本量和消耗的人力、财力是成正比的。综上所述，我们将样本量暂定为 18 个。

2. 财务指标的选择

本次实证分析所涉及的 5 个财务指标来自 4.2 节构建的企业资本流动效率性评价指标体系：流动比率 X_5、主营业务利润率 X_4、销售利润率 X_3、资产周转率 X_2和资产增长率 X_1。X_5、X_3、X_2、X_1 4 个指标分别反映了资本增长能力、安全性、盈利能力和资本营运能力；其中的任何一个指标都是这种能力最突出的体现，之所以没用这些能力以外的指标，就是为了不出现重叠信息。为了显现出企业主营业务利润对净利润的重要性，所以把主营业务利润率作为分析成分的要点，如果这种重要性体现明显，则说明这一时间段企业的主营业务是最主要的利润来源，表现出企业运营良好。

3. 样本数据整理

1)原始数据情况

本章选择了 2009 年年末黑龙江省 18 家(15 个上市、3 个二类)一、二类国有控股企业的年报数据，具体数据如表 6-37 所示。

表 6-37 原始数据表

企业名称	X_1	X_2	X_3	X_4	X_5	净资产收益率
HF	0.21	1.42	1.74	0.07	0.32	0.19
HZ	0.28	1.64	0.23	0.09	0.27	0.21
HY	0.17	0.78	0.30	0.13	0.15	0.11
BH	0.37	1.42	0.64	0.11	0.29	0.23
HX	0.34	2.12	0.58	0.34	0.15	0.09
BG	0.04	1.35	0.12	0.13	0.34	0.07
LD	−0.13	3.78	0.21	0.19	0.14	0.10
JZ	0.36	3.13	0.63	0.47	0.07	0.11
HC	−0.22	1.67	0.22	0.28	0.26	0.02
HL	0.11	0.38	1.01	0.26	0.16	0.03
LG	0.47	3.45	1.39	0.38	0.25	0.21
LJ	0.35	0.78	1.45	0.49	0.09	0.09
DA	0.19	2.11	0.67	0.10	0.12	0.03
AJ	0.04	2.13	0.32	0.27	0.26	0.07
LK	−0.13	1.80	0.54	0.01	0.41	0.06
MJ	0.67	1.52	1.33	0.13	0.14	0.05
TZ	0.61	4.51	3.09	0.21	0.23	0.18
DG	0.32	3.13	2.11	0.14	0.31	0.08

2)原始数据标准化

因为每个数量级的数据、指标的量纲都不同，所以比较的时候不能放在一起，为了把量纲和数量级上的差异消除，让它们可以相互比较，必须变换数据。数据变换大多都用标准化变换。

设 p 个指标的样本观察数据 X_{ij}（$i=1, 2, \cdots, n$；$j=1, 2, \cdots, p$），原始数据则设为 n 个企业。此方法变换处理为

$$X_{ij}^{*} = \frac{X_{ij} - X_j}{S_i}$$

其中，X_{ij} 为原始数据；X_{ij}^{*} 为标准化变换后的数据。

$$X_j = \frac{1}{n}\sum_{i=1}^{n} X_{ij}$$

$$S_j = \sqrt{\sum_{i=1}^{n} \frac{(X_{ij} - \overline{X}_j)^2}{n-1}}$$

通过变化，每列数据的标准差为 1，平均值为 0。

相关系数经过标准化处理后得到的矩阵为

$$R = (r_{ij})_{p \times p}$$

其中，

$$r_{ij} = \frac{1}{n-1}\sum_{i=1}^{n} X_{ti}^{*} X_{tj}^{*} \ (i,j = 1,2,\cdots,p)$$

$|R-\lambda I|=0$ 的 p 个非负特征根 $\lambda_1 \geqslant \lambda_2 \geqslant \lambda_3 \geqslant \cdots \geqslant \lambda_p \geqslant 0$ 及对应的特征向量 L_{k1}，L_{k2}，…，L_{kp}（$k=1$，2，…，p）。

第 i 个因子方差的贡献率为

$$a_i = \frac{\lambda_i}{\sum_{i=1}^{n} \lambda_i}$$

保留主成分的个数则可以利用方差贡献率确定，如果可以计算出前 m 个主成分的贡献率达到 85%，表明前 m 个主成分基本包含了全部测定指标所有的信息，就可以利用它们对实际问题进行分析。

第 i 个主成分的对应值为

$$F_i = \sum_{k=1}^{p}\sum_{j=1}^{p} L_{kt} X_{ij}^{*} \ (t=1,\ 2,\ \cdots,\ p)$$

企业资产经营绩效的综合评价值为

$$F = \sum_{k=1}^{n}\sum_{j=1}^{p} a_i F_i$$

将表 6-37 所给数据按照标准化变换方法进行标准化后的结果如表 6-38 所示。

表 6-38　标准化处理结果表

企业名称	X_{i1}	X_{i2}	X_{i3}	X_{i4}	X_{i5}
HF	−0.015	0.293	0.254	0.530	5.181
HZ	−0.175	−0.364	0.116	−0.022	−0.213
HY	−0.748	−0.334	−0.436	−0.436	−0.213
BH	−0.822	0.249	0.254	−0.298	−0.288
HX	−0.589	−0.281	0.254	0.254	0.508
BG	−1.087	−0.084	2.739	−0.298	−0.364
LD	−0.483	−0.369	−0.022	−0.713	−0.288
JZ	0.653	−0.259	1.220	0.116	−0.048
HC	−0.419	0.254	−0.022	0.116	−0.319
HL	0.745	−4.026	0.806	−0.713	−0.334
LG	−0.272	0.116	−0.022	0.392	−0.273
LJ	−0.398	−0.713	−0.436	−0.288	0.433
DA	−3.459	−0.298	−0.349	−0.288	−0.334
AJ	0.767	0.668	−0.273	−0.319	−0.424

续表

企业名称	X_{i1}	X_{i2}	X_{i3}	X_{i4}	X_{i5}
LK	0.529	0.668	−0.084	−0.153	−0.364
MJ	−0.929	−0.153	−0.183	−0.228	−0.108
TZ	−0.379	−0.349	0.809	5.181	−0.084
DG	2.473	−0.424	−0.259	−0.022	0.254

6.2.2 评价模型的使用

1. 数据的相关性分析

主成分分析法是解决多变量(多指标)问题的一种方法，就是把许多相关的变量转化为少数不相关变量，这些变量要尽量地涵盖原变量的大部分信息。因此，如果利用此方法进行模型的使用，必须先要进行数据的相关性分析。剔除指标之间的相关性，从而使得分析结果更为科学准确。

由表 6-39 可知，上市公司财务指标之间都不是独立存在的，它们之间都存在着某种必要的联系，流动比率和资产增长率之间的相关系数为 0.788、主营业务利润率和资产增长率之间的相关系数为 0.867、销售利润率和资产周转率之间的相关系数为 0.844，这也体现出这五个有相同信息的财务指标能采用主成分分析法选择若干成分取代。

表 6-39 相关性分析表(单位:%)

指标		资产增长率	销售利润率	资产周转率	主营业务利润率	流动比率
资产增长率	P.C	1	0.153	−0.356	−0.032	0.451
	Sig. (2-tailed)	.	0.252	0.000	0.861	0.767
	N	18	18	18	18	18
销售利润率	P.C	0.169	1	−0.034	0.578	0.302
	Sig. (2-tailed)	0.349	.	0.844	0.001	0.305
	N	18	18	18	18	18
资产周转率	P.C	−0.594	−0.035	1	−0.098	0.067
	Sig. (2-tailed)	0.000	0.858	.	0.594	0.727
	N	18	18	18	18	18
主营业务利润率	P.C	−0.031	0.577	−0.099	1	0.209
	Sig. (2-tailed)	0.867	0.001	0.594	.	0.257
	N	18	18	18	18	18
流动比率	P.C	0.050	0.191	0.069	0.209	1
	Sig. (2-tailed)	0.788	0.305	0.718	0.258	.
	N	18	18	18	18	18

2. 总方差解释

利用相关系数求表 6-39 的各因子特征值占累积特征值的百分数或百分数的累加值和特征值，计算结果如表 6-40 所示。

表 6-40　总方差解释表

指标	初始特征值			根据特征值大于 0.6 的原则提取的两个因子的特征值、占累积特征值百分数及其累加值		
	特征值	特征值占所有特征值总和的比重	特征值占累积特征值的百分数的累加值	特征值	特征值占所有特征值总和的比重	特征值占累积特征值的百分数的累加值
资产增长率	1.694	35.455	35.455	1.694	35.455	35.455
资产周转率	1.521	30.332	65.013	1.521	30.332	65.013
销售利润率	0.896	18.004	84.012	0.896	18.004	84.012
主营业务利润率	0.548	10.986	93.991	—	—	—
流动比率	0.027	5.213	100	—	—	—

统计学中，指标因子的特征值占累积特征值的百分数的累加值超过 80%的指标称为因子中的主成分，所以在本案例中，主成分有销售利润率、资产增长率和资本周转率，因为这 3 个因子所显示的方差占所有方差的 83.83%，能全方位地体现出所有信息。资产净利率用来衡量资本流动效率，它的表达形式是资产周转率与销售利润率的乘积。

3. 计算荷载值

资产增长率、资产周转率和销售利润率的荷载值是计算对应于五个特征向量的三个主因子。因子负荷矩阵表如表 6-41 所示。

表 6-41　因子负荷矩阵表

指标	成分		
	1	2	3
Zscore(资产增长率)	0.546	−0.690	0.165
Zscore(资产周转率)	−0.521	0.723	0.040
Zxore(销售利润率)	0.757	0.387	−0.236
Zscore(主营业务利润率)	0.703	0.483	−0.236
Zscore(流动比率)	0.365	0.363	0.856

三个主成分对应值的计算：

$$F_1=0.546X_{i1}-0.521X_{i2}+0.757X_{i3}+0.703X_{i4}+0.365X_{i5} \tag{6-5}$$

$$F_2=-0.690X_{i1}+0.723X_{i2}+0.387X_{i3}+0.483X_{i4}+0.363X_{i5} \tag{6-6}$$

$$F_3=0.165X_{i1}+0.040X_{i2}-0.236X_{i3}-0..236X_{i4}+0.856X_{i5} \tag{6-7}$$

根据以上等式可以发现，在第一个等式中，X_{i2}的系数相对较小，可以说明

资产周转率 X_{i2} 影响不大，X_{i3} 的系数相对较大，销售利润率 X_{i3} 影响最大，F_1 受 X_{i3} 的影响较大，所以 X_1 在综合除它以外的变量反映信息能力上，最能反映企业资产盈利水平的高低；而在第二个等式中，X_{i1} 的系数相对较小，体现资产增长率的作用不是很明显，X_{i2} 的系数相对较大，资产周转率所起作用比较明显，由此我们推得 F_2 受 X_{i2} 的影响较大，F_2 反映了企业资产运营效率的高低；在第三个等式中，X_{i3} 和 X_{i4} 的系数相对较小，体现销售利润率和主营业务利润率的影响相对较小，X_{i5} 系数相对较大，流动比率的影响相对较大，F_3 受 X_{i5} 的影响较大，说明了企业资本安全性的高低。

4. 计算主成分对应值

将表 6-38 中的值代入式(6-5)～式(6-7)，得出主成分对应值，结果如表 6-42 所示。

表 6-42　主成分对应值表

证券简称	F_1	F_2	F_3	F
HF	0.31	0.19	0.08	1.15
HZ	4.41	0.14	0.56	3.13
HY	3.15	0.54	0.12	1.09
BH	1.44	1.11	0.91	2.34
HX	−0.23	−0.19	−0.30	0.95
BG	0.93	0.18	0.22	−0.49
LD	−0.45	0.37	0.12	0.81
JZ	−1.08	−1.19	−0.98	−0.08
HC	−0.96	−0.33	0.06	0.68
HL	0.71	0.82	0.13	−0.31
LG	0.21	0.34	0.11	−0.03
LJ	1.06	0.59	0.77	−0.16
DA	3.01	0.69	0.18	−0.57
AJ	0.65	0.70	0.35	−0.37
LK	1.01	0.31	0.61	−0.46
MJ	1.34	1.11	0.97	−0.48
TZ	1.04	1.17	1.14	2.89
DG	1.71	0.54	−0.19	0.34

根据表 6-42 可知，在 F_1 中，HZ 对应的值最大，为 4.41，可知 HZ 资产增长率高于其他样本单位；而在 F_2 中，TZ 对应的值最大，为 1.17，可知 TZ 的资产周转率高于其他样本单位；在 F_3 中，TZ 对应的值最大，为 1.14，可知 TZ

的销售利润率高于其他样本单位。

5. 构造综合评价函数

$$F=0.35612\times F_1+0.304\times F_2+0.178\times F_3$$

将 F_1、F_2、F_3的取值代入上式，求出 F 的各种取值，如表 6-42 所示。由表 6-42 可知，HZ 的对应值最高，为 3.13，可知 HZ 的资本经营综合效益高于其他样本单位。

6.2.3　企业资本流动效率性的综合得分

现行的《企业资本金绩效评价规则》对企业绩效评价有一种得“净资产收益率者”得天下的趋势，这种条件下分别将通过表 6-42 中的 F 值得出的评价结果与按表 6-37 中的净资产收益率进行排序的名次相比较，得到表 6-43，从中看到即使是上市公司，在两个体系下排名也是有差别的，这主要是由于两种绩效评价体系方法存在差异，这也符合本书构建这一体系的初衷。

表 6-43　新绩效评价结果与现行绩效评价结果比对表

名称	F	排名	名称	净资产收益率	排名
HZ	3.13	1	BH	0.23	1
TZ	2.89	2	HZ	0.21	2
BH	2.34	3	LG	0.21	3
HF	1.15	4	HF	0.19	4
HY	1.09	5	TZ	0.18	5
HX	0.95	6	HY	0.11	6
LD	0.81	7	JZ	0.11	7
HC	0.68	8	LD	0.10	8
DG	0.34	9	HX	0.09	9
LG	−0.03	10	LJ	0.09	10
JZ	−0.08	11	DG	0.08	11
LJ	−0.16	12	BG	0.07	12
HL	−0.31	13	AJ	0.07	13
AJ	−0.37	14	LK	0.06	14
LK	−0.46	15	MJ	0.05	15
MJ	−0.48	16	HL	0.03	16
BG	−0.49	17	DA	0.03	17
DA	−0.57	18	HC	0.02	18

由表 6-43 可知，HZ 的对应 F 值最高，为 3.13，可知 HF 资本流动综合效益最高。从表 6-43 中还可以看出 BH 的净资产收益率指标最高，BH 的 F 指标是 2.34，显然两种体系的评价结果不同。评价结果比对中，BG 净资产收益率排名中游，而绩效评价处于下游；HC 净资产收益率排名处于下游，而 F 值绩效评价排名位于上游；LG 净资产收益率排名处于上游，而 F 值绩效评价排名位于中游。

6.2.4 实证分析结论

对于样本综合得分或各分项得分，假设得分为 0，说明该样本公司在该指标上处于平均水平；假设得分大于 0，说明该样本公司在该指标上超过平均水平；假设得分小于 0，说明该样本公司在该指标上低于平均水平。

通过计算公式得出，样本综合得分与样本公司的资本增长能力、盈利能力、资本营运能力、资本安全性是正相关的关系，也可以说，资本营运能力越高、盈利能力越强、资本安全性越高、资本增长能力越快，样本公司综合得分越高，样本公司的资本流动效率性越高。

超过平均水平的上市公司占 50%，样本得分为正的上市公司有 9 家，样本得分为负的有 9 家，表明有 9 家上市公司的资本流动效率超过平均水平，有 9 家上市公司低于平均水平。所以总体来看，半数国有控股上市公司资本流动效率较好。

影响公司资本流动效率的最重要因素之一是盈利能力指标，产业链整合和战略调整对公司盈利能力的提升有很大的作用，在这些方面突出的都是盈利能力排名靠前的企业，如 HF、HY 和 BH 等公司。

HY 是国有独资的大型医药企业，拥有 23 家全资、控股、参股公司，从 2005 年开始就对资本进行整合，当年的营业收入就已经达到 84.9 亿元，实现利润 4.56 亿元，进入全国同行业前三位。其后又借助改制成功，获得资金、管理等方面的支持，通过资本运营、产业整合进一步提高其资本流动的效率。

DA 是目前国内重要的发动机提供商。1998 年 10 月，由 DA 独家发起，以公开募集方式成立了 DA 汽车动力股份有限公司，并在上海证券交易所正式挂牌交易。2004 年，公司随 DA 一起与 HF 重组成立集团，实现了两大军工企业的“整体整合、车机融合”的战略举措。2006 年，联合成立了 HF 汽车工业集团有限公司，由此确立了“车机一体”战略机构。2008 年，母集团中航二集团与中航一集团重组成立中国航空集团公司，并将汽车产业列为支柱产业。2009 年 11 月，中航工业与中国兵装重组汽车板块，公司由此并入中国长安汽车集团。DA 一系列的战略调整，尤其是 2009 年的重组计划，使其在 2009 年发展迅速，资本流动良好，公司盈利能力得到了大幅度提升，资本流动效率增强。

从 18 家上市公司的数据来看，流动比率与资本流动效率之间存在显著的正相关关系。上市公司资本流动的安全性应包括两个方面的内容：一是有相对稳定的现金流和流动比率；二是上市公司流动比率越大，上市公司资本的安全性就越强，资本流动效率就越高。所以，流动比率的大小影响企业资本流动效率水平。本书对 18 家上市公司的流动比率与资本流动效率做了相关性分析，分析的结果表明：二者有一定的正相关关系，相关系数达到 0.788，而且通过主成分分析表明，该相关系数在 0.8 的显著性水平上是显著相关的。这说明流动比率比重与公司的资本流动效率之间存在正相关关系，也充分证明了另一个结论：在一定条件下，流动比率提高使企业偿债能力提高，这样却可以抵消盈利能力的下降，间接地提高资本流动效率水平。

另外，有一个问题值得注意，那就是资本结构和资产结构的配比问题，要在长期债务与固定资本之间、短期债务与流动资本之间保持好的、合理的比例关系。长期债务最好运用于长期投资，而短期债务最好运用于流动资本的投资。如果没有合理利用，将过多短期债务用于固定资本等长期投资，企业就容易产生资金的流动性不足等危机，这样会使企业资本流动效率降低。如果从财务指标的角度上看，流动比率可以表示资本结构和资产结构的合理比例，因为流动比率反映的就是流动资本与短期债务的关系，流动比率保持在一个合理的水平，企业就可以正常运营。我们看到，在 18 家黑龙江省国有控股上市公司中，MJ 集团的流动比率是 0.14，流动比率偏低，说明其流动资产无法满足短期偿债的要求，企业的流动性风险很大，所以也就影响了公司的资本流动效率，其综合得分水平(−0.48)排在倒数第三位。BG、DA 等公司也都存在类似的问题。

公司的资本营运能力受到资本周转状况的影响，从而也会对公司的资本流动效率产生影响。资本循环是指产业资本从一定的职能形式出发，顺次经过购买、生产和销售三个阶段，分别地采取货币资本、生产资本和商品资本三种职能形式，实现价值的增值，并回到原来出发点的全过程。而资本周转是指不断重复、周而复始的资本循环过程。流动资产周转率、固定资产周转率和总资产周转率等指标可以衡量资本周转率或者资产周转率。

提升企业资本周转的效率对于提高其资本流动效率有里程碑的意义，资本周转速度越快，资本停留在生产领域和流通领域的时间越短，同一资本的利用率越高，同一劳动者在同一时间创造的价值也越多，所产生的剩余价值也越多，而提高年利润率，企业的经济效益必然提高。实际上，在上述对黑龙江省国有控股公司资本流动效率的评价指标体系中，资本营运能力就在一定程度上反映了资本周转的效率。我们看到，资本周转效率较差的 DA、MJ 等几个公司，其综合得分也比较少，这在一定程度上说明了资产周转效率将会直接影响公司的资本流动效率水平。

6.3 老工业基地商业资本流动效率性综合计算结果

6.3.1 商业资本流动效率性评价指标体系的构建

1. 商业资本流动效率性评价指标体系的设置原则

1)宏观与微观统一性原则

根据商业资本流动效率的诠释，商业资本作为一项职能资本，它的流动效率不仅反映在微观商业企业业绩方面，还反映在宏观绩效方面，因此，商业资本流动效率性评价指标体系的设置要考虑商业资本对产业资本的支撑力度及可持续发展能力，将宏观目标与微观企业业绩相结合，指标的选取采用二者相结合的原则，在指标的口径、内容、分类和计算方法等方面注意统一和相互联系。

2)特殊性原则

指标体系评价的是商业资本的流动效率，因此，在构建指标体系时应充分结合商业资本的特性，紧扣其特点，精确地剖析各种影响商业企业业绩的因素，以达到评价的针对性和合理性，从而使评价结果及有关指标数值能为提高老工业基地商业资本流动效率提供对策支持和参考。

3)突出重点，少而精

在评价商业企业资本流动时，可供选择的指标很多。但并不是指标越多越好，指标多在某种意义上可以提升评价的正确性，但指标过多则不能突出重点，不能体现关键因素。因此，指标的设置应抓住关键，突出商业资本流动的主要方面和本质特征，突出反映商业资本流动的重点指标，用尽量少的指标反映拟评价的内容和目的。

4)完整性与科学性原则

为了实现对商业资本流动效率的全方位评价，一定要有层次和结构明确的指标，部分与整体一致，能够完整地反映商业资本流动的真实效率。评价结果正确与否的关键是科学性，即评价体系、方法和准则的合理性。

5)可行性与可比性原则

评价指标体系的数据必须有现实可行的收集渠道，在保证评价目的可实现的情况下，尽可能与现行的企业业绩评价标准及统计标准相衔接，主要以统计年鉴统计的指标数据为依据，指标不仅横向可比而且纵向可比，更容易把相同的类型进行比较和排序，复杂难以用量化比较的指标不包含在评价模型之内。

2. 商业资本流动效率性评价指标体系的建立

商业资本流动效率是商业资本流动前后的绩效变化情况，它体现商业资本流动的整合绩效。资本本身的流动就意味着商业企业的运营活动，因此，在一段时间内，要评价一个地区商业资本运营的整合绩效，通常需考虑此地区商业资本能否实现资本的加速周转和最优配置，因为这不仅体现了商业资本的宏观绩效，更体现了微观商业企业资本流动效率的高低，所以，为了体现宏观概念的商业资本的运营情况，就必须建立微观商业企业绩效评价指标体系。

商业企业有着不同于其他企业的特殊性，通过对国内外商业领域的评价指标体系的现状分析，发现用于微观商业经济效益的评价指标都有一个相同的缺点，即没有考虑商业企业偿债能力和发展能力方面的财务评价指标，而这两项指标对于商业企业绩效评价而言是非常重要的。因此，基于对商业资本和商业资本流动及其效率的剖析，将商业领域有关的评价指标体系与商业资本流动绩效的衡量联系起来，按照评价指标体系的设置原则，建立以财务指标为主的指标体系，并且在该体系中加入反映微观商业企业经济效益的评价指标，包括 5 个一级指标和 19 个二级指标，如表 6-44 所示，形成新的绩效评价指标体系，用于评价商业资本流动前后的绩效变动程度，即商业资本流动的效率性。

表 6-44 商业资本流动效率性评价指标体系

一级指标	二级指标
A_1 盈利能力	A_{11}商品销售利润率(商品销售利润/商业销售收入×100%)
	A_{12}成本费用利润率(利润总额/成本费用总额×100%)
	A_{13}净资产利润率(利润总额/平均净资产×100%)
	A_{14}总资产报酬率(利润总额/平均总资产×100%)
A_2 偿债能力	A_{21}资产负债率(负债总额/资产总额×100%)
	A_{22}流动比率(流动资产/流动负债)
	A_{23}速动比率(速动资产/流动负债)
A_3 周转速度	A_{31}总资产周转率(商品销售收入/平均总资产)
	A_{32}流动资产周转率(商品销售收入/平均流动资产)
	A_{33}存货周转率(商品销售成本/平均存货)
	A_{34}固定资产周转率(商品销售收入/平均固定资产)
	A_{35}商业资本周转倍数(商业流动资产周转率/工业流动资产周转率)
A_4 流通效率	A_{41}流通费用率(流通费用额/商品销售额×100%)
	A_{42}全员劳动效率(商品销售收入/从业人员)
	A_{43}批零经营比率(批发总额/零售总额)
A_5 发展能力	A_{51}主营业务收入增长率(销售收入增长额/上年销售收入×100%)
	A_{52}商业利润增长率(利润总额增长额/上年利润总额×100%)
	A_{53}总资产增长率(总资产增长额/期初总资产×100%)
	A_{54}净资产增长率(净资产增长额/期初净资产×100%)

3. 商业资本流动效率性评价指标体系的说明

1)反映获利能力的指标

微观商业企业的获利能力是企业管理水平和资本流动水平的集中体现，是商业资本流动效益评价的核心内容，商业资本是逐利性最强的资本，获利是商业资本流动的最终目的。衡量对社会贡献的大小、经营管理的水平和商业资本流动的质量的重要指标就是获利情况，它与所有经济指标、流通领域的所有成果有不可分割的关系，并且能体现全部经营活动的最后成果，还能体现产出与投入的关系比例，是效率衡量的核心数据，因此，它是一项比较全面综合地衡量商业资本流动的效率指标。净资产收益率和商品销售利润率、成本费用利润率、总资产报酬率，都能综合反映商业企业的经营成果，但反映的角度不同，因此，同时使用有相得益彰之妙。

2)反映偿债能力的指标

商业企业能一直稳定发展的重要条件就是商业企业能够偿还到期债务，是衡量企业资本竞争能力和经营风险的指标，也是体现资本结构情况的标准。一个地区商业企业的变现能力、资本结构与商业资本的偿债能力、权益资金成正比关系，与经营风险成反比关系。资本流动本身具有规模性、商业资本的竞争能力强，当资本流动时，就会有旺盛的生命力。一个地区商业企业的变现能力强、资本结构合理，说明商业资本的偿债能力强。商业企业偿债能力越强，说明商业资本的竞争能力越强，商业资本流动的效率就越高，反之则越低。

3)反映周转速度的指标

商业资本产生与存在的最根本的作用在于它能够节约流通时间，加速产业资本的循环周转。商业资本周转速度越快，说明企业资产运用的效率越好，商业资本流动效率就越高，对产业资本的支撑力度越大。若相反，则说明企业对各项资产的利用能力较差，资本流动效果也较弱。所以微观商业企业资产管理能力是用商业资本的周转速度衡量的，其是反映商业资本流动效率高低的指标，是决定商业企业资产经营质量和使用效率的关键因素。

商业资本流动的运动速度，是决定商业资本需要量、费用水平和销售额大小的重要因素。通过商品销售额与商业资金占用额的对比关系，可以直观地考察商业资本的利用情况，其具有简单、易于比较的优点，是反映商业资本利用效率的一个重要指标。在其他条件不变的情况下，实现一定的销售额所占用的资金越少，资金利用效果就越好；反之，则利用效果越差。在衡量商业资本宏观经济效益众多的指标中，其中一个指标就是商业资本周转倍数，即商业流动资产周转速度与工业流动资产周转速度的比值。选取该指标是因为它能够衡量一个地区商业资本对产业资本的贡献程度，及是否可以减少在产业资本循环周转过程中的时间。

4)反映流通效率的指标

能够体现商业企业除商品成本之外的其他劳动耗费的投入与产出的关系的指标就是流通效率，其也是商业企业经营管理效率的显现，经营费用、财务费用和管理费用都是商业企业的商品流通费用，商业企业销售收入与投入的流通费用的比率就是流通费用效率。按平均每一个商业企业从业人员在单位时间内实现的销售收入计算的指标是劳动效率，反映耗费一定量的活劳动所取得经营成果的情况，在职工人数不变的情况下，商品销售额越大，劳动效率就越高，经济效益也就越好。职工技术熟练程度和劳动积极性、商业企业技术水平、经营管理水平，是由费用效率和劳动效率来表现的，而衡量经营管理水平和商业企业经济效益的重要质量指标也是费用效率和劳动效率，所以，商业资本流动质量能够体现资本利用效率情况和商业资本耗费的节约情况即经营成本节约情况，能更加突出可持续发展能力和商业资本的发展潜力。国际大部分运用直接反映商品流通效率的重要指标就是批发额和零售额的比率，即批零经营比率。

5)反映发展能力的指标

总资产增长率、净资产增长率、主营业务收入增长率和净利润增长率，能够体现商业企业发展能力，也能体现企业的稳定发展水平和趋势，更能展现企业资金增长和资本积累情况，收入增长和资本积累与商业企业的规模扩展成正比例关系。有了规模不一定有效益，但是由于能够获得低成本和扩大收益的规模经济性优势，所以扩大规模是一般商业企业实现效率的基本手段。一个地区商业企业的发展能力反映一个地区商业资本的竞争能力和发展能力、体现商业资本的发展水平和发展趋势、体现商业资本的规模与实力，商业资本增长能力越强，商业资本流动效益越好，因此，商业资本增长能力与效率性成正比例关系。

4. 商业资本流动效率性评价指标权重的确定

根据专家的评价结果，构造判断矩阵，应用层次分析法为一级系统和子系统中的评价因素确定权重系数，如表 6-45 所示。

表 6-45　商业资本流动效率性评价指标与权重

一级指标	权重	二级指标	权重
A_1 盈利能力	0.36	A_{11}商品销售利润率	0.30
		A_{12}成本费用利润率	0.16
		A_{13}净资产利润率	0.35
		A_{14}总资产报酬率	0.19
A_2 偿债能力	0.21	A_{21}资产负债率	0.40
		A_{22}流动比率	0.20
		A_{23}速动比率	0.40

续表

一级指标	权重	二级指标	权重
A_3 周转速度	0.11	A_{31}总资产周转率	0.12
		A_{32}流动资产周转率	0.31
		A_{33}存货周转率	0.20
		A_{34}固定资产周转率	0.06
		A_{35}商业资本周转倍数	0.31
A_4 流通效率	0.11	A_{41}流通费用率	0.33
		A_{42}全员劳动效率	0.33
		A_{43}批零经营比率	0.34
A_5 发展能力	0.21	A_{51}主营业务收入增长率	0.35
		A_{52}营业利润增长率	0.12
		A_{53}总资产增长率	0.18
		A_{54}净资产增长率	0.35

6.3.2 老工业基地商业资本流动效率性的比较说明

1. 模糊多元综合评判法的基本原理

模糊综合评判按照评判系统层次可分为单层次模糊综合评判和多层次模糊综合评判。多层次模糊综合评判要作多次模糊变换，首先由单因素综合评判向量进行模糊变换，得出高一层次子系统的模糊综合评判向量，其次由该子系统的模糊综合评判向量模糊变换得更高一层次子系统的模糊综合评判向量，依次类推，最后由总系统下一层次的模糊综合评判向量模糊变换得到总系统的综合评判向量 **B**，如图 6-2 所示（p 为子系统个数）。

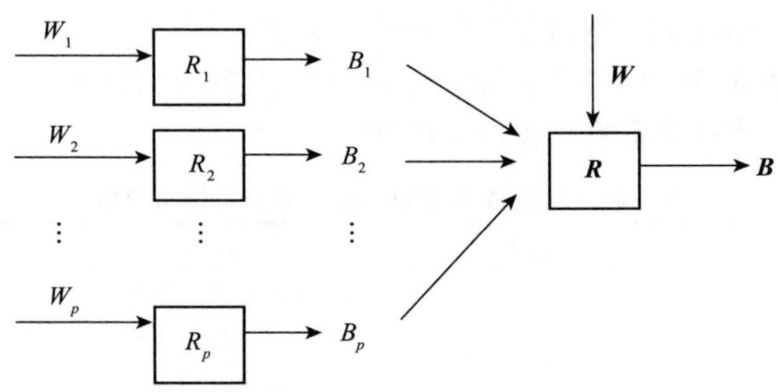

图 6-2 模糊多元综合评判法原理

1)数据处理过程

设系统有 n 个待选对象，有 m 个（每个系统评价指标个数不一定相等）评价指标，每个评价指标对每一个备择对象的评判用指标特征量表示，则系统有 $m\times$

n 阶指标特征矢量矩阵。

$$\boldsymbol{X}_p = \begin{bmatrix} x_{11} & x_{12} & \cdots & x_{1n} \\ x_{21} & x_{22} & \cdots & x_{2n} \\ \vdots & \vdots & & \vdots \\ x_{m1} & x_{m2} & \cdots & x_{mn} \end{bmatrix}, p \text{ 为二级系统个数} \tag{6-8}$$

其中，x_{mn} 为第 n 个备择对象的第 m 个评价因素的指标特征量。

采用扎德提出的最大、最小隶属度函数模型，对于越小越优型的评价因素可用式(6-9)计算：

$$r = \begin{cases} 1 & , \quad f(x) = \inf(f) \\ \left[\dfrac{\sup(f) - f(x)}{\sup(f) - \inf(f)}\right]^p & , \quad \inf(f) < f(x) < \sup(f) \\ 0 & , \quad f(x) = \sup(f) \end{cases} \tag{6-9}$$

对于越大越优型的评价因素可用式(6-10)计算：

$$r = \begin{cases} 1 & , \quad f(x) = \sup(f) \\ \left[\dfrac{f(x) - \inf(f)}{\sup(f) - \inf(f)}\right]^p & , \quad \inf(f) < f(x) < \sup(f) \\ 0 & , \quad f(x) = \inf(f) \end{cases} \tag{6-10}$$

在此，如果取 $p=1$ 的线性形式，$\sup(f)$、$\inf(f)$ 分别为函数 $f(x)$ 的上界、下界。

利用式(6-9)和式(6-10)可将各二级系统特征量矩阵转变为指标隶属度矩阵。

$$\boldsymbol{R}_p = \begin{bmatrix} r_{11} & r_{12} & \cdots & r_{1m} \\ r_{21} & r_{22} & \cdots & x_{2m} \\ \vdots & \vdots & & \vdots \\ r_{n1} & r_{n2} & \cdots & r_{nm} \end{bmatrix}, p \text{ 为二级系统个数}$$

2)确定评价指标的权重

用层次分析法确定一级系统 p 个评价指标的排序权重：

$$\boldsymbol{W} = [a_1, \quad a_2, \quad \cdots, \quad a_p \quad]^{\mathrm{T}}$$

同理，确定每个二级系统评价指标的排序权重：

$$\boldsymbol{W}_p = [c_1, \quad c_2, \quad \cdots, \quad c_m \quad]^{\mathrm{T}}$$

3)模糊综合评价

对各个二级子系统进行模糊评价：

$$\boldsymbol{B}_p=\boldsymbol{R}_p\times\boldsymbol{W}_p=\begin{bmatrix}r_{11}&r_{12}&\cdots&r_{1m}\\r_{21}&r_{22}&\cdots&r_{2m}\\\vdots&\vdots&&\vdots\\r_{n1}&r_{n2}&\cdots&r_{nm}\end{bmatrix}\times\begin{bmatrix}c_1\\c_2\\\vdots\\c_m\end{bmatrix}$$

则可得出第 p 个子系统的 n 个备择对象的评价矩阵：

$$[\boldsymbol{B}_1\quad\boldsymbol{B}_2\quad\cdots\quad\boldsymbol{B}_p]=\begin{bmatrix}b_{11}&b_{12}&\cdots&b_{1p}\\b_{21}&b_{22}&\cdots&b_{2p}\\\vdots&\vdots&&\vdots\\b_{n1}&b_{n2}&\cdots&b_{np}\end{bmatrix}$$

将上式乘以一级总系统的指标权重向量 $\boldsymbol{W}$，得出总系统的 n 个备择对象的评判向量：

$$\boldsymbol{B}=[\boldsymbol{B}_1\quad\boldsymbol{B}_2\quad\cdots\quad\boldsymbol{B}_p]\times\boldsymbol{W}=\begin{bmatrix}b_{11}&b_{12}&\cdots&b_{1p}\\b_{21}&b_{22}&\cdots&b_{2p}\\\vdots&\vdots&&\vdots\\b_{n1}&b_{n2}&\cdots&b_{np}\end{bmatrix}\times\begin{bmatrix}a_1\\a_2\\\vdots\\a_p\end{bmatrix}=\begin{bmatrix}b_1\\b_2\\\vdots\\b_n\end{bmatrix}$$

模型含义即为：评价因素 X 与评判目标的模糊关系 $\boldsymbol{R}$，通过模糊变换器 $\boldsymbol{W}$ 形成了评判目标与评语等级间的模糊关系 $\boldsymbol{B}$。它本质上是一个映射，即将 P 维向量通过模糊变换变成一维向量，以期进行样本间的比较。

之所以运用模糊多元综合评判法对老工业基地商业资本流动的效率进行评价，就是因为运用此方法得出的评价结果不仅横向可比，而且纵向也能够进行单因素和综合的比较以评价整合绩效，这样才能够衡量出商业资本流动的绩效和社会绩效情况，具有战略性。

2. 老工业基地商业资本流动效率性的横向比较

从《中国统计年鉴》《中国市场统计年鉴》《中国商业年鉴》《中国区域经济统计年鉴》等资料中得出我国 31 个省(自治区、直辖市)(不包括港澳台地区)限额以上商业企业的相关数据，合并为华北、东北、华东、中南、西南和西北 6 个地区的平均数据，然后按照指标体系中的公式进行计算，得到全国 6 个地区限额以上商业企业 19 项平均评价指标的特征值 X，如表 6-46 所示。其中，限额以上批发零售贸易企业标准：批发业年销售额 2 000 万元及以上，从业人员 20 人及以上；零售业年销售额 500 万元及以上，从业人员 60 人及以上。

表 6-46 2010 年原始数据 X 值

指标	华北	东北	华东	中南	西南	西北
商品销售利润率 A_{11}	0.033	0.023	0.044	0.039	0.068	0.040
成本费用利润率 A_{12}	0.016	0.005	0.023	0.013	0.028	0.010

续表

指标	华北	东北	华东	中南	西南	西北
净资产利润率 A_{13}	0.090	0.060	0.185	0.114	0.178	0.075
总资产报酬率 A_{14}	0.023	0.009	0.051	0.026	0.047	0.015
资产负债率 A_{21}	0.750	0.840	0.720	0.760	0.740	0.790
流动比率 A_{22}	1.107	0.893	1.025	0.935	0.985	0.914
速动比率 A_{23}	0.811	0.619	0.736	0.682	0.631	0.554
总资产周转率 A_{31}	1.402	1.836	2.216	2.159	1.750	1.499
流动资产周转率 A_{32}	2.051	2.545	3.218	3.073	2.548	2.239
存货周转率 A_{33}	8.633	8.314	12.276	12.400	7.481	6.655
固定资产周转率 A_{34}	9.866	7.532	12.347	9.803	8.046	6.961
商业资本周转倍数 A_{35}	1.085	1.440	1.441	1.486	1.735	1.546
流通费用率 A_{41}	0.072	0.079	0.069	0.071	0.086	0.082
全员劳动效率 A_{42}	109.057	92.222	119.587	90.224	81.199	85.697
批零经营比率 A_{43}	1.227	0.785	1.413	0.873	0.689	0.898
主营业务收入增长率 A_{51}	0.238	0.219	0.154	0.204	0.242	0.233
营业利润增长率 A_{52}	0.392	2.699	0.278	0.323	0.551	0.216
总资产增长率 A_{53}	0.144	0.027	0.138	0.043	0.100	0.210
净资产增长率 A_{54}	0.132	0.082	0.177	0.147	0.120	0.320

采用扎德提出的最大、最小隶属度函数模型，将其转换成能比较的指标隶属度 $\boldsymbol{R}$，再利用模糊优化理论模型求解关系作综合评判运算，得出评判结论 $\boldsymbol{B}_p$，得二级系统的最优对象及最优对象排序，并利用二级系统的评价结果，乘以一级系统的权重得出综合评价最优排序。指标评判值及排名结果如表 6-47 所示。

1)盈利能力

$$\boldsymbol{B}_1=\boldsymbol{R}_1{}'\boldsymbol{W}_1=\begin{bmatrix}0.2262 & 0.4618 & 0.2418 & 0.3254\\ 0 & 0 & 0 & 0\\ 0.4678 & 0.7782 & 1 & 1\\ 0.3503 & 0.3431 & 0.4360 & 0.4081\\ 1 & 1 & 0.9442 & 0.8970\\ 0.3681 & 0.2152 & 0.1203 & 0.1425\end{bmatrix}\times\begin{bmatrix}0.30\\ 0.16\\ 0.35\\ 0.19\end{bmatrix}=\begin{bmatrix}0.2882\\ 0.0000\\ 0.8048\\ 0.3901\\ 0.9608\\ 0.2140\end{bmatrix}$$

2)偿债能力

$$\boldsymbol{B}_2=\boldsymbol{R}_2{}'\boldsymbol{W}_2=\begin{bmatrix}0.7500 & 1 & 1\\ 0 & 0 & 0.2539\\ 1 & 0.6151 & 0.7056\\ 0.6667 & 0.1938 & 0.4957\\ 0.8333 & 0.4300 & 0.2980\\ 0.4167 & 0.0990 & 0\end{bmatrix}\times\begin{bmatrix}0.40\\ 0.20\\ 0.40\end{bmatrix}=\begin{bmatrix}0.9000\\ 0.1016\\ 0.8053\\ 0.5037\\ 0.5385\\ 0.1865\end{bmatrix}$$

3)周转速度

$$\boldsymbol{B}_3=\boldsymbol{R}_3{}'\boldsymbol{W}_3=\begin{bmatrix}0 & 0 & 0.3523 & 0.5392 & 0\\ 0.5000 & 0.3879 & 0.2954 & 0.1060 & 0.5459\\ 1 & 1 & 1 & 1 & 0.5474\\ 0.7500 & 0.8793 & 0.9520 & 0.5276 & 0.6174\\ 0.3750 & 0.3879 & 0.1477 & 0.2014 & 1\\ 0.1250 & 0.1552 & 0 & 0 & 0.7086\end{bmatrix}\times\begin{bmatrix}0.12\\ 0.31\\ 0.20\\ 0.06\\ 0.31\end{bmatrix}=\begin{bmatrix}0.1028\\ 0.4149\\ 0.8597\\ 0.7760\\ 0.5169\\ 0.2828\end{bmatrix}$$

表 6-47 指标评判值及排名结果

盈利能力			偿债能力			周转速度		
地区	评判值	排序	地区	评判值	排序	地区	评判值	排序
西南地区	0.960 8	1	华北地区	0.900 0	1	华东地区	0.859 7	1
华东地区	0.804 8	2	华东地区	0.805 3	2	中南地区	0.776 0	2
中南地区	0.390 1	3	西南地区	0.538 5	3	西南地区	0.516 9	3
华北地区	0.288 2	4	中南地区	0.503 7	4	东北地区	0.414 9	4
西北地区	0.214 0	5	西北地区	0.186 5	5	西北地区	0.282 8	5
东北地区	0.000 0	6	东北地区	0.101 6	6	华北地区	0.102 8	6
流通效率			**发展能力**			**综合评价**		
地区	评判值	排序	地区	评判值	排序	地区	评判值	排序
华东地区	1.000 0	1	西北地区	0.963 2	1	华东地区	0.723 2	1
华北地区	0.766 3	2	华北地区	0.522 2	2	西南地区	0.618 1	2
中南地区	0.472 4	3	西南地区	0.481 7	3	华北地区	0.497 0	3
东北地区	0.287 9	4	中南地区	0.354 8	4	中南地区	0.457 8	4
西北地区	0.212 5	5	华东地区	0.283 4	5	西北地区	0.372 2	5
西南地区	0.000 0	6	东北地区	0.260 3	6	东北地区	0.152 7	6

4)流通效率

$$\boldsymbol{B}_4=\boldsymbol{R}_4{}'\boldsymbol{W}_4=\begin{bmatrix}0.8201 & 0.7368 & 0.7427\\0.4442 & 0.2912 & 0.1329\\1 & 1 & 1\\0.9302 & 0.2388 & 0.2547\\0 & 0 & 0\\0.2200 & 0.1190 & 0.2890\end{bmatrix}\times\begin{bmatrix}0.33\\0.33\\0.34\end{bmatrix}=\begin{bmatrix}0.7663\\0.2879\\1.0000\\0.4724\\0.0000\\0.2125\end{bmatrix}$$

5)发展能力

$$\boldsymbol{B}_5=\boldsymbol{R}_5{}'\boldsymbol{W}_5=\begin{bmatrix}0.9574 & 0.6384 & 0.2084 & 0.2084\\0.7436 & 0 & 0 & 0\\0 & 0.6046 & 0.3979 & 0.3979\\0.5744 & 0.0836 & 0.2712 & 0.1712\\1 & 0.3960 & 0.1589 & 0.1589\\0.8949 & 1 & 1 & 1\end{bmatrix}\times\begin{bmatrix}0.35\\0.12\\0.18\\0.35\end{bmatrix}=\begin{bmatrix}0.5222\\0.2603\\0.2834\\0.3548\\0.4817\\0.9632\end{bmatrix}$$

6)综合评价

$$\boldsymbol{B}=\boldsymbol{R}'\boldsymbol{W}=\begin{bmatrix}0.2882 & 0.9000 & 0.1028 & 0.7663 & 0.5222\\0 & 0.1016 & 0.4149 & 0.2879 & 0.2603\\0.8048 & 0.8053 & 0.8597 & 1 & 0.2834\\0.3901 & 0.5037 & 0.7760 & 0.4724 & 0.3548\\0.9608 & 0.5385 & 0.5169 & 0 & 0.4817\\0.2140 & 0.1865 & 0.2828 & 0.2125 & 0.9632\end{bmatrix}\times\begin{bmatrix}0.36\\0.21\\0.11\\0.11\\0.21\end{bmatrix}=\begin{bmatrix}0.4970\\0.1527\\0.7232\\0.4578\\0.6181\\0.3722\end{bmatrix}$$

3. 老工业基地商业资本流动效率性的纵向比较

按照横向计算 2010 年老工业基地商业资本流动绩效情况的方法，同样可以计算出 2006～2009 年全国各个地区商业资本流动效率的情况，利用模糊多元综合评判法纵向可比的特点，对全国各个地区 2006～2010 年商业资本流动效率的单项指标和综合能力评判值进行纵向对比，通过商业企业的整合绩效评判老工业基地商业资本流动效率情况。计算结果如表 6-48～表 6-53 所示。

表 6-48　盈利能力纵向比较

2006 年			2007 年			2008 年			2009 年			2010 年		
地区	评判值	排序	地区	评判值	排序	地区	评判值	排序	地区	评判值	排序	地区	评判值	排序
西南	0.9578	1	华东	0.8818	1	华东	1	1	西南	0.8828	1	西南	0.9608	1
华东	0.8977	2	西南	0.7671	2	华北	0.5811	2	华东	0.8535	2	华东	0.8048	2
华北	0.7278	3	中南	0.6012	3	西南	0.4966	3	中南	0.5579	3	中南	0.3901	3
中南	0.6937	4	西北	0.5058	4	中南	0.3968	4	西北	0.5058	4	华北	0.2882	4

续表

2006年			2007年			2008年			2009年			2010年		
地区	评判值	排序	地区	评判值	排序	地区	评判值	排序	地区	评判值	排序	地区	评判值	排序
东北	0.4482	5	华北	0.4757	5	西北	0.3758	5	华北	0.4779	5	西北	0.2140	5
西北	0.0000	6	东北	0.0000	6	东北	0.0000	6	东北	0.0000	6	东北	0.0000	6

表 6-49 偿债能力纵向比较

2006年			2007年			2008年			2009年			2010年		
地区	评判值	排序	地区	评判值	排序	地区	评判值	排序	地区	评判值	排序	地区	评判值	排序
华北	0.9940	1	华北	1	1	华东	0.8918	1	华东	0.9931	1	华北	0.9000	1
华东	0.7858	2	华东	0.7660	2	华北	0.8751	2	华北	0.9321	2	华东	0.8053	2
西南	0.6846	3	西南	0.4802	3	中南	0.3512	3	西南	0.5499	3	西南	0.5385	3
中南	0.4056	4	中南	0.2992	4	西南	0.3508	4	中南	0.4184	4	中南	0.5037	4
东北	0.2344	5	东北	0.0556	5	东北	0.0765	5	西北	0.1419	5	西北	0.1865	5
西北	0.0120	6	西北	0.0196	6	西北	0.0395	6	东北	0.1170	6	东北	0.1016	6

表 6-50 周转速度纵向比较

2006年			2007年			2008年			2009年			2010年		
地区	评判值	排序	地区	评判值	排序	地区	评判值	排序	地区	评判值	排序	地区	评判值	排序
华东	0.9675	1	华东	0.9436	1	华东	0.7337	1	华东	0.9311	1	华东	0.8597	1
中南	0.6520	2	中南	0.5696	2	中南	0.6226	2	中南	0.5554	2	中南	0.7760	2
西南	0.5374	3	西北	0.4154	3	西南	0.4032	3	西南	0.4135	3	西南	0.5169	3
东北	0.4061	4	西南	0.4063	4	东北	0.3752	4	东北	0.3909	4	东北	0.4149	4
西北	0.2889	5	东北	0.2638	5	西北	0.3167	5	西北	0.3337	5	西北	0.2828	5
华北	0.0938	6	华北	0.0857	6	华北	0.1078	6	华北	0.0749	6	华北	0.1028	6

表 6-51 流通效率纵向比较

2006年			2007年			2008年			2009年			2010年		
地区	评判值	排序	地区	评判值	排序	地区	评判值	排序	地区	评判值	排序	地区	评判值	排序
华东	1.0000	1	华东	1.0000	1	华东	0.9700	1	华东	0.9989	1	华东	1.0000	1
华北	0.4216	2	华北	0.4919	2	华北	0.5040	2	华北	0.8021	2	华北	0.7663	2
西南	0.3530	3	中南	0.3923	3	中南	0.3979	3	中南	0.3785	3	中南	0.4724	3
中南	0.2972	4	西南	0.3676	4	西南	0.2160	4	西北	0.2637	4	东北	0.2879	4
西北	0.1282	5	西北	0.1283	5	西北	0.1761	5	东北	0.0854	5	西北	0.2125	5
东北	0.0158	6	东北	0.0194	6	东北	0.0772	6	西南	0.0631	6	西南	0.0000	6

表 6-52　发展能力纵向比较

2006 年			2007 年			2008 年			2009 年			2010 年		
地区	评判值	排序	地区	评判值	排序	地区	评判值	排序	地区	评判值	排序	地区	评判值	排序
中南	0.719 7	1	华北	0.812 1	1	中南	0.983 9	1	华东	0.748 9	1	西北	0.963 2	1
西南	0.660 3	2	华东	0.709 8	2	华北	0.861 2	2	西北	0.654 6	2	华北	0.522 2	2
华北	0.592 6	3	西北	0.687 2	3	东北	0.428 6	3	西南	0.361 3	3	西南	0.481 7	3
东北	0.571 8	4	东北	0.534 0	4	华东	0.398 5	4	东北	0.335 0	4	中南	0.354 8	4
华东	0.551 5	5	中南	0.397 4	5	西北	0.366 2	5	中南	0.309 9	5	华东	0.283 4	5
西北	0.000 0	6	西南	0.110 3	6	西南	0.131 0	6	华北	0.143 7	6	东北	0.260 3	6

表 6-53　综合评价纵向比较

2006 年			2007 年			2008 年			2009 年			2010 年		
地区	评判值	排序	地区	评判值	排序	地区	评判值	排序	地区	评判值	排序	地区	评判值	排序
华东	0.820 8	1	华东	0.841 4	1	华东	0.819 1	1	华东	0.885 4	1	华东	0.723 2	1
西南	0.726	2	华北	0.614 7	2	华北	0.640 8	2	西南	0.562 7	2	西南	0.618 1	2
华北	0.652 1	3	西南	0.486 3	3	中南	0.534 9	3	华北	0.494 3	3	华北	0.497 0	3
中南	0.590 8	4	中南	0.469 1	4	西南	0.348 7	4	中南	0.456 9	4	中南	0.457 8	4
东北	0.377 3	5	西北	0.390 7	5	西北	0.275 1	5	西北	0.415 4	5	西北	0.372 2	5
西北	0.048 3	6	东北	0.154 3	6	东北	0.155 3	6	东北	0.146 8	6	东北	0.152 7	6

4. 老工业基地商业资本流动效率性的综合分析

本章采用模糊多元综合评判法对全国六个地区的商业资本的盈利能力、偿债能力、周转速度、流通效率、发展能力和综合能力分别做了横向评价，以此为基础，综合评价了 2006～2010 年五年间商业企业资本流动的整合绩效变化情况，以此来反映老工业基地商业资本流动的效率性。

(1)老工业基地商业资本的盈利能力处于全国最低水平。2007～2010 年连续四年综合评判值为零，始终处于全国六个地区的最后一位，排名呈现下降趋势。结合综合评价结果来看，虽然东北地区纵向实现商业盈利，利润总额不再是负值，但是 2010 年盈利能力及综合排名仍然在最后一位，因此，和除它以外的区域的综合能力和盈利能力上升的速度相比，老工业基地商业资本的盈利能力还排在全国最末位。

(2)老工业基地商业资本的偿债能力很低。2006～2008 年老工业基地商业资本的偿债能力还排在相对落后的西北地区之前，但是从 2009 年开始，便成为偿债能力最弱的地区，因此，也呈现出下降的趋势，这说明老工业基地商业企业的生存能力在弱化。偿债能力还能够反映一个地区商业资本结构情况，因而同时也说明了老工业基地商业资本结构不合理。负债比例过高，偿债能力弱，高负债使企业内部经营资金周转十分困难，资金短缺严重制约了企业的发展能力，必然影响商业资本流动的效率。

(3)2010 年老工业基地商业资本的周转速度居中。2010 年老工业基地商业资本周转速度排第四位，高于西北地区和华北地区，并且纵向比较来看，从 2007 年到 2010 年商业资本周转速度在稳步提升，这体现出老工业基地商业企业资产管理能力、周转速度都在加强，也从侧面说明了产业资本的支撑力度在提高。商业资本的占用利用效率在提升，但是排名却没有提高，始终排在第四位，与华东、中南、西南地区的商业资本周转速度相比还有很大的差距。

(4)2010 年老工业基地商业资本的流通效率居中。2010 年老工业基地商业资本的流通效率排名第四位，与 2009 年相比具有显著的上升，并且 2006～2010 年五年间老工业基地商业资本的流通效率在逐年上升，排名也在逐步提高，在全国六个地区中是唯一一个呈现逐年上升趋势的地区。展现劳动耗费情况的指标是流通效率。从表 6-51 中可看出，老工业基地商业资本的运营持续变得更有效率，可以用与以前一样的劳动耗费产出比以前多的收入。联合对老工业基地商业企业内部经营管理能力的研究，商业企业资本占用和劳动耗费的效率都在提升，体现出老工业基地商业资本流动在企业内部管理方面的作用很重要，所以老工业基地商业资本可持续发展的潜力非常之大。

(5)2010 年老工业基地商业资本的发展能力最低。2010 年老工业基地商业资本的发展能力是全国六个地区中最低的，并且从纵向来看，老工业基地商业资本的发展能力在逐年下降，评判值从 2006 年的 0.571 8 下降到 2010 年的 0.260 3，排名也在下降，说明老工业基地商业资本的发展能力在逐年下降，商业资本空间发展慢，老工业基地商业资本的整合速度有待提高。如果不加快商业资本流动的步伐，东北地区商业资本势必失去扩张和竞争能力。

(6)2010 年老工业基地商业资本流动效率的综合排名最低。综合比较而言，2010 年老工业基地商业资本流动效率的综合排名是最后一位，不要说与发达地区相比，即使与相对落后的西北地区相比也有很大的差距，然而获利能力低，重点是因为老工业基地商业企业整体的生存能力和发展能力在连年下降。纵向比较来看 2006～2010 年，虽然评判值有轻微的波动，但整体是呈现下降的趋势，排名也是下降的趋势，并且从 2007 年开始一直是最后一位。这些都说明老工业基地商业资本流动的效率很低。

总之，老工业基地商业资本流动效率较低，在全国六个地区中排名最后。尽管我们已经在加强管理，大幅度提升周转速度和流通效率，但是与其他地区相比，盈利能力、偿债能力、发展能力都在下降且已排在最后一位，更可悲的是综合能力也是全国最低。由此说明，必须要把加快老工业基地商业资本流动提上日程，要与科学治理相结合，运用商业资本流动理论使商业资本结构合理化、规模扩大，提高发展能力和竞争能力，从而使商业资本的获利能力得到显著提高，这也是国家所提出的可持续发展的重要内容。如果忽视商业资本的整合，依然按照市场原则进行商业资本流动，老工业基地就会慢慢失去商业资本的竞争能力，被其他地区的商业资本所吞并，产业资本也难以支撑，老工业基地改造也就无从谈起。

参考文献

安嘉清．2010. 战略制定和实施过程的企业战略风险分析．企业经济，6：22～24

安蓉泉．2001. 论政府对国企经营者的激励和约束．社会科学，5：7～9

安义宽．2001-08-23. 企业债券市场需解决七大问题．中国证券报

奥古斯丁 N R. 2001. 危机管理．北京新华信商业风险管理有限责任公司译．北京：中国人民大学出版社，哈佛：哈佛商学院出版社：65

班克斯 A. 2011. 流动性风险：企业资产管理和筹资风险. 北京：经济管理出版社

蔡齐祥，邓树增．2000. 高新技术产业管理．广州：华南理工大学出版社：54

陈阿兴．2004. 我国零售产业组织结构优化与政策．北京：中国商务出版社：94～185

陈广胜，陈秀萍．1999. 管理会计基本假设探析．财会月刊，5：51～52

陈国欣，张梅玉．2009. 运营资本管理与企业绩效关系实证研究．现代会计与审计，5(3)：1～11

陈淮．2001. 让商业资本升值．中国商贸，7：12～15

陈丽萍，关雪梅．2005. 老工业基地商业规模经济发展的对策分析．商业经济，12：25

陈丽萍，关雪梅．2006. 防范跨国公司资本弱化的国际经验与借鉴．黑龙江对外经贸，1：35

陈清泰．2001a. 建立现代企业制度是国有企业改革的方向．北京：人民出版社：188

陈清泰．2001b. 中国经济的活力之源．中国民营科技与经济，2：15～17

陈松林．1997. 金融风险监测与预警研究．经济科学，3：28～36

陈玮．2008. 商业资本运营绩效实证研究．商业时代，(21)：15～17

陈信康．2003. 中国商业现代化新论．上海：上海财经大学出版社：40～42

陈永忠．1999. 上市公司资本运营市场化研究．经济学家，(6)：107～109

初宁宁．2005. 经济危机及其预警指标体系研究．华东师范大学硕士学位论文：7～14

德鲁克 P F. 2000. 公司绩效测评．北京：中国人民大学出版社：69～78

邓聚龙．2002. 灰预测与灰决策．武汉：华中科技大学出版社：25

邓莉，周彩阳．2007. 市场经济的冲浪者——专访长沙县民用爆破器材有限公司董事长罗欣．企业家天地，(9)：40

丁世来．2004. 混凝土坝施工过程仿真及浇筑块排序方法研究．武汉大学硕士学位论文：63～69

董辅礽．1992. 论把竞争性国有企业推入市场．中国社会科学院研究生院学报，1：9～18

董海婷．2010. 营运资本管理与企业价值计量分析．财会通讯，2：8～9

董妍慧．2008. 我国上市公司财务危机预警的实证研究．大连海事大学硕士学位论文：17～18

杜洪旭，莫小波，鲁若愚．2003. 中介机构在技术创新扩散中的作用研究．软科学，(1)：48～50

杜丽虹．2006-09-18. 逆周期现金并购. 证券市场周刊

杜丽虹．2007-08-03. 存量资产低周转率：房企短期风险头寸的致命威胁. 第一财经日报

杜丽虹．2011-10-24. 2011 年中期地产上市公司 50 强．证券市场周刊

杜文胜．2006. 甘肃省产业结构调整与升级．兰州大学硕士学位论文：101～103

杜志国．2004. 对企业举债经营偿债能力的探讨．会计之友，11：86～87
段容谷．2003. 浅议产业资本与商业资本的结盟．山西高等学校社会科学学报，8：64～65
樊传诗．2001. 充分的关注和重视商业资本．上海商业，1：18～19
樊纲．1996. 中国渐进改革的政治经济学．上海：上海远东出版社
樊五勇．2000. 重构企业家的激励与约束机制．企业改革与管理，(3)：13～16
冯名正．2006. Web 服务组合关键技术研究．东南大学博士学位论文：72
付洪良．2004. 规模经济基础性重构与我国贸易条件的改善．福州大学硕士学位论文：12
高雷虹．2004. 我国资本市场运行机制优化研究．西北农林科技大学博士学位论文：13～17
高梁．2010. 垄断行业和国有企业改革. 政治经济学评论，(3)：64～71
高明华．1999. 政府和企业的角色：从权利配置角度的分析．经济科学，1：6～11
高维义，钱刚毅，谢科范．2002. 中国风险投资监控管理模式分析．科技进步与对策，8：74～75
高颖．2006. 建筑工程项目工期风险管理的研究．浙江大学硕士学位论文：21～25
郜旭芳．2012. 论全球经济一体化背景下我国成熟的资本市场的构建．金融经济，(22)：139～141
龚盈盈．2005. 基于景气指数的宏观经济监测预警系统研究．武汉理工大学硕士学位论文：3～10
谷祺，刘淑莲．1999. 财务危机企业投资行为分析与对策．会计研究，(10)：28～31
顾一磊．2005. 供应链模式下现代商业资本逆向控制问题研究．上海师范大学硕士学位论文：9
关雪梅．2005. 商业企业集团集约经营存在的问题与解决对策．商业经济，8：27
关雪梅，胡爱荣，赵金晶．2009. 东北老工业基地商业资本运营效率的模糊综合评价．中国乡镇企业会计，1：89～90
郭冬乐．1999. 商业经济学．北京：经济科学出版社：88～89
郭冬乐，宋则．2003. 中国商业理论前沿Ⅲ. 北京：社会科学文献出版社：13～14
郭树清．2012. 我国资本市场的成就、问题和前景．行政管理改革，(10)：5～7
郭文华．2000. 高新技术企业财务管理的目标．财务与会计，(9)：31～34
郭元晞．1997. 资本经营．成都：西南财经大学出版社：25～30
国务院国资委统计评价局．2004. 2004 年企业经营绩效评价标准值．北京：经济科学出版社：116～119
韩庆兰，吴长强．2001. 刍探财务预警系统．财会月刊，4：36～37
韩庆兰，颜敏．2008. 房地产上市公司营运资本结构与公司价值相关性的实证研究．财会月刊，29：3～4
何强．2010. 股权激励对完善公司治理结构合理度的研究．哈尔滨商业大学硕士学位论文：37～40
何永恒．2012. 施工项目质量控制及应用研究．西安建筑科技大学硕士学位论文：28～31
贺星星．2011. 我国宏观经济智能预警系统的构建．科技管理研究，11：195～198
洪涛．2004. 流通基础产业论．北京：经济管理出版社：95～96

洪涛，沈乐，周清杰．2004. 商业产权制度改革．北京：中国物资出版社：151～159
洪宇，汤乐华．1999. 对国有商业企业资本运营的探讨．商业研究，3：2～3
胡爱娟．2009. 我国商业银行流动性风险实证分析．浙江大学硕士学位论文
胡诚．2012. 我国企业收缩性资本运营的方法选择及比较研究．贵州财经大学硕士学位论文：19～24
胡立群．2007. 并联混合动力汽车发动机转矩估计的研究．武汉科技大学硕士学位论文：22～23
胡元木，苏永强，邵伟然．2004. 新型国资监督体系的基本架构．企业改革与管理，(12)：28～30
华小宁，梁文昭，陈昊．2007. 整合进行时——企业全面风险管理路线图. 上海：复旦大学出版社
黄国良，潘华，钟晓东．2004. 基于企业核心能力培育的财务战略研究．当代财经，5：116～118，122
黄群慧．2000. 企业家激励约束与国有企业改革．北京：中国人民大学出版社：24～81
黄群慧．2003. 业绩评价与国有企业经营者报酬制度的激励性．中国工业经济，5：12～14
黄诒蓉．2001. 模糊统计方法与应用研究．江西财经大学硕士学位论文：24～25
黄珍．2007. 基于支持向量机的上市公司财务预警模型研究．北京交通大学硕士学位论文：1～7
霍燕滨．2000. 人力资本理论与中国的经济发展．开放导报，1：45
季华，魏明海，柳建华．2010. 资产注入、证券市场监管与绩效．会计研究，2：47～56，92～93
贾秀玲．2007. 集团公司财务风险管理及对策研究．现代商业，30：52～53
姜吉道．2002. 科技型中小企业生成和发展过程中若干问题的分析．对外经济贸易大学硕士学位论文：8～14
姜启源，谢金星，叶俊．2003. 数学模型(第三版). 北京：高等教育出版社：228～231
姜秀华，孙铮．2001. 治理弱化与财务危机：一个预测模型．南开管理评论，10：19～25
蒋理标．2005. 关于企业偿债能力问题的探讨．会计之友，12：35～36
焦春燕．2004. 国企经营者的激励与约束机制分析．东北财经大学硕士学位论文：17～27
金晓冬．2008. 高新技术企业财务管理框架简论．甘肃联合大学学报(社会科学版)，(1)：59～61
鞠法学．2011. 集团公司财务风险评价研究．中国石油大学硕士学位论文：4
凯恩斯 J M. 1999. 就业、利息和货币通论．高鸿业译. 北京：商务印书馆
考特尼 H，等．2000. 不确定性管理．北京新华信商业风险管理有限责任公司译．北京：中国人民大学出版社，哈佛：哈佛商学院出版社：79～86
孔宁宁，魏韶巍．2010. 基于主成分分析和 Logistic 回归方法的财务预警模型比较——来自我国制造业上市公司的经验证据．经济问题，6：112～116
孔宁宁，张新民，吕娟．2009. 营运资本管理效率对公司盈利能力的影响——基于中国制造业上市公司的经验证据．南开管理评论，6：121～126

孔鹏 . 2009. 浅谈工程项目部内部成本的管理 . 黑龙江科技信息，21：228
赖小琼 . 1993. 社会主义市场经济体制下的企业风险管理 . 厦门大学学报(哲学社会科学版)，(13)：29～33
李春芳 . 2004. 高新技术企业资金管理策略研究 . 哈尔滨理工大学硕士学位论文：62～64
李风云，等 . 1997. 资本经营. 北京：中国发展出版社
李海青 . 2006. 中国可持续发展能力的量化分析 . 天津财经大学硕士学位论文：11～14
李金伟 . 2011. 经济危机理论与治理经验的比较及对我国宏观调控对策的启示 . 天津财经大学硕士学位论文：4～7
李九任 . 2004. 国有资本经营问题研究 . 经济体制改革，2：19～21
李俊梅 . 1998. 区域性商贸中心评价指标体系的建立及应用——以南京为例 . 地域研究与开发，4：58～63
李培林，张翼 . 2007. 国有企业社会成本分析(第 2 版). 北京：社会科学文献出版社
李萍 . 2005. 用现金流量表分析企业的短期偿债能力 . 中国农业会计，9：28～31
李双杰 . 2002. 企业绩效评估和效率分析 . 中国社会科学院研究生院博士学位论文：45
李田 . 2004. 经营者的激励约束与制度创新 . 中国改革，7 ：35～37
李维安 . 2001. 公司治理 . 天津：南开大学出版社：49～64
李晓红 . 2011. 中小上市公司可持续发展财务战略管理研究 . 河南大学硕士学位论文：38
李晓敏 . 2001. 建筑工程质量分析及灰色系统理论的应用 . 辽宁工程技术大学硕士学位论文：30～33
李晓云 . 2003. 国有企业资本经营问题研究 . 经济体制改革，2：34～36
李亦力 . 2010. JT 集团财务风险内部控制体系构建与实施研究 . 天津大学硕士学位论文：11～13
李赞梅 . 2001. 国有企业经营者激励机制的重塑 . 南方经济，(9)：56～58
李志强 . 2009. 基于财务失败和财务失真的双元财务预警理论探析 . 经济纵横，6：83～85
廖明星 . 2006. 高校教学管理队伍结构、素质与能力建设的思考 . 湖南商学院学报，(1)：106
林毅夫 . 2001. 现代企业制度的内涵与国有企业改革方向 . 经济研究，3：27～29
刘海潮，李垣，孙爱英 . 2002. 战略风险管理的理论方法及其发展 . 西安交通大学学报(社会科学版)，(4)：33～38
刘慧，谢琴 . 2004. 试论国有资本经营保值增值目标的实现 . 黑龙江社会科学，3：15
刘普寅，吴孟达 . 2001. 模糊理论及其应用 . 长沙：国防科技大学出版社：32
刘汝军 . 1998. 论企业流动性风险管理 . 对外经贸财会，1：6～7
刘胜军，李汉玲 . 2002. 财务困境与稳健经营 . 企业管理，(4)：82～83
刘涛 . 2008. 煤炭行业上市公司资本运营财务绩效研究 . 西南财经大学硕士学位论文：51～55
卢纪华，刘颖，杨学涵 . 2002. 高新技术企业战略支持性文化建设 . 工业工程，(1)：12～15
陆静，李东进 . 2005. 基于流动性风险的证券定价模型及其实证研究 . 中国软科学，12：145～150
陆小锋 . 2009. 我国汽车零部件产品竞争力研究 . 苏州大学硕士学位论文：13
马洪，刘世锦 . 1994. 关于国有企业改革的若干问题 . 经济工作通讯，21：7～10

马林娥．2001．试析商业资本运营中存在的问题及对策探讨．经济师，4：26～27
满春．2006．我国上市公司财务预警模型的构建与实证检验．广西大学硕士学位论文：5～7
毛道维．2001．企业综合评价的趋势及理论．经济体制改革，5：97～100
毛付根．2000．多元化经营的陷阱——巨人集团失败的财务分析．财务与会计，2：17～20
孟建民．2002．企业经营业绩评估问题研究．北京：中国财政经济出版社：23～25
缪合林．1997．资本营运．北京：经济科学出版社
牛从巧．2004．我国企业资产经营绩效评价体系研究．北京化工大学硕士学位论文：6～47
牛宏利．2001．我国零售业态的发展现状与趋势．河南高等专科学校校报，2：23～25
欧阳建新．2001．风险投资预警管理系统研究．福州大学硕士学位论文：14～22
裴培．2010．上市公司财务安全性、营运资本效率和可持续增长潜力．北京工商大学硕士学位论文：4～10
齐艺莹．2005．国有资本效率论．吉林大学博士学位论文：7～8
企业会计准则编审委员会．2006．最新企业会计准则讲解与运用．上海：上海立信会计出版社
钱颖一．1995．中国的公司治理结构改革和融资改革．经济研究，(1)：20～29
屈曙光．2001．资本流动与我国西部开发．河南大学硕士学位论文：2～10
冉俊．2004．上市公司财务预警系统的相关问题研究．吉林大学硕士学位论文：49～54
任蕊．2007．我国建筑企业财务危机成因及预警实证研究．重庆大学硕士学位论文：21～22
荣立春．2004．科大创新股份有限公司财务危机预警系统的建立及应用．西安理工大学硕士学位论文：17～22
荣兆梓．2006．我的国企改革观．中国经济问题，3：22～27
商业部商业经济研究所《商业经济效益研究》课题组．1993．商业经济效益研究．北京：中国商业出版社：163～190
商迎秋．2011．企业战略管理理论演变与战略风险思想探析．技术经济与管理研究，3：65～69
佘廉．1994．危机管理：冲出困境．市场观察，(Z1)：50～51
佘廉．2008．构建基于移动目标定位预警的综合安全服务平台．广东公安科技，2：39～43
石良平．2007．中国宏观经济预警体系的评价与修正．统计研究，1：64～69
石兆文．2001．现代产业资本运营．北京：中国经济出版社：16～59
宋荣兴，孙海涛．2002．企业资产经营绩效的分析与评价．企业经济，(7)：51～54
宋甜甜．2008．发电企业财务风险预警研究．长沙理工大学硕士学位论文：32～35
宋曦．2007．上市公司财务危机预警模型区域研究．河海大学硕士学位论文：14～18
苏均和．2010．我国多层次资本市场的构建研究．探索与争鸣，3：112
苏永强．2004．构建新型国有资产监督体系．经营与管理，(12)：28～32
宿伟玲．2004．战略联盟若干理论及方法研究．天津大学博士学位论文：81～89
孙黎，朱武祥．2003．轻资产运营：以价值为驱动的新商业模式．北京：中国社会科学出版社
孙丽艳．2010．上市公司财务风险预警研究．新疆财经大学硕士学位论文：7～11
孙茂竹，王艳茹．2008．不同生命周期企业财务战略探讨．财会通讯，1：44～46
孙孟花，高风琴．2000．资产重组过程中的政府调控．山东财政学院学报，(2)：36～38

孙晓琳 . 2010. 基于 Kalman 滤波和 BP 神经网络的财务危机动态预警模型研究 . 哈尔滨工业大学博士学位论文：30～35

孙艳洁 . 2008. 我国上市公司营运资本管理政策的实证研究 . 山东大学硕士学位论文

谭春枝，龚雪 . 2011. 泛北部湾区域金融安全预警系统研究——基于 Kaminsky、Lizondo 和 Reinhart 创建的预警方法 . 经济问题探索，2：159～165

谭三艳，李世聪 . 2001. 我国资产重组中存在的问题及对策 . 财会月刊，(6)：13～15

唐才敏 . 2005. 财务失败的制度层面 . 西南师范大学硕士学位论文，4：12～14

唐更华 . 2002. 薪酬制度变革与现代企业治理结构创新 . 当代财经，2：46～48

唐现杰，黄娟 . 2004a. 科技型企业安全性预警模型分析——灰预测模糊识别模型的构建 . 物流科技，(12)：88～91

唐现杰，黄娟 . 2004b. 老工业基地改造中提高商业资本运营效率的对策分析 . 北方经贸，12：101～103

唐现杰，孙伟明 . 2006. 黑龙江省国有资本经营者报酬激励机制研究 . 物流科技，(12)：158～160

唐袆 . 2007. 某特殊用途仓库综合保安自动化系统设计 . 重庆大学硕士学位论文：11～15

唐宗焜 . 1992. 国有企业利润转移和企业再生产能力 . 经济研究，7：9～19

陶希晋，勾东宁 . 2010. 我国流动性的层次与传导机制研究——基于 2005～2009 年数据的实证分析 . 安徽大学学报(哲学社会科学版)，3：137～143

田毅 . 2005. 法人治理结构 . 北京：财政出版社：69～78

汪平，闫甜 . 2007. 营运资本：营运资本政策与企业价值研究 . 经济与管理研究，3：14

王宏峰 . 2002. 高技术产业融资论 . 中国社会科学院研究生院博士学位论文：87～90

王宏伟 . 2001. 资本效率与经济增长 . 中国社会科学院研究生院博士学位论文：1～3

王化成，佟岩 . 2006. 控股股东与盈余质量——基于盈余反应系数的考察 . 会计研究，2：66～74，97

王慧娟 . 2009. 企业创新型人才素质评价体系研究 . 吉林大学硕士学位论文：7

王可达 . 2004. 国有企业的激励约束机制 . 北京：经济出版社：21～63

王丽娜，庞亮，高绪亮 . 2008. 营运资本政策及其盈利能力的实证分析 . 财会通讯，4：113～116

王琳，刘华志 . 2011. 企业偿债能力分析存在的问题及对策 . 现代经济信息，19：228

王琳，肖序 . 2012. 企业碳财务战略体系构建研究 . 山西财经大学学报，(S3)：172

王珞 . 2012. 中国上市钢铁企业偿债能力现状及对策 . 经济研究导刊，24：66～68

王霞 . 2011. 竞争性领域国有资本运营模式探究 . 安徽大学硕士学位论文：3～5

王欣 . 1999. 试论我国企业家激励与约束机制的建立 . 中国人民大学学报，(5)：13～16

王学萌，张继忠，王荣 . 2001. 灰色系统分析及实用计算程序 . 武汉：华中科技大学出版社：43～45

王泳 . 2000. 国有企业经营者约束与激励机制的研究 . 经济界，(4)：65～68

王玉英 . 2008. 我国中小企业价值管理研究 . 哈尔滨工程大学博士学位论文：125～126

王玉珍 . 1996. 试论国有企业管理体制中的矛盾及解决对策 . 山西财经学院学报，3：46～48

韦孟文 . 1996. 试论企业财务风险 . 广西大学学报(哲学社会科学版)，(6)：46

魏达志．2002. 高新技术产业发展的10大热点．深圳：海天出版社：25～32

魏刚．2003. 高级管理层激励与上市公司经营绩效．经济研究，3：45～47

温渤，郑桂环，徐山鹰，等. 2009. 面向辅助决策的宏观经济监测预警系统研究. 运筹与管理，2：11～19

翁升．2001. 软基路堤最终沉降量的灰色预测及反演分析．华侨大学硕士学位论文：22

吴敬琏．2002. 现代公司与企业改革．北京：经济出版社：47～54

吴世农，卢贤义．2001. 我国上市公司财务困境的预测模型研究．经济研究，(6)：46～55，96

夏海钧．2001. 中国高新技术产业开发区发展研究．暨南大学博士学位论文：23～36

项国鹏．2001. 国有企业经营者的企业并购动机和兼并绩效分析．社会经济发展，4：30～31

肖斌．2007. 国有企业财务困境的权利配置影响分析．西南财经大学硕士学位论文：24～30

肖华，李建发．1999. 关于建立国有企业财务预警系统的探讨．厦门大学学报(哲学社会科学版)，4：23～25

肖群鹰，朱正威．2008. 危机预警中的政府信息管理与调控——基于人口安全预警系统的研究．中国行政管理，8：86～90

谢科范．1994. 科技保险面面观．中国保险，(10)：45～46

邢俊玲，俞肖云，何平．1999. 中国大中型工业企业在1995—1997年宏观经济结构调整中的表现．统计研究，16(10)：3～9

胥和平．2001. 战略性竞争产业中的国有企业．中国工业经济，5：28～35

许小东．2002. 技术创新的成败归因及其对创新行为的影响研究．科学学与科学技术管理，(2)：38～40

许艳辉，李学东．2009. 经济波动下企业逆周期财务战略．会计之友(上旬刊)，2：28～29

薛昊．2003. 科技型企业安全性综合评价．哈尔滨商业大学硕士学位论文：21

薛昊，唐现杰．2003. 科技型企业综合评价模式探析．商业研究，17：136～138

严国辉．2001. 商业资本运营应向纵深发展．福建商业高等专科学校学报，3：15～16

颜景杰．2004. HSE对设备管理的影响研究．天津大学硕士学位论文：20～25

阳顺英．2005. 企业财务危机预警系统研究．四川大学硕士学位论文：6～9

杨德海．2010. 国有企业自主创新三维财务评价体系研究．哈尔滨商业大学硕士学位论文：3～50

杨国平．2000. 技术创新——企业发展的内在动力．洪都科技，(4)：45～48

杨海丛．2007. 我国上市公司持有流动性影响因素分析．经济师，1：95

杨浩，肖翌．1995. 委托代理理论：对构造企业家激励和约束机制的启示．经济研究，12：17～19

杨贺．2002. 黑龙江省科技型中小企业发展研究．哈尔滨商业大学硕士学位论文：21～27

杨健，赵国庆，严守权．2000. 经济数学模型化过程分析．北京：中国人民大学出版社：4

杨善庚．2000. 论对国企企业家的精神激励．唯实，1：11～13

杨涛，陈志波，冯为民．1997. 建立我国企业集团预警系统的构想．华东经济管理，2：46～48

野田武辉．1999. 企业危机预警：中小企业倒闭内幕探密．陈建，等译．北京：时事出版社
殷筱琴．2005. 模糊综合评价法在企业业绩评价中的应用研究．河海大学硕士学位论文：30
尹辉．2003. 企业财务危机的成因及对策研究．中南大学硕士学位论文：1～13
尹中立．2003. 中国上市公司资本效率研究．中国社会科学院研究生院博士学位论文：5～9
尹中晓．2006. 高校财务风险预警实证研究．西安建筑科技大学硕士学位论文：18～20
于东智，胡国柳，王化成．2006. 企业的现金持有决策与公司治理分析．金融论坛，10：28～35
于晓红．2012. 上市公司创新战略、资本结构与业绩研究——基于电子行业上市公司的经验证据．当代经济研究，2：80～83
余炯．2001. 论商业资本周转运行的规律和特点．重庆商学院报，1：33～35
宇灿．2011. 中国制造业上市公司财务安全度测评．北京化工大学硕士学位论文：1～5
袁定金．2003. 国有资本运营中的激励与约束问题研究．西南财经大学博士学位论文：55～86
袁纲，崔永杰．1994. 在社会主义市场经济条件下企业技术经济的风险分析．湖北汽车工业学院学报，(1)：47～53
张大成．2004. 现代商业企业经营管理．北京：清华大学出版社：22～31
张赫然，孙秀玲．2011. 黑龙江省高新科技企业理财目标研究．中国证券期货，(1)：49～51
张金清，李徐．2008. 资产组合的集成风险度量及其应用——基于最优拟合 Copula 函数的 VAR 方法．系统工程理论与实践，6：14～21
张晶．2012. 浅析风险投资在中国的发展．经济视角(上)，(4)：107～109
张军．2007. 河北省国有经济布局和结构调整的研究．天津大学硕士学位论文
张俊瑞，杨鸣．1999. 上市公司现金流量分析评价体系之探讨．会计研究，8：41～43
张克难．2002. 产权、治理结构与企业效率：国有企业低效率探源. 上海：复旦大学出版社
张玲．2000. 财务危机预警分析判别模型及其应用．预测，6：38～40
张蕊．2001. 企业经营业绩评价理论与方法的变革．会计研究，12：89～101
张涛．2000. 委托代理理论与国企激励机制研究．山东财政学院学报，(4)：4～6
张维达．2001. 国有经济有进有退的战略性调整需澄清两个问题．经济研究参考，7：27
张维迎．1998. 所有制、治理结构及委托代理关系．经济研究，8：14～16
张伟立，翟进步，黄建文．2007. 上市公司财务战略探究．商场现代化，45：8～10
张宇，宣国良．2002. 高新技术企业财务管理目标体系．上海会计，(3)：27～30
张玉斌．2004. 股票市场信息分析方法研究．哈尔滨理工大学硕士学位论文：14～19
张月祥，马东江．2002. 浅谈 WTO 环境下交通运输企业的现代财务管理．交通财会，1：15～16，19
张云宁，管威．2007. 基于人工神经网络的施工安全性预警模型研究．长春工程学院学报(自然科学版)，3：61～63
张志宏，胡玉光．2010. 试论国有资本的运营问题．民营科技，5：153
赵炳贤．1997. 资本运营论. 北京：企业管理出版社
赵丹，张晶晶．2011. 企业营运资本管理与盈利能力相关性的实证研究——基于苏宁电器数据的分析．经济论坛，6：187～189

赵红．2003. 财务预警模型在“ST 生态农业”中的应用．财务与会计导刊，1：57

赵晶．2006. 产权效率导向的国企并购改进．湖南大学硕士学位论文

赵美兰．2009. 管理会计理论应用研究．现代商贸工业，15：183～184

赵相忠．1999. 关于构建国有企业经营者激励约束机制的探讨．社会科学，(4)：4～7

赵宇欣．2003. 国外财务预警模型研究的比较分析．哈尔滨商业大学学报，(6)：80～82

郑蜀闽．2002. 对商业类上市公司资产重组及主业调整的思考兼成都华联个案评析．西南财经大学硕士学位论文：33～34

支晓强．2000. 如何选择业绩评价标准——兼论业绩评价在激励机制中的作用．会计研究，3：45～47

周建波，孙菊生．2003. 经营者期权激励的治理效应研究——来自中国上市公司的经验证据．经济研究，4：12～14

周莉．2003. 商业资本运营与投资银行．北京：经济管理出版社：59～60

周其仁．1999. 市场里的企业．经济研究，6：31～33

周运源．2000. 高新技术发展与风险投资研究．广州：暨南大学出版社：43

朱波强．2000. 财务会计风险及预警研究．四川会计，1：24

朱震达．2001. 发挥商业资本威力培育商贸“航空母舰”. 中国物资流通，8：27～28

祝冬梅．2010. 金融危机下基于风险管理的内部会计控制研究．吉林财经大学硕士学位论文：6～9

邹福勇．2001. 规模经济下的企业并购行为研究．汕头大学硕士学位论文：17～18

左都凯，劳汉生．2002. 高新技术企业的人力资源管理创新．经济师，(2)：22～25

Bryant S M. 1997. A case-based reasoning approach to bankruptcy prediction modeling，intelligent systems in accounting. Finance and Management，6：58

Carlos S-C. 2003. Self organizing neural networks for financial diagnosis. Decision Support Systems，17：16

Carmichael D R. 1972. The Auditors Reporting Obligation. Auditing Research Monograph，No. 1. New York ：AICPA ：94～107

Daily C M，Dalton D R. 1994. Corporate governance and the bankrupt firm：an empirical assessment. Strategic Management Journal，15：643～655

Deloof M. 2003. Does working capital management affect profitability of Belgian firms? Journal of Business Finance & Accounting，30(3～4)：573～588

Demsetz H. 1988. Ownership，Control，and the Firm：The Organization of Economic Activity. Oxford：Blackwell Publishers：14～55

Demsetz H. 2000. Ownership and Control. New York：Economist Commity：14～55

Eccles R G. 1998. The performance measurement manifesto in Harvard. Business Review，4：74～76

Eisenbeis R A. 1977. Pitfalls in the application of discriminant analysis in business，finance and economics. Journal of Finance，32：27

Fama E. 1980. Agency problems and the theory of the firm. Journal of Political Economy，88：

288～307

Fluek P. 1999. Cooperation performance evaluation. Logistics & Distribution Report：111

Goldberg W H. 1999. Mergers Motives and Modes Methods of Commercial Business. Asbury：Nichols Publishing Company：146

Grossm S. 2000. Corporate financial structure and managerial incentive. *In*：Mccall J J. The Economics of Information and Uncertainty. Chicago：University of Chicago：123～125

Hongkyu J，Han I. 1996. Integration of case-based forecasting，neural network，and discriminant analysis for bankruptcy prediction. Expert Systems with Applications，11(4)：39

Jefferson G. 1989. Potential source of productivity growth within Chinese industry. World Development，17：45～57

Jefferson G，Rawski T，Zheng Y. 1996. Chinese industry productivity：trends，measurement issues，and recent developments. Journal of Comparative Economics，23：146～180

Laitinen E K. 1991. Financial ratios and different failure processes. Journal of Business Finance & Accounting，18：649～673

Lo D. 1999. Reappraising the performance of China's state-owned industrial enterprises. Cambridge Journal Economics，23：693～718

Malhotra Y. 1999. Business management by objectives. An Overview Engineering Management Review：98

Markowitz H M，Selection P. 1999. Efficient Diversification of Investments. New York：John Wiley & Sons：112

Mealy P，Palepu M，Ruback R. 1990. Does corporate performance improve after M&A? NBRE Working Paper Series，National Bureau of Economic Research，May：26～33

Naughton B. 1994. What is distinctive about China's economic transition? State enterprise reform and overall system transformation. Journal Comparative Economics，18：470～490

Odom M，Sharda R. 1990. Bankruptcy prediction using neural networks. Proceedings of the IEEE International Conference on Neural Networks，SanDiego：133～168

Ohlson J A. 1980. Financial ratios and the probabilistic prediction of bankruptcy. Journal of Accounting Research，(1)：109～131

Paper D，Zairi M. 1999. Managing strategic business performance. Improvement Knowledge and Objective Management，6：86

Rock M L，Rock R H，Martin S. 1994. Commercial Bussiness Mergers & Acquisitions. New York：Handbook McGraw-Hill Inc：92

Rogers A. 2001. Streanmling the supply chain. Jericho CRN May，7：29

Ross S A，Westerfield R W，Jaffe J F. 1999. Corporate Finance(2nd ed.). Englewood Cliffs：Prentice-Hall

Sachs J，Woo W. 1994. Reform in China and Russia. Economic Policy，(12)：101～145

Schwetzler B，Reimund C. 2003. Valuation effects of corporate cash holdings：evidence from Germany. Working Paper

Shin H-H，Soenen L. 1999. Exposure to currency risk by US multinational corporations. Journal of Multinational Financial Management，9(2)：195～207

Sudarsanam P S. 1995. Mergers and Acquisitions. Upper Saddle River：Prentice Hall Company：35～40

Theodossiou P T. 1993. Predicting shifts in the mean of a multivariate time series process：an application in predicting business failures. Journal of the American Statistical Association，88 (422)：60

Traintaphyllou E，Sabchez A. 1997. Sensitivity analysis approach for some deterministic multi-criteria decision-making methods. Decision Sciences，28：53～55

Woo W，Hai W，Jin Y，et al. 1994. How successful has Chinese enterprise reform been? Pitfalls in opposite biases and focus. Journal of Comparative Economics，18：410～437

Woo W，Parker S，Sachs J D. 1997. Economies in Transition：Comparative Asian and Eastern Europe. Cambridge：MIT Press

World Bank. 1996a. The Chinese economy：fighting inflation，deepening reform. Washington DC

World Bank. 1996b. World Development Report 1996. New York：Oxford University Press

Yuc-xiong J. 1999. The Fuzzy Comprehensive Decision Analysis for Adventurous Investment. London：International Academic Publisher：101～105

后记

本书对影响企业资本流动安全性及效率性所涉及的相关理论进行了梳理，深入研究了企业资本流动安全性及效率性的内在关系；建立了用于评价企业资本流动安全性及效率性的数量模型，运用构建的数量模型，对企业资本流动的安全性及效率性进行了分析、评价；探究了影响企业资本流动安全性及效率性的制约因素；选用上市公司为样本，对企业资本流动的安全性及效率性进行了实证检验，充分验证了数量模型的科学性和正确性；最终从微观和宏观两个层面提出了提升企业资本流动安全性及效率性的对策。

本书既注重了理论的深入研究，也利用了各种合理的模型构建方法，建立了企业资本流动安全性及效率性的评价模型，真正实现了理论与实践的有机结合。既可以在宏观上为政府保障企业资本流动提供环境和外部条件的支持，也可以在微观上为企业客观评价资本流动的安全性及效率性提供方法和手段；为读者提供比较明确的思路，引导读者能够学以致用或有所借鉴，是笔者深切思考的中心问题和努力实现的核心目标。

本书的研究内容是以近10年来笔者主持完成的多个科研课题为依托的，主要包括中国商业联合会首批科学技术项目“老工业基地商业资本运营战略与可持续发展对策研究”(项目编号：04-1-02)、黑龙江省自然科学基金资助项目“科技型企业安全性问题研究”(项目编号：G01-04)、黑龙江省哲学社会科学基金项目“提高黑龙江省国有资本运营效率的对策研究”(项目编号：05B0113)、国家财政部重点会计科研课题“企业经营业绩评价问题研究”(项目编号：KJ99)、黑龙江省自然科学基金项目“国有存量资本激活的技术与制度创新研究”(项目编号：G200504)、黑龙江省教育厅人文社会科学项目“国有控股企业在华跨国公司资本互动问题研究”(项目编号：1000512134)。这些课题的研究成果不仅为本书的撰写奠定了基础，而且对写作工作的顺利完成有着十分重要的意义，同时也提供了先进科学、充实饱满的内容范围，为笔者写作本书提供了充分的保障。

本书是笔者与研究生们多年来共同工作的成果，他们是薛昊、周芳、陈平、黄娟、赵双丽、王兰、关雪梅等。在写作过程中得到了哈尔滨商业大学陈丽萍教授和徐鹿教授的大力支持和帮助。感谢陈旭、李新宇、原瑞、王赫、张晓莉、董彧等对本书文字处理工作的帮助。

感谢科学出版社魏如萍编辑为本书出版花费的颇多心思。我也一直愧疚于因拖延交稿导致编辑工作积压所带来的不便，而魏如萍编辑热情的工作态度激励我完成了写作工作。

本书在编写过程中参考了大量学者、专家的著作，在此一并表示感谢。

由于时间有限，更主要的是囿于笔者的学识水平，本书的研究深度和广度受到一定限制，疏漏之处在所难免，敬请读者批评指正。